名言の宝典

「格《かく》言《げん》聯《れん》壁《ぺき》」を読む

郷学研修所
安岡正篤記念館
所長・副理事長
荒井 桂

致知出版社

はじめに

世界に冠たる東洋アフォリズム

宗教・哲学・思想等を含む広義の文学に、アフォリズム（aphorism）というジャンルがある。近世フランスのモラリスト、モンテーニュの『エセー』（随想録）、パスカルの『パンセ』（思考録）、ラ・ロシュフコーの『箴言集《しんげんしゅう》』（箴言と考察）等の傑作もよく知られているが、東洋においては、明末清初《みんまつしんしょ》がその黄金時代で、片言隻句に東洋独特の哲理や風韻をこめたアフォリズム作品は、質量ともに世界に比類なきものがあった。

かつて安岡正篤先生は、東西思想の一般的差違に触れて、「西洋が概念的思惟に偏して論理を重んずるのに対して、東洋では、実在を端的に把握し、人為を去って自然の生命を感得しようとして著しく直観が発達していると考察されたが（『日本精神の研究』）、この東洋思想の特性が、簡明で端的な表現の基盤になったのである。「聖人の言は簡、賢人の言は明」といわれるように、『論語』以来、東洋の古典は、簡明で端的な表現を伝統としてきたのであった。

儒学のルネサンスとされる宋学が、禅と老荘思想の影響下に興ると、この傾向は、更に一段と進むことになった。

「拈華微笑《ねんげみしょう》」以来「以心伝心」「不立文字《ふりゅうもじ》」の伝統をもち、語録や偈《げ》を尊ぶ禅と、「知る者は言はず、言ふ者は知らず」として寡黙を貴ぶ老荘思想の影響を受けて、本来、片言隻句に深い真理を寓する儒教の伝統に一層の拍車が掛けられたのである。

これに加えて明代中期以降、読書人の間に儒・仏・道三教兼修の風潮が広がり、この傾向を更に促進することとなった。

このような歴史的経過を経て、明末清初、統合・集大成された東洋思想の内容を片言隻句に寓した東洋アフォリズムは、質量ともに世界に比類なき盛行を見ることになったのである。

東洋アフォリズムの代表的著作

先ずその先駆的存在として、明代初期の儒学の枠と称えられた薛瑄《せっせん》（号は敬軒）の名著『従政名言』と『読書録』、そして胡居仁《こきょじん》（号は敬齋）の講学の語録『居業録』が挙げられよう。両書共にわが国でも、江戸時代を通して読み続けられるほどの名著であった。

続いて東洋アフォリズムの代表的著作を列挙してみたい。

初めに『呻吟語』。明末の大儒呂坤《りょこん》(号は新吾・心吾)の記録であるが、自ら深く修養に志し、自ら欠点を検察し、過失を指摘し、奮励努力して精神を鍛錬し、円満な人格を完成せんと勇往邁進する語を記録した告白録の大著であった。

安岡教学においても、特に東洋人物学の要諦を提示する名著として重視している。後続の類書による引用の多さ、内外の後進の学者への影響の大きさ等から、『呻吟語』は、明代アフォリズム作品の白眉といえるのではあるまいか。

次に『菜根譚《さいこんたん》』と『酔古堂剣掃《すいこどうけんすい》』。この両書は、明末アフォリズム作品の二大典型と見做《みな》されている。『菜根譚』は、儒・仏・道三教兼修の士・洪自誠(応明)の語録で、明末に盛んであった「清言」の書である。この「清言」は、東洋思想を統合・集大成した内容を簡明な片言隻句に寓したものといえよう。

『酔古堂剣掃』は、明末の卓越した読書人陸紹行(湘客)が、生涯愛読した古典の中から会心の名言嘉句を収録した出色の読書録である。採録した出典は、古くは史記・漢書から新しくは「呻吟語」『菜根譚』まで五十を超え、東洋士君子の出処進退各般の分野に及ぶ詞華集《アンソロジー》であった。

『格言聯璧』——東洋アフォリズムの百科全書

安岡正篤先生の『終戦前後　百朝集』に提唱されている「古人の格言」の出典を数えてみると、六月十六日の「六時心戒」から十一月三日の「感慨」まで、実に二十五に及ぶものが『格《かく》言聯璧《げんれんぺき》』から採られている。

空襲で家と蔵書を焼失した状況を勘案しても、至難の時局にあって心血を注いで提唱され続けた百条のうち、実に四分の一の箴言・格言が、ほかならぬ『格言聯璧』から採択されていることの重みに注目せねばなるまい。

『格言聯璧』の輯録者は、「清の鴻儒《こうじゅ》」金纓蘭であると、大正元年本書出版の緒言で天春又三郎が識《しる》し、百朝集最新版では、「(清)金蘭生・格言聯璧」と記し、「金氏は清末咸豊・道光の際、浙江山陰地方の篤行の長者である」と紹介説明されているほか、この輯録者の詳細は不明である。

筆者は、大正元年、天春又三郎訳註・訓解で東京書肆、博育堂・文永館出版発売の『先哲宝訓　格言聯璧』に依ってその全文に目を通したが、清末刊行の原本のほか他の注釈書も、入手し難い模様であり、この点、輯録者の詳細も含めて識者の教導に俟つところである。

周知のように清朝一代は、文化・思想上、独創的な哲学思想の出現はほとんど見られなかった反面、伝統文化・思想の集積・考証に基づく集大成が行われ、その成果の刊行・保存が著しく進んだ時代であった。

これは、東アジア史上最後にして最大の征服王朝、清帝国の統治政策・文化政策に起因するところとされている。それは女真族《ジェルチン》の征服統治に対する批判・抵抗には「文字の獄」の過酷な弾圧を以て臨む一方、伝統文化と知識人を極力尊重し、伝統文化・古典の集積・考証・集大成という大文化事業に国力を傾注して民意を得ようとするものであった。

このような中で、「実事求是」を旨とする実証的文献学が著しく進み「清朝考証学」の盛行を見ると同時に、古今図書集成・四庫全書の刊行・保存のような古典集大成の大事業が進展したのであった。

この時代、この文明圏特有の風韻哲理を片言隻句にこめた東洋アフォリズムの集積・考証・集大成、そしてその成果の刊行が進んだのは当然であった。その成果の一つが清末の『格言聯璧』であった。

従って『格言聯璧』の十一分類、「学問」「存養」「持躬」(「附摂生」)「敦品」「処事」「接物」「斉家」「従政」「恵吉」「悖《はい》凶」のすべてが、「用舎行蔵」「出処進退」など伝統的な人間学の内容を忠実に踏襲・継承し考証・集大成したものであった。そこで当然、新たに独創的なものは加えられていない。

その意味で、『格言聯璧』は、東洋アフォリズムの集大成・百科全書《アンシクロペディ》であり、古賢先哲の格言・箴言・警句・清言等は、「殆んど網《もう》羅して余蘊《よ うん》なく」全巻悉《ことごと》く金科玉条の文字で埋められているのである。

それだけにその評価は、見方によって大きく分かれるところとなる。独創性を欠く「古人の跡」の忠実な蒐集《しゅうしゅう》コレクションに過ぎないと見れば、いわゆる俗書に位置づけられようし、考証・集大成された東洋アフォリズムの宝庫として「古人のもとめたる所をもとめて」この書に対すれば、東洋数千年の人間学の知恵に直参するよすがともなろう。

安岡教学では、後者の姿勢をもって『格言聯璧』を尊重し、実践的人間学、活きた人物学の古典の集大成として現代に活学したのである。「古人の跡をもとめず、古人のもとめたる所をもとめよ」の古教照心、心照古教の覚悟の下に『格言聯璧』を読み込みたいところである。安岡教学の淵源の一つが、ここにも存するからである。

「格言聯璧」を読む＊目次

書き下し文は、『先哲寶訓　格言聯璧』（金纓蘭　輯録・天春又三郎　譯註／東京書肆・博育堂・文永館）を底本とした。

「格言聯璧」を読む

○學問類

古今來、許多《きょた》の世家は、積徳に非ざるは無し。天地間、第一の人品は、還《ま》た是れ讀書。

〔大意〕古往今来、あまたの世家（偉大な人物）は、いずれも皆、積徳に因らなかったものはなかった。天地間の第一等の人物品格は、いずれも皆、読書学問に依らなかったものはなかった。

〔注釈〕許多《きょた》…あまた。多くあること。世家《せいか》…史記で、諸侯や王の事跡を述べた編を世家と呼ぶ。偉大な人物や民族のことは「列伝」に記し、更に偉大な功績のある人物は、世家に記述した。因みに孔子の弟子たちは、「孔子弟子列伝」に、孔子は尊ばれて「孔子世家」に記述されている。このことから推して、ここにいう世家は、特に偉大な人物の意で用いられていると考えられる。

書を讀んで即ち未だ名を成さざるも、究竟人高く品雅《ただ》し。徳を修めて報を獲るを期せずとも、自然に夢穏《おだや》かに心安し。

〈大意〉書を読めば、たとえ、名声をあげるまでに至らないとしても、畢竟《ひっきょう》、その人品は高雅になろう。徳を修めれば、たとえ、果報を得るあてはなくても、自然に夢もおだやかで、心は安らかであろう。

〈注釈〉究竟…畢竟、つまるところ。結局。所詮。夢穏かに心安し…安心立命の境地を的確に表現する言葉。

善を爲すこと最も樂し。書を讀むこと便《すなわ》ち佳なり。

〈大意〉人の楽しみとするところは、さまざまあるが、善を為すよりも楽しみなことはない。人の佳境とするところは、いろいろあるが、読書にまさる佳境はない。

〈注釈〉便ち…とりもなおさず、そのたびごとに。

諸君、此《ここ》に到りて何をか爲す。豈《あ》に徒《ただ》に學問文章のみならんや。一藝を擅《ほしいまま》にして、微《すこ》しく長ずれば、便ち讀書種の子に算せらる。我に在りて求る所は亦恕《じょ》なり。子臣弟友に過ぎず。五倫の本分を盡くして、共に名教中の人と成れ。（廣州、香山書院、聯楹《れんえい》。）

〈大意〉学生諸君は、この学校に登校して何をしようとしているのか。ただ学問文章を修めることのみであろうか。確かに一芸に心を注いで、その道に長ずれば、やがて読書人の中に数えられるだろう。われわれに求められているのは、仁愛や忠恕の道にほかならない。その道は、とりたてて難しいものではない。ただ、父子の親、君臣の義、夫婦の別、兄弟の友、朋友の信の五倫に過ぎない。この学校に登校する学生諸君が、この五倫の本分を尽くして、共に名教中の人物となってくれることを願っている（これは、広州の香山書院の聯楹の言葉である）。

〈注釈〉書院…学問を講義する所。恕《じょ》…おもいやり、いつくしみ。「忠恕」。論語に子貢が、ただ一言で、しかも生涯、身に行ってさしつかえない名言がありましょうかと質問したのに、孔子が、それは恕であろうか。その恕というのは、自分がされたくないと思うことを、人にもしかけないことであると教えた条《くだり》がある。更にまた、恕が、己の欲する所をまず人に施していくという積極面をも教えている。

聰明、正路に用ふれば、愈愈聰明にして愈愈好く、而して文學功名、益々其の美を成す。聰明、邪路に用ふれば、愈愈聰明にして愈愈謬り、而して文學功名、適々《たまたま》其の奸を濟《な》す。

〔大意〕聡明は、正路に用いれば、その聡明はいよいよ明に、いよいよ好くして、その人の文学も功名も、ますますその美を成すに至る。もしこの聡明を邪路つまり悪い方に用いれば、聡明であればあるほど、いよいよ謬まってしまい、その人の文学も功名も、たまたまその奸つまり悪い方を助け遂げるに至るのである。

〔注釈〕聡明は、正路に用いるか邪路に用いるかによって、聡明であればあるだけ、その結果は、相反していくと説く。聡明の有効性は、正路・邪路を誤ると危険性に転ずるという考えであろう。

戦は、陳ありと雖も、而も勇を本と爲す。喪は、禮ありと雖も、而も哀を本と爲す。士は、學ありと雖も、而も行を本と爲す。

〔大意〕戦は、陣立が良くても、戦士の勇気を欠くことはできない。勇気こそは、戦の根本だからである。喪式は、礼法が備わっていても、哀感を欠くことはできない。哀感こそ喪式の基本だからである。士君子たる者は、たとえ学問があっても、行つまり実践を欠くことはできない。行こそ士君子たる者の根幹にほかならないからである。知行合一を説いている。

〔注釈〕形式と実質、容れ物と中身《なかみ》の一致を説く項である。「水は方円の器に従い、仁義は、礼節に依る」という古諺もある。

飄風《ひょうふう》は、以て宮商《きゅうしょう》を調《ととの》ふべからず。巧婦は、以て中饋《ちゅうき》を主《つかさど》るべからず。文章の士は、以て國家を治むべからず。

〔大意〕疾風は、宮商の音を調《ととの》えることはできない。技芸に巧妙な婦人は、家庭の台所の炊事を主《つかさど》ることはできない。文章に心を傾けている者は、国家を治めることができない。

これは皆、各々《おのおの》一方に偏ってしまう所があるからである。

〔注釈〕飄風…疾い風、疾風のこと。宮商《きゅうしょう》…東洋の音楽の五音（宮・商・角・徴・羽）、音階のうちで、基本となる宮・商の二音。転じて音楽の調子、音律のこと。中饋《ちゅうき》…家の食事

經濟、學問より出づれば、經濟方《まさ》に本原あり。心性、之《これ》を事功に見《あら》はせば、心性、方《まさ》に圓滿と爲る。

〔大意〕経済つまり経世済民の術は、学問から出たものでなければならない。然れば、その経世済民の術は、初めて本原があるので尽き果てることがない。心性は、これを事功の上にあらわさなければならない。然れば、その心性は、おのずから円満となっ

て偏る所がないのである。

〔注釈〕經濟…経国済民・経世済民のこと。心性…心の本質、また心と性。孟子、尽心上に「其の心を尽す者は、其の性を知る。其の性を知るときは、則ち天を知る。其の心を存し、其の性を養ふは、天に事《つか》ふる所以《ゆえん》なり」と見える。事功…功績、仕事、事業の成績。

事功を舍《す》てて、更に學問無し。性道を求めて文章を外にせず。

〔大意〕事業・功績を打ち棄てては、決して学問の意義は無い。学問と事業・功績とは、もともと不離一体のものだからである。心性道徳を求めて努力しても、文章を外にしてはならない。心性道徳は、結局、文章と相俟って長ずることだからである。

〔注釈〕事功と学問とは相俟っており、性道と文章も亦、同様であることを説いている。

何をか至行と謂ふ、曰く庸行。何をか大人と謂ふ、曰く小心。

何を以てか上達する、曰く下學。何を以てか遠到する、曰く近思。

〔大意〕至極の行、つまりこの上なく立派な行いとは、どのようなものを謂うか、それは、庸行、つまり人の行うべき常の行いにほかならない。中庸を得た行いともいえる。

大人、つまり有徳の人格者とは、どのような人物を謂うか、それは、小心、つまり細心のつつしみ深い心配りをする人物にほかならない。

上達、つまり向上の理に通達するには、どのような道によるか、それは、下学、つまり身近な人事を学ぶということにほかならない。遠到、つまり遠く道の究極に到達するには、どのような方途によるか、それは、近思、つまり近くその理を自分の心に思考してみることにほかならない。

〔注釈〕至行…この上なく立派な行いのこと。庸行…中庸を得た行い、人の踏み行うべき常の行い。大人…ここでは聖人君子の意で用いられている。有徳の人格者の意であろう。小心…ここでは細心の意に用いられている。小心は、小心翼々という成語の二つの意、一つは、つつしみ深く、小さなことまでよく気を配るさま。一つは、気が小さく、びくびくしているさま、という二つの意のうち、どちらかというと後者の消極的なニュアンスをもって使われることが多い。これに対して、細心の二つの意。一つは細かい心づかい。二つは気が小さいこと、という二つの意のうち、どちらかというと、前者の積極的なニュアンスをもって用いられることが多いようである。例えば、細心の注意をはらうという表現のようにである。近思…論語・子張篇に、「博く学びて篤く志し、切に問ひて近く思ふ」と見える、学んでもまだ悟ることができないことは、切実に問うて十分に理解を深めるようにし、しかも心を高遠なことに馳せないようにして、身近な実際問題に当てて思案工夫をする、という意味で近思という語を用いている。

忠を竭《つく》し孝を盡す、之を人と謂ふ。國を治め邦を經する、之を學と謂ふ。危を安んじ變を定むる、之を才と謂ふ。天を經とし地を緯する、之を文と謂ふ。霽月光風《せいげつこうふう》、之を度と謂ふ。萬物一體、之を仁と謂ふ。

〔大意〕君国に忠誠を竭《つ》くし父母に孝養を尽くすことこそ、人の人たるゆえんにほかならない。国を統治し邦を経営することこそ、学問の本質、究極の目的にほかならない。危急・危殆の事態を安定させ、異変の状況を安定させることこそ、人の上に立つ者にとって最も大切な才幹にほかならない。天地を経緯する、つまりすじみちをつけいとなむことこそ、礼文の要諦にほかならない。霽月光風の心境、つまり雨が晴れ上がった後の光が冴えた月や晴れ渡った空に吹く風のような心境こそ、胸懐灑落《さいらく》の人品度量といえるであろう。万物一体、一視同仁の心ばえこそ、仁愛の本質にほかならない。

〔注釈〕忠を竭し孝を盡す…人の禽獣と異なるゆえん、人の人たるゆえんは、五倫に示されている、君臣間の忠、父子間の孝こそ、五倫の最大の徳目にほかならない。この忠孝を究め尽くすこと。國を治め邦を經する…国を統治し、邦を経営する。経国済民の意である。危を安んじ變を定むる…危急・異変を安定させること。天を經し地を緯する…天地を経緯すること。天地のすじみち、秩序をととのえること。霽月光風…雨が晴れた後の月や晴れ渡った空に吹く風のように、くもりのないさっぱりした心境。その人品度量を胸懐灑落《しゃらく》、光風霽月の如しと称えたという。萬物一體…万物一体の仁、一視同仁は、陽明学の基本的なものの見方である。

心術を以て本根と爲し。倫理を以て楨幹《ていかん》と爲し。學問を以て菑畬《しよ》と爲し。文章を以て花萼《かがく》と爲し。事業を以て結實《けつじつ》と爲す。

〔大意〕心の用い方を根底とし、人の間柄の道徳を根幹とし、学問を荒地の開拓とみなし、文章を花のうてなとし、事業を結実成果と考える。

〔注釈〕楨幹…楨は土塀の両端に立てる柱。根本。幹は土塀の両辺に立てる木。ともに土塀を築くのに大切なもの。転じて物事の根本となるものの意。菑畬…荒地を開拓すること。花萼…花のうてな。花房。花びらの外側の緑色の部分で、花がつぼみのときに包んで守るもの。

書史を以て園林と爲し。歌詠を以て鼓吹《こすい》と爲し。義理を以て膏粱《こうりょう》と爲し。著述を以て文繡《ぶんしゅう》と爲し。誦讀《しょうどく》を以て耕耘《こううん》と爲し。記問を以て居積《きょし》と爲し。前言往行《おうこう》を以て師友と爲し。忠信篤《とく》敬《けい》を以て修持《しゅうじ》と爲し。善を作《な》し祥《しょう》を降すを以て受用《じゅよう》と爲し。天を樂み命を知るを以て依歸《いき》と爲す。

〔大意〕経書や史書を楽しい園林とし、歌詠を楽器の演奏と考え、義理を追究することを美味しい食事とみなし、著述することを美しい模様のある衣裳と考え、古典の誦読を田畑を耕すこととみなし、学問に勤しむことを蓄積と考え、古人の佳言善行を師友とみなし、忠信篤敬をもって身を修め保つことと考え、自ら善を作《な》し世に祥瑞をもたらすことができるようになったことを、収穫とみなし、天を楽しみ命を知るに至ったことを人生の到達点と考える。

〔注釈〕園林…美しい庭園で自然を楽しむ所。鼓吹…楽器の演奏のこと。膏粱…膏は旨い肉料理、粱は旨い飯。文繡…美しい模様のある衣裳。居積…倉庫に積み蓄えること。前言往行…古人の佳言善行のこと。修持…わが身を修め保つこと。依歸…到達すべき目標。

門居を凜《りん》し以て獨《どく》を體《たい》し。動念《どうねん》を卜《ぼく》し以て幾《き》を知り。威儀《いぎ》を謹《つつし》み以て命を定め。大倫を敦《あつ》くし以て道を凝《さだ》め。百行を備《そな》へ以て旋《せん》を考へ。善に遷《うつ》り過《あやまち》を改め以て聖と作《な》る。

〔大意〕閑居独坐の時、静かに己の心を体験し、心意の動くによりて、吉凶禍福の幾微を察し、平生威儀を謹んで天命に安んじ、厚く五倫を行って人道をここに定め、身に百行を備えて世人の周旋を察し、善に遷《うつ》り過ちを改め聖賢の域に入る。

〔注釈〕間居を凛し…暇で独り居る時、心を引き締めること。幾を知り…物事の幾微を察すること。大倫を敦くし…人として守るべき五倫五常を厚く実践すること。旋を考へ…世人の周旋を察すること。

吾が本心を収めて腔子の裏に在く。是れ聖賢第一等の學問。吾が本分を盡して素位の中に在く。是れ聖賢第一等の工夫。

〔大意〕吾が本心を収めて身体の中に置くは、是れ聖賢第一等の学問である。吾が本分を尽くして現在の位置に居るは、是れ聖賢第一等の工夫である。

〔注釈〕腔子…からだ。身のうち。胸・腹・口など体内の空虚な所。素位…諸説があるが、朱子は、現在の位置の意としている。平素の立場。素位素行のように用いる。

孟子・告子上の学問之道無レ他、求二其放心一而已矣「学問の道、他無し、其の放心を求むるのみ」を下敷きにした訓えであろう。

萬理澄徹すれば、則ち一心愈愈精にして愈愈謹。一心凝聚すれば、則ち萬理愈愈通じて愈愈流る。

〔大意〕万理が澄みわたり透き通るときは、一心いよいよ精《くわ》しくして、いよいよ謹むに至り、一心が凝《こ》り聚《あつま》るときは、万理いよいよ通じて、いよいよ解するに至ることができる。

〔注釈〕萬理…あらゆる理《ことわり》。澄徹…澄みわたり透き通る。清く澄みわたる。転じて、あらゆる物事の道理を明らかにする意。

宇宙内の事は、乃ち己が分内の事。己が分内の事は、乃ち宇宙内の事なり。

〔大意〕天地間の事は、己が分内、つまり吾が心の事でないものはなく、己が分内、つまり吾が心の事は、天地間の事でないものはない。

〈注釈〉宇宙…「天地四方上下と古往今来」つまり天地古今の意。宇は空間をいい、宙は時間をいう。転じて世界、又はありとあらゆる存在物の一切を包括する空間。

「宇宙内の事は乃ち己が分内の事、己が分内の事は乃ち宇宙内の事」という語は、宋の哲人陸象山（名は九淵）の言葉である。

身は天地の後に在りて、心は天地の前に在り。身は萬物の中に在りて、心は萬物の上に在り。

〈大意〉身は天地があってその後に存在するが、心は、その天地がある前にまで至ることができる。身は万物の中の一つとして存在するが、心は、万物の上にまで至ることができる。

〈注釈〉前半は、邵康節の詩の一節。後半は、陳白沙の詩の一節である。共に、心は、外物に超然たる意を表している。

天地生物の氣象を觀、聖賢克己の工夫を學ぶ。

〔大意〕天地が、物を生成する気象を観て、聖賢が、人欲・私欲に克つ工夫を学ばねばならぬ。

〔注釈〕天地生物の氣象…天地が、万物を生成化育する働き、意志。聖賢克己の工夫…論語・顔淵篇に「顔淵、仁を問ふ。子曰く、己に克ちて禮に復るを仁と為す。一日己に克ちて禮に復らば、天下仁に歸せん。仁を爲すは己に由る。人に由らんや」という条を下敷きにして言われた言葉。

下手《かしゅ》の處、是れ自強《じきょう》息《や》まず。成就《じょうじゅ》の處、是れ至誠息むこと無し。

〔大意〕人の徳を修めるには、その初めは、間断なく勉強努力することにあり、その成就の場合、至誠にして息むことが無いことが大切である。とりもなおさず、聖を希《こいねが》い、賢を希う工夫が大切である。

〔注釈〕下手《かしゅ》…手をくだす。自分でやる。手をつける。成就…なしとげる。

聖賢の道を以て人に教ふるは易く、聖賢の道を以て己を治むるは難し。聖賢の道を以て口に出すは易く、聖賢の道を以て躬行《きゅうこう》するは難し。聖賢の道を以て始めに奮《ふる》ふは易く、聖賢の道を以て終《おわり》に克《か》つは難し。

〔大意〕聖賢の道を人に説き教えることは、聖賢の道によって己を治める難しさに比べれば、はるかに易しく、聖賢の道を口に説くことは、聖賢の道を実践躬行する難しさに比べれば、はるかに易しい。聖賢の道を実践して始めに奮い励むことは、聖賢の道の実践を終わりまでやり遂げることの難しさに比べれば、はるかに易しい。
〔注釈〕躬行…みずから行う。自分自身で実際に行う。始めに奮ふ…実践し始めたときに奮い励むこと。終に克つ…終わりを全うする。

聖賢の學問は是れ一套《とう》、王道を行ふこと、必ず天徳に本づく。後世の學問は是れ兩截《りょうせつ》、己を修めずして、只管《ひたすら》人を治む。

〔大意〕聖賢の学問は、己を修めることと人を治めることとは、同一の筋を貫いている。故に王道を行うには、必ず天徳に基づいている。後世の学問は、己を修めることと人を治めることとが、二つに分かれている。故に己を修めないで、ひたすら人を治めようとする。

〔注釈〕一套…ひとそろい。一組。兩截…二つに分かれている。只管…ただひとすじ。いちずに。

口裏の伊周《いしゅう》、心中の盜蹠《とうせき》、人を責めて己を責めず、名づけて聖賢を掛榜《けいぼう》すと爲す。獨には明旦を凜《おそ》れ、幽には鬼神を畏《おそ》れ、人を知りて後《ま》た天を知る、方《まさ》に是れ有根の學問。

〔大意〕口に説くことは、伊尹周公のようでありながら、心に思うところは、盗蹠のように、もっぱら人を責めて、己を責めることをしない者は、これを名付けて、聖賢を看板に掛けるものということができる。明け方には独り心を引き締め、暗夜には鬼神を畏れて、人理を知り、更に天理を知るのは、これこそ真に根柢のある学問であるといえよう。
〔注釈〕伊周…伊尹・周公、共に古の聖人。盗蹠は、古の大盗の名。掛榜…かかげる。掲示する。凜れ…おそれつつしむ。心を引き締める。

根本無き底《てい》の氣節は、酒漢の人を毆《う》つが如し。醉時の勇、醒來退消し、分毫の氣力なし。學問なき底の識見は、庖人《ほうじん》の竈《かまど》に煬《あぶ》るが如し。面前の明、背後左右、一些の照顧無し。

〔大意〕根本のない気節は、酔っぱらいが人を殴るようなもので、酔いが醒めてしまうと、酔っていたときの勇気は、次第に消え失せて、少しも気力がなくなってしまう。学問の裏付けのない識見は、ちょうど料理人がかまどの火で体を暖めるようなもので、前面の光明は、背後や左右には、少しの光輝もあたらない。
〔注釈〕底…~的を~底のようにいう。酒漢…酒飲み、酔っぱらい。醒來…來は、助字で、醒めるとの意。分毫も一些も共に、ほんの少しの意。庖人…料理人。

理は心得《しんとく》を以て精《せい》と爲す、故に當《まさ》に沈潜《ちんせん》なるべし。然らずんば耳邊口頭《じへんこうとう》なり。事は典故《てんこ》を以て據《きよ》と爲す、故に當に博洽《はくごう》なるべし。然らずんば臆說杜撰《おくせつずさん》なり。

〔大意〕 理は、心中に会得《えとく》するを以て精熟となすが故に、理を究むるに当たっては、尤もまさに深く究めなければならない、そうしないと、その理は、遂に耳邊を過ぎ口頭を掠《かす》める程度の極めて浅薄なものとなってしまう。さもなければ、自分ひとりの独断となるか、杜撰、つまり雑駁となってしまう。

〔注釈〕 臆說…自分の臆測に基づく独断の説のこと。杜撰…正確さを欠く著作。

只一毫粗疏《ごうそそ》の處有れば、便《すなわ》ち理を認《みと》むること眞ならず、惟《こ》れ精《せい》を説く所以なり、然らずんは、衆論《しゅうろん》之を淆《みだ》して必ず疑ふ。只一毫《ごう》二三の心あれば、便ち理を守ること定まらず、惟《こ》れ一《いっ》を説く所以なり。然らずんば、利害之に臨みて必ず變ず。

〔大意〕一毫、たとえほんの少しでも、心に粗略の処があると、理の認識が真正でなくなってしまう。これこそ、帝舜《ていしゅん》が「惟れ精」を説き教えられた理由にほかならない。もしも理を認識することが精緻を究めていないと、衆論がこれを混乱させて、必ず疑念を生じてしまう。もし一毫、ほんの少しでも、あれこれの心があれば、とりも直さず、理を守ることが定まらないことになる。これこそ「惟れ一」を説き教えられた理由にほかならない。さもなければ、利害錯綜する場合に臨んだとき、変動してしまうからである。

〔注釈〕一毫…一本の毛すじ。ごくわずかな数量のたとえ。帝舜の惟れ精、惟れ一を説く…書経《しょきょう》（尭《ぎょう》・舜《しゅん》・禹《う》等、古の聖天子の言行を記述した史書、五経の一つ）に、「人心《じんしん》惟《こ》れ危《あやう》く、道心《どうしん》惟《こ》れ微《び》なり。惟《こ》れ精《せい》惟《こ》れ一《いつ》、允《まこと》に厥《そ》の中《ちゅう》を執《と》れ」と見える。「大禹謨《たいうぼ》」（書経の一篇で、舜が禹に天子の位を禅譲するに当たって戒め教える内容）にある語で、いわゆる治国平天下の要諦を述べた語である。大意は、人心（物欲に赴く心）は、道を忘れ私に流れ易いゆえに、道心（道義に赴く心）は、物欲に蔽われて明らかでないことが多いゆえに微《かす》かである。だから道心のみを固く守って人心を雑《まじ》えないようにせねばならない。こうして初めて公正な中庸、つまり過不足ない中道を得ることができる。この四句は朱子学で尊重している。淆す…まじる。にごる（濁）、みだす（乱）、みだれる。二三の…一貫せずいろいろに変わるの意。

人に接するには、和中に介《かい》有るを要す。事を處するには、精《せい》中に果有るを要す。理を認むることは、正中に通《つう》有るを要す。

〔大意〕人に接するには、柔和なる中に堅固たる所があることが必要である。事を処するには、精詳なる中に果断な所があることが必要である。理を認識するには、厳正なる中に変通する所があることが必要である。

古人の後に在りて、古人の失を議するは則ち易く。古人の位に處《お》りて、古人の事を爲すは則ち難し。

〔大意〕古人の行為等を後になって、その得失を議論し批判するのは、易しいことだが、古人と一緒に行為等している時に、古人の行為等を的確に実践することは難しいことである。

〔注釈〕古人の失…古人の行為等の是非得失。古人の事…古人の行為・実践。

古の學者は、一善言を得れば、其の身に附く。今の學者は、一善言を得れば、務めて以て人を悦ばす。

〔大意〕古の学ぶ者は、一つの善言・佳語を学び知り得たときには、自分を修めるために実践して身に付ける。今の学ぶ者は、一つの善言・佳語を学び知れ得たことを人に知らせ喜ばせることに努力する。

〔注釈〕論語・憲問篇に「古の學者は己の爲にし、今の學者は人の爲にす」という孔子の言を収めている。大意は、古の学者は、己の修養のために学問したが、今の学者は人に知られるために学問をしているの意。この条を下敷きにした項目である。

古の君子は、其の無能を病《うれ》ふるや之を學ぶ。今の君子は、其の無能を恥づるや之を諱《い》む。

〔大意〕古の君子（学んで才徳有る人）は、自分の無能を憂えて学ぼうとし、今の君子は、自身の無能なることを恥じて、諱み隠す。
〔注釈〕其の無能を病ふ…自身の無能なることを憂ふること。諱む…いむ（忌）、いみきらう。おそれつつしんでさける。

眼界は、闊《ひろ》きを要す。名山大川を徧歴すべし。度量は、宏きを要す。五經諸史を熟讀すべし。

〔大意〕人の眼界視野は、広く大きくありたい。そのためには、名高い山や広大な河川を遍歴してみるのがよい。人の襟懐・度量は宏く深くありたい。そのためには、努めて五経のような古典やさまざまの歴史書を熟読玩味するのがよい。
〔注釈〕眼界…人の物の見方、視野。徧歴…あまねく経めぐる。周遊。遍歴。度量…心の広さ。はらの大きさ。また心が広く大きくよく人をうけいれること。五經…東洋の古い古典の五つ。詩経・書経・禮記・易経及び春秋の五経書。後に四書（大學・論語・孟子及び中庸）が加わって、四書五経と総称される。諸史…司馬遷の史記・司馬光の資治通鑑や歴代王朝の正史（漢書・後漢書・唐書など）の総称。

先づ經《けい》を讀み後に史を讀めば、則ち事を論じて聖賢に謬《あやま》らず。既に史を讀み復《ま》た經を讀めば、則ち書を觀《み》て徒《いたずら》に章句と爲さず。

〔大意〕先ず始めに経書（四書五経のような大切な古典）を読み学んで、その後で歴史書を読めば、物事を議論する際に、聖賢の道にもとることがない。既に歴史書を読み学んで、その後で経書を読めば、（既に歴史の事実を知っているので）徒に（訓詁注釈のような）章句の学に陥ることがない。

經傳を讀むときは則ち根柢厚く、史鑑を看るときは則ち議論偉なり。雲物《うんぶつ》を觀るときは則ち眼界寛なり。嗜慾を去るときは則ち胸懷淨し。

〔大意〕聖経賢伝を読むときは、学問の根柢が自然に深く厚くなる。史記・資治通鑑《しじつがん》を読めば、議論が自然に卓越し偉大となる。雲や天空を観るときは、眼界視野が自然に寛宏となる。嗜欲、つまりむさぼり好む心を捨て去ってしまえば、胸中が自然に清浄となる。

〔注釈〕經傳…聖経賢伝のこと。最も重要な古典のこと。伝は、経を敷衍《ふえん》つまりわかり易く詳しく説明したもの。伝を更にわかり易く説明したものを註（注）といい、註を更にわかり易く説明したものを疏《そ》という。根柢…植物の根と根もと。転じて物事の基盤の意。史鑑…『史記』と『資治通鑑』とをいう。又歴史上で人の鏡（鑑）となるもの。雲物…雲の色や天空の変化。嗜慾…特に好む心。むさぼり好む心。

一庭の内、自ら至樂有り。六經以外、別に奇書無し。

〔大意〕一つの庭の内にも、おのずからこの上なく楽しめるものがあるものであり、六経《りくけい》以外には、これといって奇書とすべき書物は無い。

〔注釈〕至樂…この上なく楽しいこと。六經…詩経・書經・礼記《らいき》・樂經・易經・春秋の六つの古典。このうち楽経は、早くから失われて伝わっていない。奇書…特にすぐれた書物。珍しい書物。ふしぎな書物。

未だ見ざる書を讀むは、良友を得るが如し。已に讀む書を見れば、故人に逢ふが如し。

〔大意〕未《ま》だ見ていない書物を読むのは、ちょうど初めて良き友を得たようなものであり、已《すで》に読んだ書物を再び見ると、ちょうど昔なじみの人に逢うような懐かしさがある。

〔注釈〕故人…旧友。古くからの知り合い。昔なじみ。

何をか思ひ何をか慮る。心を居くこと當《まさ》に止水の如くなるべし。助くること勿れ。忘るること勿れ、學を爲すは當に流水の如くなるべし。

〔大意〕徒《いたずら》に思うな、徒に慮《おもんばか》るな。心を居くことは、まさに止まっている水のようでなければならない。無理に助長してはならない。しかし養気（浩然の気を養うこと）

を忘れてはならない。学問を進めるのは、まさに流れる水のようでなければならない。
〔注釈〕助くること忽れ…孟子・公孫丑章句上に見える語。助長（無理に成長させようとすること）してはならないの意。宋の人に、自分の田の苗がなかなか伸びないのを気にやんで、一本一本、芯《しん》を引き抜いて皆、枯らしてしまった例を示し、助長を戒めている。忘るること忽れ…浩然の気を養うことを、常に心に忘れてはならないの意。

心は雑なるを欲せざれ、雑なれば則ち神蕩《しんとう》して収《おさ》まらず。心は労《ろう》するを欲せざれ、労すれば則ち神疲《つか》れて入らず。

〔大意〕心は煩雑なるを欲するな。心が煩雑になってしまうと、精神が動揺してしまって、学ぶ所のものが収まらない。心を憂労しないようにせよ。心が憂労してしまうと、精神が疲弊してしまって、学ぶ所のものが入らない。
〔注釈〕労する…なやむ。うれえる。「心労」。

心雑欲《ざつよく》を慎まば則ち餘靈《よれい》有り。目雑観《ざつかん》を慎まば則ち餘明有り。

〔大意〕心が、雑多な欲望を慎めば、精神が集中して、有り余る精神が培われる。目が、雑多な視察を慎めば、眼光がますます冴えるであろう。

〔注釈〕雑欲…雑多な欲望・欲念。餘靈…有り余る精神力、さいわい。霊には、たましい、精神、神秘な力、すぐれている。さいわい、いつくしみ等々の意味がある。多義語。雑観…眼目のはたらきは、見・看・視・観など浅深さまざまのはたらきがある。余…あま、あまり、豊か、余分にあること等の意味がある。

案上には、書を多くすべからず。心中には、書を少くすべからず。

〔大意〕机の上には、多くの書物を積み上げてはならない。心の中には、書物を少なくしてはならない。つまり腹中書有り（安岡正篤「六中観」の掉尾の語）を願うことが肝要であるの意。

〔注釈〕案上…机の上。

魚水を離るれば則ち鱗《うろこ》枯《か》る。心書を離るれば則ち神《しん》索《つ》く。

〈大意〉魚は、水を離れると、その鱗は忽《たちま》ち乾き枯れてしまう。人の心は、書物を離れると、その精神はたちどころに尽き果ててしまう。

〈注釈〉枯…かれる。ひあがる。死ぬ。索く…尽きてなくなる意。

志の趨《おもむ》く所、遠しとして届《いた》ること勿《な》きは無く、窮山距海も限ること能はざるなり。志の嚮《むか》ふ所、堅しとして入らざるは無く、鋭兵精甲も禦《ふせ》ぐこと能はざるなり。

〈大意〉志の向かい行く所は、いかに遠くても到達しないことはない。たとえ窮山距海のような障害物があっても、これを限り隔てることは、不可能である。志の向かう所は、いかに堅い物にでも入らないことはない。たとえ鋭利な武器や精堅な甲冑《かっちゅう》を以てしても、これを防禦することはできないのである。

〈注釈〉趨く…はしる。おもむく。うながす。趨勢（世の中のなりゆき）のように使う語。

屆る…屆は届と同じ。到達する意。窮山距海…困窮させる山も隔てる海も。乗り越えることの難しい山獄も渡り難い海洋もの意。鋭兵精甲…鋭い武器と精巧な甲冑。

意念《いねん》を把《と》りて沈潜《ちんせん》し得て下さば、何の理か得べからざらん。
志氣を把りて奮發《ふんぱつ》し得て起さば、何の事か做《な》すべからざらん。

〔大意〕意念を以て深く研究すれば、どのような理も得られないことはない。志気を以て奮発すれば、どのような事も達成できないことはない。

〔注釈〕意念…深く考え思う。沈潜…気を落ち着けてじっくり考えること。没頭する。志氣…こころざし。意気ごみ。奮發…ふるいおこる。ふるいたつ。奮起。

虚心ならざれば、便ち水を以て石に沃ぐが如く、一毫も進入し得ず。開悟せずんば、便ち柱《ことじ》に膠《にかわ》して瑟《ひつ》を鼓《こ》するが如く、一毫も轉動《てんどう》し得ず。體認《たいにん》せずんば、便ち電光の物を照すが如く、一毫も把捉《はそく》し得ず。躬行《きゅうこう》せざれば、便ち水行に車を得、陸行に舟を得るが如く、一毫も受用し得ず。

〔大意〕虚心、つまり先入感を無くしておかないとちょうど水を石に沃《そそ》ぐように、ほんの少しもしみ込むことができないであろう。開悟、つまり、心を開き悟っていないと、ちょうど柱《ことじ》、つまり琴や瑟の弦をささえ、移動させて音調の高低を調えるこまを膠《にかわ》で柱を固定しておいて演奏するようなもので、ほんの少しの音曲もかなでることはできないだろう。体認、つまり、心がその事と一体となって理趣を親しく認識しないと、ちょうど、電光が物を照らすように、ほんの少しも把捉することはできないであろう。身をもって実践しなければ、ちょうど、川の水の上を行くのに車を得、陸上を行くのに舟を得たようなもので、ほんの少しも利用することはできないであろう。

〔注釈〕虚心…心に予め思い込み、先入主など持たず、からっぽにしておくこと。開悟…発明し悟ること。體認…心とその事とが一体になって理趣を親しく認識すること。把捉…つかみとらえること。つかまえること。躬行…実践躬行すること。

讀書は能く疑ふを貴ぶ。疑へば乃ち以て信を啓《ひら》く可し。讀書は漸《せん》有るに在り。漸は乃ち克《よ》く成《な》る有るに底《いた》る。

〔大意〕読書は、疑問の起こるのを貴ぶ。疑問が起これば、初めて信ずる端（いとぐち）を啓くことができる。読書には、漸進（ゆっくり進む）の心の余裕を持つことが必要である。漸進して行けば、やがて必ず成就を期すことができよう。

〔注釈〕能く疑ふを貴ぶ…読書に際しては、始めから信じ込んでしまわず、常に疑念をもって臨むことを重視する。悉く書を信ずれば、書無きに如かずとも言われてきた。漸有るに在り…読書の要諦は、ゆっくり考えながら読むことが大切である。熟読玩味することが大切である。

書を看て理を求むるには、須《すべか》らく自家《じか》の胸中をして點頭せしむべし。人と理を談ずるには、須らく人家の胸中を點頭せしむべし。

〔大意〕書物を読んで道理を求めるには、先ず自分の心でうなずき納得しなければばならない。他人と道理を語るには、他人の心をして、うなずき納得させねばならない。
〔注釈〕點頭…うなずく。承知の意を表して頭をさげること。

精神を愛惜し他日に留めて、宇宙を擔當せしむ。歳月を蹉跎《さだ》す、問ふ何れの時か君親に報答せむ。

〔大意〕精神を愛惜し、これを他日に留めて、宇宙の事を担当するのに役立てねばならない。空しく徒に歳月を過ごしてはならない、さもなければ、いつになったら、君と親との恩に報いられるというのか、報いられはしない。
〔注釈〕蹉跎…つまずく、時機を失う。

浩飲《こういん》を戒む、浩飲は神を傷《やぶ》る。貪色《どんしょく》を戒む、貪色は神を減ず。厚味を戒む、厚味は神を昏《くら》くす。飽食を戒む、飽食は神を悶《もん》す。多動を戒む、多動は神を亂《みだ》る。多言を戒む、多言は神を損ず。多憂を戒む、多憂は神を鬱《うっ》す。多思を戒む、多思は神を撓《たわま》す。久睡を戒む、久睡は神を倦《う》ましむ。久讀を戒む、久讀は神を苦しむ。

〔大意〕大酒を飲むことを戒める。大酒を飲めば、人の精神を損なう。女色を貪ることを戒める、女色は人の精神を減ずる、美味を多く食うことを戒める。美味は人の精神を暗くする。飽くまで食うことを戒める。飽くまで食えば、人の精神を悶《もだ》えさせる。多く動くことを戒める。多く動けば人の精神を乱す。多言することを戒める、多言すれば人の精神を損《そこ》なう。心配ごとの多いことを戒める。心配ごとが多ければ、人の精神を憂鬱にする。多く物事を考え思うことを戒める。多く物事を考え思えば、人の精神をかきみだす。永く眠ることを戒める。永く眠れば、人の精神を倦ませてしまう。長い時間読書することを戒める、長時間読書すると、人の精神を苦しめてしまう。

〔注釈〕神を傷る…人の精神を損なう。神を昏くす…人の精神を暗くする。神を悶す…人の精神をもだえさせる。神を鬱す…人の精神を憂鬱にする。神を撓す…人の精神をたわめみだす、かきみだす。

○存　養　類

性分は不足ならしむべからず、故に其の數を取るや宜しく多かるべし。曰く窮理、曰く盡性、曰く達天、曰く入神、曰く廣大を致し、高明を極む。情欲は餘りあらしむべからず、故に其の數を取るや宜しく少なかるべし。曰く謹言、曰く愼行《しんこう》、曰く約己《やくき》、曰く清心、曰く飲食を節し、嗜慾《しよく》を寡《すくな》くす。

〔大意〕人の性分は、不足有らしめてはならない。そのゆえに、これを修める内容は、成るべく多くせねばならない。これらを列挙してみれば、窮理、盡性、達天、入神、広大を致すこと、高明を極めること等である。これらは、性分を修める上で、不可欠の事柄である。

　他方、人の情欲は、有り余らせてはならない。そのゆえに、これを満たすものの数は、成るべく少なくすべきである。それらを列挙してみれば、謹言、愼行、約己、清心、飲食を節すること、嗜慾を寡なくすること等である。これらは、情欲を節する上で、知らなければならない事柄である。

〔注釈〕性分《しょうぶん》…生まれつきの性質、天与の性質。中庸に、「天の命ずる、之《これ》を性と謂ふ。性に率《したが》ふ、之を道と謂ふ。道を修むる、之を教と謂ふ」と見える。窮理…心の理を窮め尽くすこと。盡性…性としてそなわった良知・良能を窮め尽くすこと。達天…天理に達すること。入神…霊妙な域に入ること。約己…己が身を節制すること。

其の心を大にして天下の物を容《い》れ、其の心を虚にして天下の善を受け、其の心を平にして天下の事を論じ、其の心を潜《ひそ》めて天下の理を觀、其の心を定めて天下の變に應ず。

〔大意〕人は常にその心を大にして天下の物を受け容れるようにし、その心を虚《むな》しくして天下の善を受け容れるようにし、その心を公平にして天下の事を論じ、その心を沈潜して天下の理を観るようにし、その心を鎮定して天下の変動に対応するようにしなければならない。

〔注釈〕其の心を大にす…寛容な心で。其の心を虚にする…虚心坦懐になる。其の心を平にす…公平無私に。其の心を潜め…気を落ち着けてじっくり考える。其の心を定め…鎮《しず》め定めること。

清明にして以て吾の神を養ひ、湛《たん》一にして以て吾の慮を養ひ、
沈警にして以て吾の識《しき》を養ひ、剛大にして以て吾の氣を養ひ、
果断《かだん》にして以て吾の才を養ひ、凝重《ぎょうじゅう》にして以て吾の器を養ひ、
寛裕《かんゆう》にして以て吾の量《りょう》を養ひ、厳冷《げんれい》にして以て吾の操《そう》を養ふ。

〔大意〕清く明らかにして、わが精神を養い、湛一、清く澄んだ気持ちで、わが思慮を養い、沈警、深く心をいましめて、わが識見を養い、剛大、剛健な心を以て、わが志気を養い、果断にしてわが才気を養い、凝重、集中して重厚にして、わが器宇を養い、度量が大きく、よく人を受け容れて、わが度量を養い、厳冷、きびしく冷静にして、わが節操を養う。

〔注釈〕湛一…ひとえに清く澄んだ気持ちで。沈警…深く心を戒めること。凝重…精

神を集中して重厚に。

自家好處《じかこうしょ》有らば、幾分を掩藏《えんぞう》せんことを要す。這《こ》れは是《こ》れ涵育《かんいく》して以て深を養ふ。別人《べつじん》好處あらざれば、幾分を掩藏せんことを要す。這《こ》れは是《こ》れ渾厚《こんこう》にして以て大を養ふ。

〔大意〕自分自身の言行に好い処があれば、幾分を掩《おお》い匿《かく》そうとすることが必要である。このことが、とりもなおさず、自分自身を涵育して徳の深くなることを養成することになる。

他人の言行に好くない処があれば、幾分を掩《おお》い匿《かく》そうとすることが必要である。このことが、とりもなおさず、渾厚であって自分自身の徳望を一層大きく養成することになるのである。

〔注釈〕掩藏…掩《おお》い匿《かく》すこと。涵育《かんいく》…涵養に同じ、水がしみ込むように次第に養成すること。知識や徳などで養成すること。渾厚《こんこう》…大きくてどっしりしていること。

虚《きょ》を以て心を養ひ、徳を以て身を養ひ、仁を以て天下萬物を養ひ、道を以て天下萬世《ばんせい》を養ふ。

〔大意〕心を養うには、虚心でなければならない。身を養うには、徳を以てしなければならない。天下万物を養うには、仁愛を以てしなければならない。天下万世を養うには、道義を以てしなければならない。

〔注釈〕虚…私心をなくす、つまり己を空しうして虚心坦懐になること。

沖虚《ちゅうきょ》を涵養するは、便《すなわ》ち是れ身世の學問。煩悩《ぼんのう》を省除《せいじょ》するは、何等心性の安和。

〔大意〕沖虚を養うことは、とりもなおさず、身世の学問をすることにほかならない。煩悩を除くことは、とりもなおさず、心性の安和を来たすことにほかならない。

〔注釈〕沖虚…虚。沖虚は、老子、道家の宗とする文字。煩悩…仏家の語、人世の欲情願望苦慮等の、皆、煩《わずら》わしく悩ましきこと、悟りのさまたげとなるもの。

顔子の四勿《ふつ》は、収入し來るを要す。閑存の工夫は、外を制《せい》して以て中を養ふなり、孟子の四端は擴充《かくじゅう》し去るを要す。格致《かくち》の工夫は、近きを推して以て遠きに曁《およ》ぶなり。

〈大意〉顔渕は、己に克ちて礼に復る細目として四勿の意義を設定した、人は皆、これを心に収め入れておかねばならない。閑存、つまり外を防ぎ守りて内を失わない工夫というのは、結局、外を抑制して内を養成することにほかならない。孟子の説く四端は、それぞれ皆、拡充していかなければならない。格物致知の工夫は、結局、身近な事物の理をきわめて、遠く自分の天賦の英知をさとりきわめることにほかならない。

〈注釈〉四勿…論語・顔渕篇に「禮に非ざれば視ること勿《な》かれ。禮に非ざれば聴くこと勿れ、禮に非ざれば言ふこと勿かれ。禮に非ざれば動くこと勿れ」と教えられた顔渕が、そのお言葉を実践するよう努めますと誓ったこと。閑存…外を防ぎ守り内の心を存すること。四端…孟子・公孫丑上篇に「惻隠《そくいん》の心は、仁の端なり、羞悪《しゅうお》の心は、義の端なり。辞譲の心は、禮の端なり、是非の心は智の端なり」。端は萌芽の意。格致…格物致知、事物の理を窮め尽くすこと。

喜怒哀樂よりして未發《みはつ》を曰《い》ふ。是れ人心より直ちに道心に溯《さかのぼ》る、他の存養を要す。未發よりして喜怒哀樂を曰ふ。是れ道心より人心を指出す、他の省察を要す。

〔大意〕喜怒哀楽よりして未発を説くのは、とりもなおさず、人心より道心に遡及したことにほかならない、人がよく心を存し止めて、これを養い入れていくことが必要である。未発よりして喜怒哀楽を説くのは、とりもなおさず、道心より人心を指し出したことにほかならない。心を集中してこれを推察することが必要である。

〔注釈〕未發…中庸に「喜怒哀楽の未だ発せざる、之を中と謂ふ。発して皆節に中《あた》る、之を和と謂ふ」とある。喜怒哀楽は情であり、その未だ発せざるは、性にほかならない。片寄る所が無いので之を中と謂うのである。発して皆節に中るは情の正を意味する。だから之を和と謂うのである。道心…理性、良能の意。

存養は宜しく沖粋にして春温に近づくべし。省察は、宜しく謹厳にして秋蕭《しゅうしゅく》に近づくべし。

〔大意〕存養は、やわらかく純粋なことで、春の気の温暖なことに近くなければならない。省察は、おごそかに謹むことで、秋のきびしい気候が草木を枯らすようでなければならない。

〔注釈〕存養…心を止めて養うこと。省察…注意して察し視ること。秋蕭…秋のきびしい気候が草木を枯らすこと。

性情の上に就て理會《りかい》せば、則ち涵養と曰ふ。念慮の上に就て提撕《ていせい》せば、則ち省察と曰ふ。氣質の上に就て銷鎔《しょうよう》せば、則ち克治と曰ふ。

〔大意〕性情に則して理解すれば、これを涵養という。念慮に則して導けば、これを省察という。気質に則してとけあわせれば、これを克治という。

〔注釈〕性情…性質と心情。生まれつき。提撕…ひっさげること、奮い起こす。教え導くこと。銷鎔…金属を熱を加えて鎔かすこと、とけあうこと。

一は欲に動く、欲迷へば則ち昏《くら》し。一は氣に任《まか》す、氣偏《かたよ》れば則ち戻《もど》る。

〔大意〕人は一たび欲によって行動して、欲に迷ってしまうと、そのために心が昏愚となる。人はまた、一たび気に任せて行動して、気が偏ってしまうと、そのために心が曲がり戻ることになる。

〔注釈〕昏し…昏愚となる。昏迷する。戻…戾の旧字体。もとる。たがう。ねじまげる。

人心は穀種の如し。滿腔《まんこう》都《すべ》て是れ生意。物欲之を錮《こ》して滞《とどこお》る。然り而して生意未だ嘗て在らずんばあらず。之を疏するのみ。人心は明鏡の如し、全體渾《すべ》て是れ光明、習染《しゅうせん》之を薫《くん》じて暗し。

然り而して明體未だ嘗て存せずんばあらざるなり。之を拭《ぬぐ》ふのみ。

〔大意〕人心は五穀の種のように満身すべて生意に充ちている。ただ物欲のために止められて滞《とどこお》ってしまうに過ぎない。けれども、その生意は、いまだかつて存在しなかったことはないのだから、努めてこれを疏通させなければならない。人心は澄明な鏡のように全体すべて光明なのである。ただ習染のために、汚されてしまって暗くなってしまうに過ぎない。そのゆえに努めてこれを払拭しなければならない。

〔注釈〕満腔…全身、腔は胸・腹・口など体の空虚な所の意。錮す…ふさぐ。銅・鉄を溶かして、すきまをふさぐ。疏す…解釈する、注釈する。習染…身にしみつくこと、くせになること。

果決の人は忙に似たり、心中常に餘間あり。因循の人は間に似たり、心中常に餘忙あり。

〔大意〕よく決断する人は、忙しそうに見えるが、心中は、常にありあまる程の間暇がある。因循姑息な人は、暇があるように見えるが、心中は、常に多忙である。
〔注釈〕果決…決断が速いこと。決断が良い。餘間…たっぷりとした余裕、ありあまる程の間暇（ひま）。因循…古い習慣に因り循《したが》っていて改めようとしないこと。決断力に欠けぐずぐずしているさま。因循姑息は、古いしきたりに拘《こだわ》って、その場しのぎに終始すること。餘忙…ありあまる程多忙なこと。

寡欲なるが故に靜なり。主有れば則ち虚なり。

〔大意〕欲が少ないので、心は静かである。心に主とする所があるので、常に虚心坦懐である。虚心坦懐…心に何のわだかまりもなく、さっぱりして平気なこと。
〔注釈〕寡欲…欲が少ないこと。虚…虚心、つまり外物のためにみたされていないこと。心に何のわだかまりもないこと。

無欲、之を聖と謂ひ、寡欲《かよく》、之を賢と謂ひ、多欲、之を凡と謂ひ、徇欲、之を狂と謂ふ。

〔大意〕欲の無い者を聖人といい、欲の少ない者を賢人といい、欲の多い者は凡人といい、欲のために身を棄ててしまう者を狂人という。

〔注釈〕無欲…欲心のないこと、欲ばらないこと。「無欲恬淡」などと表現する。寡欲…欲が少ないこと。多欲…欲の多いこと、欲ぶかいこと。徇欲…欲に服従すること。ほしいままにすること。

人の心胸、多欲なれば則ち窄《さく》、寡欲なれば則ち寛。人の心境、多欲なれば則ち忙、寡欲なれば則ち間。人の心術、多欲なれば則ち険、寡欲なれば則ち平。人の心事、多欲なれば則ち憂、寡欲なれば則ち樂。人の心氣、多欲なれば則ち餒《たい》、寡慾なれば則ち剛《ごう》。

〔大意〕人の心胸は、欲が多ければ狭窄《きょうさく》となり、欲が少なければ寛闊《かんかつ》となる。人の心境は、欲が多ければ多忙となり、欲が少なければ閒暇となる。人の心術は、欲が多ければ険悪となり、欲が少なければ和平となる。人の心事は、欲が多ければ憂え、欲が少なければ楽しむ、人の心気は、欲が多ければ、飢餒《きたい》し、欲が少なければ剛強である。

〔注釈〕心胸…こころ、胸中。窄…狭窄、せまいこと。寛…ひろいこと、寛闊。心境…心の状態、こころもち。忙…多忙なこと。間…間闊。ひろびろとしていること。心術…こころだて、こころばえ。心事…心に思う事。心氣…こころもち、気分。険…険悪なこと。平…和平。おだやかで平らなこと。餒…飢餒、つまり、飢えること。剛…剛強、つまり強いこと。

宜《よろ》しく静黙《せいもく》なるべく、宜しく従容《しょうよう》なるべく、宜しく謹厳《きんげん》なるべく、宜しく倹約《けんやく》なるべし、四の者、切に已《すで》に良箴《りょうしん》なり。多欲を忌《い》み、妄動《もうどう》を忌み、坐馳《ざち》を忌み旁騖《ぼうぶ》を忌む。四の者、切に已に大病なり。

〔大意〕静黙、従容、謹厳、倹約、この四つのものは、己が身にとって、良い箴誡（いましめ）である。多欲、妄動、坐馳、旁騖、この四つのものは、己が身にとって大いなる病にほかならない。

〔注釈〕従容…ゆったりと落ち着いているさま。坐馳…世の風潮を追うこと。旁鶩…みだりに競争すること。

常に操《と》り常に存し、一の恒《こう》の字の訣《けつ》を得よ。忘るること勿れ助くること勿れ、一の漸《ぜん》の字の訣を得よ。

〔大意〕人の良心は、常に操り守れば、存在する。だから、恒、つまり、日常、不変の一文字の要訣、奥儀を得る必要がある。

人が浩然の気を養うには、忘れることなく必ず常に努力せねばならぬが、とはいっても、結果を急いで助長してはならぬ。だから漸、つまり次第に徐々にという一文字の要訣を得る必要がある。

〔注釈〕常に操り常に存し…孟子・告子篇に見える語。人の良心は、これを把持して、いつまでも放さなければ、存在し続けるという意。忘るること勿れ、助くること勿れ…孟子・公孫丑篇にある語、義を努むることを忘るること勿れ、作意して助長する勿れという意。

此の心を敬守すれば則ち心定まり、其の氣を歛抑《けんよく》すれば則ち氣平かなり。

〔大意〕人は、自分の心を敬《つつ》しみ守れば、心は安定し、自分の気（浩然の気）を歛《おさ》め抑えれば、気は和《やわ》らいで平らかとなる。

〔注釈〕歛抑…辞典に見えないが、おさえおさえる、つまり制御する意か。

人性の中には曾て一物を欠かざれ。人性の上には一物を添ふべからず。

〔大意〕天与の人の性は、（すべてととのっており、）これに一物を加えることもできなかったし、これに一物をも加えることはできない。

〔注釈〕曾て…かつて（嘗）、以前に。

君子の心は、其の小に勝《た》へずして、器量一世を涵蓋す。小人の心は、其の大に勝へずして、志意一隅を拘守す。

〔大意〕君子の心の働きは、小さいまま終わることには耐えられず、実に一世を涵《うる》おい尽くすまでに到るものだ。小人の心の働きは、一見大きいように見えても、その志意は、僅《わず》かに一隅を固く守るに過ぎない。

〔注釈〕小に勝へず…小さいままに終わることに耐えられず。涵蓋…うるおい尽くす。拘守…固く守る。

怒は是れ猛虎。慾は是れ深淵。

〔大意〕怒は、たとえれば猛虎のようなものであり、欲は、たとえれば深淵のようなものである。

〔注釈〕猛虎…たけだけしいとら。取りおさえることのできないもの。深淵…深いふち。人がそこでおぼれ易いところ。

忿《いかり》は、火の如し、遏《とど》めざれば則ち原を燎《や》く。慾は、水の如し、遏めざれば則ち天に滔《とう》す。

〔大意〕忿怒は、たとえば、火のようなもので、少しのうちに消さないと、忽ち燃えひろがって、野原を焼き払うような勢いになってしまう、嗜欲は、たとえば、水のようなもので、少しのうちに防がないと、忽ち洪水となって、天までとどくほど満ち広がってしまう。

〔注釈〕遏める…とどめる、停止する。さえぎる。天に滔す…天にはびこる。洪水が天にとどくほど満ち広がる。

忿《いかり》を懲らすは山を摧《くだ》くが如く、慾を窒《ふさ》ぐは壑《がく》を塡《うず》むるが如し。忿を懲らすは火を救ふが如く、慾を窒ぐは水を防ぐが如し。

〔大意〕忿怒をこらしめ戒めることは、たとえば、山岳を打ち砕くほど困難であり、嗜欲を抑制することは、たとえば、渓谷を埋め尽くすほどの労力が必要となる。忿怒をこらしめ戒めることは、たとえば、火事を防ぎ救うほど困難であり、嗜欲を救済することは、たとえば、洪水を防ぎ止めるほどの労力が必要となる。
〈注釈〉懲らす…懲戒すること。窒ぐ…抑制すること。塡むる…埋め尽くすこと。

心一たび鬆散《そうさん》すれば、萬事収拾す可からず。心一たび疏忽《そこつ》なれば、萬事耳目に入らず。心一たび執着《しゅうちゃく》すれば、萬事自然を得ず。

〈大意〉心がひとたび乱れ散ってしまうと、万事が収拾できなくなってしまう。心がひとたび軽はずみで念入りでなくなると、万事が耳目に入らなくなってしまう。心がひとたび執着してしまうと、万事が自然でなくなってしまう。
〈注釈〉鬆散…乱れ散ること。疏忽…物事を行うのに念入りでないこと、軽はずみでそそっかしいこと。執着…心が物事にとりつくこと。深く思いこむこと。

一念疏忽《そこつ》なれば、是れ起頭《きとう》を錯《あやま》る。一念決裂なれば、是れ到《とう》

底《せい》を錯る

〔大意〕一念が軽卒であると、これは初めを誤ることになる。一念が散乱すると、これは終わりを誤ることになる。

〔注釈〕一念…一つのおもい。一心。疏忽…疎忽。軽卒、そそっかしいこと。到底…結局。つまるところ。

古の學者は、心上に在りて工夫を倣《な》す。故に之を容貌《ようぼう》に發すれば、則ち盛徳《せいとく》の符と爲る。今の學者は、容貌の上に在て工夫を倣す。故に之を心に反すれば、則ち實徳の病と爲す。

〔大意〕昔の学者は、心の中で工夫をしている。それゆえ、これが容貌に現れて、そのまま盛徳の証明となる。今の学者は、徒に容貌の上においてのみ工夫をしている。それゆえその心の中を反省してみると、そのまま真実の徳の病弊となっている。

〔注釈〕盛徳…さかんな徳。高くすぐれた徳。實徳…真実の徳。病…欠点・短所。うれい、なやみ。

只是れ心放肆《ほうし》ならざれば、便ち過差なし。只是れ心怠忽《たいこつ》ならざれば、便ち逸志なし。

〔大意〕ただ心が我《わ》が侭《まま》でなければ、とりもなおさず過ちは生じない。ただ心が怠ることがなければ、とりもなおさず気侭《きまま》の心が起こることはない。

〔注釈〕放肆《ほうし》…ほしいまま、我が侭。過差…あやまち。過失。差は、あやまり、間違いの意あり。怠忽…おこたりゆるがせにする。逸志…ほしいままの心。気侭な心。

逆境に處する心は、須《すべか》らく開拓の法を用ふべし。順境に處するの心は、収斂の法を用ひんことを要す。

〔大意〕逆境に対処するには、その心に努めて開拓の法を用いるべきである。順境に置かれたときは、その心に収斂の法を用いる必要がある。（なぜなら、開拓の法を用いなければ、永く逆境の地を離れることができず、収斂の法を用いなければ、永く順境の地を守ることができないからである）。

〔注釈〕開拓の法…開き進む方法。収斂の法…収め縮める法。

世路の風霜は、吾人錬心の境なり。世情の冷煖《れいだん》は、吾人忍性の地なり。世事の顚倒《てんどう》は、吾人脩行の資なり。

〔大意〕世路の風や霜にあたるのは、われわれの心を錬磨すべき境地である。世情の或いは冷たく或いは暖かなことは、われわれが本性で忍耐すべき境地である、世事の、ときどき顚倒するのは、われわれが行いを修練するための資《たす》けとなるものである。

〔注釈〕世路…人生行路。世情…世の中の人情。世事…世の中の出来事。顚倒…転倒。さかさまになること。脩行…自分の行いを立派に修養すること。資…よりどころとなるもの。たすけるもの。『百朝集』十六に採られている。

青天白日的の節義は、暗室屋漏《おくろう》の中より培《つちか》ひ來る。旋乾轉坤《せんけんてんこん》的の經綸《けいりん》は、臨深履薄《りんしんりはく》の處より力を得。

名譽は屈辱の中より彰《あら》はれ、徳量は隱忍の中より大なり。

〈大意〉青天白日にたとえられるような節操は、多く戒慎恐懼して、暗室や屋漏のように、人の居ない処でも、愧《は》じることのない行いをすることによって培養して来たのである。天地乾坤を旋転するような天下国家の統治経営は、常に戦々兢々として、深淵に臨むような、かつ薄氷を履《ふ》むような謙譲抑損の行いを実践することから力を得ているのである。

〈注釈〉青天白日…よく晴れわたった空に太陽が輝くさま。潔白な人のたとえ。屋漏…室の西北の隅。家の最も奥深い暗い場所。転じて人の見ていない所の意。詩経の大雅、抑《よし》の篇に「相ルニレ在ルヲ二爾ノ室ニ一、尚ハクハ不レレ愧ヂ二于屋漏ニ一」（爾《なんじ》の室に在るを相《み》るに、屋漏に愧じざらんことを尚《こひねが》へ）と見える。この詩をふまえた教訓である。旋乾轉坤…天地乾坤を旋らし転ずるの意。天下を統治経営することのたとえ。經綸…制度または計画を立てて天下国家を統治経営すること。易経の屯《ちゅん》に「君子以經綸」（君子もって経綸す）と見える。臨深履薄…詩経、小雅小旻の篇に、「戰戰兢兢トシク、如レ履ムガ二薄冰ヲ一。」（戦々兢々として、薄冰を履むが如し）とあるのに依拠した表現。

〔大意〕名誉は屈辱を蒙《こうむ》る中から顕彰されてくるものであり、徳量は隠忍自重する中からいよいよ大きくなってくるものである。

〔注釈〕徳量…徳望と器量。隠忍…つらいことを耐え忍んで表面に表さないこと。隠忍自重。

謙退は是れ身を保するの第一法。安詳《あんしょう》は是れ事を處するの第一法。涵容《かんよう》は是れ人を待《たい》するの第一法。灑脱《しゃだつ》は是れ心を養ふの第一法。

〔大意〕謙退つまりへりくだることは、わが身を守り保つための最高の処世法である。安詳つまりもの静かで行き届くことは、事に対処するための最高の方法である。涵容つまり心が広くて人を容れることができるのは、人を遇するための最良の対人法である。灑脱つまり心がさっぱりとして物事にこだわらないことは、心を養う最善の方法である。

〔注釈〕謙退…へりくだってでしゃばらないこと。謙遜。安詳…もの静かで行き届くこと。涵容…度量が広くて人を容れることができること。灑脱…心がさっぱりしていて物事にこだわらないこと、洒落。

喜來る時一たび檢點《けんてん》し、怒來る時一たび檢點し、怠惰《たいだ》の時一たび檢點し、放肆《ほうし》の時一たび檢點す。

〈大意〉人は、喜怒の心情に対処するためには、その都度、落ち着いてよく調べていかなければならない。このことは、怠惰や放肆の気持ちが起こった時にも同様である。

〈注釈〉檢點…一つ一つよく調べること。放肆…ほしいままの気持ち。放恣。

自ら處して超然《ちょうぜん》。人に處して藹然《あいぜん》。事無きに澄然《ちょうぜん》。事有るに斬然《ざんぜん》。意を得るに淡然《たんぜん》。意を失ふに泰然《たいぜん》。

〈大意〉自分自身に対応するには、一向物にとらわれないようにする。人に対応するには、なごやかに、のびのび感じさせるようにする。無事つまり事無きときには、水のように澄んでおり、有事つまり一旦事有る時には、活気に充ちていたいものである。

得意な時にはあっさりして、失意の時にもゆったりしていたいものである。

〔注釈〕超然…一向に物にとらわれないさま。藹然…草木のよく茂るさま。転じて、人に対してなごやかに、のびのび感じさせる意。澄然…静かにして清くあるさま。斬然…いきいきした新鮮さ。淡然…あっさりしているさま。泰然…あっさりしているさま。『百朝集』三に採られている。

静能く動を制し、沈能く浮を制し、寛能く褊を制し、緩能く急を制す。

〔大意〕静かなものは、よく動くものを抑制し、沈着なものは、よく浮薄なものを抑制し、寛容なものは、よく狭量なものを抑制し、緩《ゆる》やかなものは、よく急なるものを抑制する。

〔注釈〕褊…狭い、性急、気短。緩…ゆるやか。

天地間の眞滋味《しんじみ》は、惟《た》だ静かなる者能く嘗得《しょうとく》し出《いだ》す。天地間

の眞機括《しんきかつ》は、惟だ静なる者能く看得し透《とお》す。

〔大意〕世の中のほんとうのおいしい味は、唯、心の静かな者のみが、味わうことができる。世の中のほんとうの機会は、唯、心の静かな者のみが、初めて見出すことができる。

〔注釈〕滋味…おいしい味。美味。機括…括は筈と通ず。機筈は、機会と同意。筈は、やはず、ゆはずと同意。

才有て性緩なるは、定めて大才に屬す。智有て氣和するは、斷れ大智と爲す。

〔大意〕才気があって、性質が緩《ゆる》やかなのは、大才の同類というべき人物であり。智慧があって気質が温和なのは、大智というべき人物である。

〔注釈〕屬す…つらなる。ともがら、同類である。

氣は盛《せい》を忌《い》み、心は満《まん》を忌み、才は露《ろ》を忌む。

〔大意〕気は、盛んなのを戒め、心は、満ちるのを戒め、才は、露呈するのを戒めるべきである。

〔注釈〕忌む…忌み謙う。いましめる。忌避する。露…露呈、露出、露骨、むきだし。

作用有る者は、器宇定めて是れ凡ならず。智慧有る者は、才情決然として露はれず。

〔大意〕世の中で、作用《はたらき》の有る人物は、器量が必ず凡庸ではない。智慧の有る人物は、その才気心情を決して外面にあらわにしない。

〔注釈〕作用…はたらき。器宇…人柄、度量。心の広さ。才情…才能と心ばせ。

意粗にして性躁なれば、一事も成ること無し。心平かにして氣和すれば、千祥駢《なら》び集まる。

〔大意〕心が粗《あら》くて、性格がさわがしい者は、たった一つの事も完成し得ない。心が平らかで、気性がやわらぐと、数多《あまた》の吉祥善事がならび集まるものだ。

〔注釈〕意…心意。粗…粗雑。ぞんざい。性…性質、性格。躁…さわがしい、あわただしい。氣…気性、気持ち。千祥…数多の吉祥善事。

世俗煩悩の處は、耐得下《たいとくか》を要す。世事紛擾《ふんじょう》の處は、間得下《かんとくか》を要す。胸懐牽纏《きょうかいけんてん》の處は、割得下《かっとくか》を要す。境地濃豔《のうえん》の處は、淡《たん》得下《とくか》を要す。意氣忿怒《ふんぬ》の處は、降得下《こうとくか》を要す。

〔大意〕世俗の煩《わずら》わしく悩《なや》ましい場合においては、心がこれに耐えることが必要である。世事のまぎれて乱れている場合においては、心を間暇にすることが必要である。胸懐が事にまとい牽《つ》かれる場合においては、断乎としてこれを割くことが必要である。居る場所が、こまやかになまめかしくなっている場合は、心を淡泊にしている必要がある。意気が忿怒している場合は、心を平静にする必要がある。

〔注釈〕煩悩…心身をまよわす欲望。心のまよい。ここでは、煩わしく悩ましいことの意であろう。紛擾…乱れる。ごたつく。胸懐…胸の思い、心の思い。牽纏…まといつかれる。境地…場所。濃豔…濃艶に同じ。豔は艶の正字。なまめかしい。あでやかで美しい。

和氣を以て人を迎ふれば、則ち乖沴《かいれい》滅《めっ》す。正氣を以て物に接すれば、則ち妖氣《ようき》消す。浩氣《こうき》を以て事に臨めば、則ち疑畏釋《ぎいと》く。靜氣を以て身を養へば、則ち夢寐《むび》恬《やす》し。

〔大意〕温和の気持ちで人を迎えれば、そむきそこなうことも、自然に消滅してしまう。正大な気持ちで物に接すれば、怪妖なことも、自然に消え失せてしまう。浩然の気持ちで事に臨めば、疑い畏れることも、自然に解け去ってしまう。静謐な気持ちで身を養えば、夢や眠りも、自然に安らかになってしまう。

〔注釈〕乖沴…そむきそこなうこと。よこしまなわざわい。妖氣…怪しい気。浩氣…浩然の気。疑畏…疑い畏怖すること。夢寐…眠って見る夢。

操存《そうそん》の在るを観るは、利害の時なり。精力の在るを観るは、飢疲《きひ》の時なり。度量《どりょう》の在るを観るは、喜怒の時なり。鎮定《ちんてい》の在るを観るは、震驚《しんきょう》の時なり。

〔大意〕人に節操が有るか無いかを見分けられるのは、利害に関わった時である。精力が有るか無いかを見分けられるのは、飢えたり疲れたりした時である。度量が有るか無いかを見分けられるのは、喜んだり怒ったりした時である。鎮定の心が有るか無いかを見分けられるのは、恐れたり驚いたりした時である。

〔注釈〕操存…操や存心（本心を保持して失わず、生まれながらに持っている善なる性を養い育てること）。心の節操。鎮定…精神の落ち着き。しずめさだめる。

大事難事に擔當《たんとう》を看る。逆境順境《ぎゃくきょうじゅんきょう》に襟度《きんど》を看る。喜《よろこび》に臨み怒《いかり》に臨むに涵養《かんよう》を看る。羣行羣止《ぐんこうぐんし》に識見を看る。

〔大意〕大事に当たり難事に際会してみて、初めてその人物にどれほど仕事が担えるかを看て取ることができる。逆境に臨み順境に際会してみて、初めてその人物にどれほどの度量があるかを知ることができる。大勢の中で一緒に行動してみて、初めてその人物にどのような識見があるかを知ることができる。

〔注釈〕擔當…どれほど仕事が背負えるかということ。担当能力。襟度…心の出来ばえ。度量。涵養…知識や徳などを養成すること。羣行羣止に…衆人の中に交わって自分がどう処するかの自主的判断力。『百朝集』四に採られている。

輕は當に之を矯むるに重を以てすべし。浮は當に之を矯むるに實を以てすべし。褊は當に之を矯むるに寛を以てすべし。執は當に之を矯むるに圓を以てすべし。傲は當に之を矯むるに謙を以てすべし。肆は當に之を矯むるに謹を以てすべし。奢は當に之を矯むるに儉を以てすべし。忍は當に之を矯むるに慈を以てすべし。貪は當に之を矯むるに廉を以てすべし。私は當に之を矯むるに公を以てすべし。放言は當に之を矯むるに緘默《かんもく》を以てすべし。好動は當に之を矯むるに鎭靜を以てすべし。粗率は當に之を矯むるに細密を以てすべし。躁急は當に之を矯むるに和緩を以てすべし。怠惰は當に之を矯むるに精勤を以てすべし。剛暴は當に之を矯むるに溫柔を以てすべし。淺露は當に之を矯むるに沈潛を以てすべし。谿刻《けいこく》は當に之を矯むるに渾厚《こんこう》を以てすべし。

〔大意〕軽薄を矯正するには、参考として（以下同じ）重厚が有効である。浮薄を矯正するには、質実が有効である。編狭を矯正するには、寛容が有効である。執拗を矯正するには、円満が有効である。傲慢を矯正するには、謙虚が有効である。奢肆を矯正するには、倹約が有効である。奢恣を矯正するには、倹素が有効である。残忍を矯正するには、慈愛が有効である。貪弱を矯正するには、廉潔が有効である。私曲を矯正するには、公明が有効である。放言を矯正するには、緘黙が有効である。軽挙妄動を矯正するには、沈着冷静が有効である。粗率軽率を矯正するには、細心綿密が有効である。躁忙性急を矯正するには、温和遅緩が有効である。怠惰を矯正するには、精励恪勤が有効である。剛猛暴慢を矯正するには、温和柔軟が有効である。浅薄暴露を矯正するには、沈潜つまり沈着潜懐が有効である。谿刻つまり浅忍を矯正するには、渾厚が有効である。

〔注釈〕矯むる…矯正する。矯は矢をまっすぐにすること。肆…気ままなこと。谿刻…浅忍なこと。

○持躬類

聡明睿智《そうめいえいち》、之を守るに愚を以てす。功天下を被《おお》はば、之を守るに譲を以てす。勇力世を振《ふる》はば、之を守るに怯《きょ》を以てす。富四海を有《たも》たば、之を守るに謙《けん》を以てす。

〔大意〕聡明叡智ならば、これを守るには愚を以てするのがよい。天下を被うほどの功があれば、これを守るには譲を以てするのがよい。一世を振るうほどの勇力があれば、之を守るには怯を以てするのがよい。四海を有つほどの富があれば、これを守るには謙を以てするのがよい。

〔注釈〕聡明睿智…かしこくすぐれた知性。愚…おろか、愚直。功…てがら。功績。譲…ゆずる。へりくだる。勇力…勇気と力量。怯…臆病。おじけおそれること。四海…天下。謙…へりくだる、謙虚。

居積《きょし》の人と富を爭はず。進取《しんしゅ》の人と貴《たっとき》を爭はず。矜飾《きょうしょく》の人と名を爭はず。少年の人と英俊《えいしゅん》を爭はず。盛氣《せいき》の人と是非を爭はず。

〔大意〕財産を蓄えた人と富を争ってもしかたない。とても匹敵できないのだから。進取の気象に富んだ人と位を争ってもしかたない。結局匹敵できない相手なのだから。誇り高く飾る人と名を争ってもしかたない。とても匹敵できないのだから。少年の人とは、英俊を争ってもしかたない。とても匹敵できないのだから。盛気の人と是非を争ってもしかたない。結局匹敵できる相手ではないのだから。

〔注釈〕居積《きょし》…買いだめ。貯蓄。進取…積極的に行動する。矜飾…身を飾ることをほこる。少年…若者。

富貴は怨の府なり。才能は身の災なり。聲名は謗の媒なり。歡樂は悲の漸なり。

〔大意〕富貴は怨みのあつまりがちな所である。才能は身の災いとなりやすいものである。名誉は、謗りの媒介となりがちなものである。歓楽は悲しみのいとぐち（きざし）となりやすいものである。

〔注釈〕怨の府…怨恨のあつまるところ（怨府）。謗の媒…誹謗の媒介（仲立ち）。悲の漸…悲哀のいとぐち、きざし。

聲色に濃《こまや》かなれば、虚怯《きょきょう》の病を生ず。貨利《かり》に濃かなれば、貪《たん》饕《とう》の病を生ず。功業に濃かなれば、造作の病を生ず。名譽に濃かなれば、矯激《きょうげき》の病を生ず。

〔大意〕名声と人望にこまやかであると、内容が空しくおそれおじける病を生ずるものである。貨利にこまやかであると、財貨をむさぼる病を生ずるものである。功績にこまやかであると、手間暇のかかる病を生ずるものである。名誉や評判にこまやかであると、常軌をはずれる病を生ずるものである。

〔注釈〕聲色…声や姿が美しいという語であるが、ここでは、名声や人望の意味で用いられている。虚怯…内容が虚しくおそれおじけること。虚栄心。貪饕…財貸をむさぼること。欲深いこと。造作…手間、手数、やっかいなこと。矯激…言動が普通と違ってはげしいこと。

自己の身心の後日に到るを想へば、之を何《いずれ》の處に置かん。本來の面目の古人に在るを顧《おも》へば、箇《これ》を何人《なんぴと》に傚《かたど》らん。

〈大意〉自己の身心が後日まで生き続けることを考慮すれば、どのような身の処し方をしたらよいかが判る。自己の本来の面目が、古人の教えにあるとすれば、自己の模範とする古人は、いかなる人物かが判る。

〈注釈〉本來の面目…〔仏〕天然のままにして、少しも人為を加えない衆生の本性をいう。ここでは、ありのままの自己の姿、生き方の意で用いられている。

此の身を輕視すること莫《なか》れ、三才此の六尺に在り。此の生を輕視すること莫れ、千古此の一日に在り。

〈大意〉この身を軽く視てはならない。それは、この六尺の身に天地人三才のことは皆、存するものだからである。それは、千古の業績も皆、この人生の一日に基づいているからである。この人生を軽く視てはならない。
〈注釈〉三才…天地人をいう。三才・六尺は対句。千古…遠い昔。おおむかし。永遠。千古・一日は対句。

酒に酔ひ肉に飽き、浪《みだ》りに笑ひ恣《ほしいまま》に談じ、卻《かえっ》て一日を錯過《さくか》し了《りょう》せざらんや。妄動胡言《こげん》し理に昧《くら》く欲に従へば、卻て一日を作孽《さくげつ》し了《りょう》せざらんや。

〈大意〉或《ある》いは酒に酔い、或いは肉に飽き、或いはみだりに笑い、或いはほしいままに談じたりしていると、そのためにかえって、この一日を過ってすごすことになってしまう。或いは妄動し、或いは大言し、或いは道理に暗く、或いは利欲をほしいままにしていると、そのためにかえって、この一日で禍を造り出すことになってしまう。
〈注釈〉錯過…あやまり過ごすこと。妄動…後先を考えない無分別な行動。「軽挙妄動」のように用いる。胡言…でたらめな言葉。胡はでたらめ、とりとめがない意。作孽…わざわいを造ること。

古人に譲らざる、是れを志有りと謂ふ。今人に譲らざる、是れを量無しと謂ふ。

〔大意〕古人に譲らないのは、高い志の有る人と言うことができよう。今人に譲らないのは、度量の狭い人と言うことができよう。

〔注釈〕古人に譲らず…論語・衛霊公篇に「仁に当りては師に譲らず」と見えるが、譲ることは師に譲るを以て最も重しとするから、ここにはその師にも譲らず、仁を行うことに邁進せよとの意である。この師に譲らずを古人に譲らずと置き換え、「仁に当りては」を「志有り」に置き換えたものと見ることができる。今人に譲らず…人は長幼朋友みな互いに譲ることが必要なのに、それができないのは、度量が狭いことだとしているのである。

一に能く予に勝つ、君子此の小心無かる可からず。吾何ぞ彼を畏れん、丈夫此の大志無かる可からず。

〔大意〕庶人の人心が去れば、王の位を危うくするものである。君子として民の上にある君主には、この小心が無くてはならないものだ。一方、大丈夫たる人物には、いかなる強敵をも畏れないような大志が無ければならないものだ。

〔注釈〕一に能く予に勝…書經の夏書に見える「五子之歌」の一に、「皇祖訓あり、民は近づく可く、下す可からず。民は惟《こ》れ邦の本なり。本固ければ邦寧し。予天下を視るに、愚夫愚婦も、一に予に勝つ」（大意、皇祚の禹王に訓えがある。民は親愛すべきものであり、情においてはこれを隔ててはならぬ。五子が自身が考察してみると、愚夫愚婦である庶人も、その人心を失えば、君主の位を危うくするものだ）とある。その語を承けて下敷きにしている。吾何ぞ彼を畏れん…孟子・勝文公章句下に「成覸《せいけん》齊の景公に謂ひて曰く、『彼も丈夫なり、我も丈夫なり。吾何ぞ彼を畏れんや』と。顔淵は曰く、『舜何人ぞや。予《われ》何人ぞや。爲す有る者亦是の如し』と」（大意、「昔、成覸という勇士は斉の景公に向かって、『彼も一個の男子であり、私も一個の男子であります。なんで彼を畏れることがありましょうか』といい、顔淵は、『舜は如何なる人であり、私は如何なる人であるというのか。同じく一個の人間ではないか。大いにやろうとする志があれば、自分も舜のごとくなることができるのだ』）といった」の言葉を下敷きにしている。

小人の豪傑《ごうけつ》を顚倒《てんとう》するを怪《あやし》みて、顚倒に慣るるの方《まさ》に小人たるを知らず。君子の世の折磨《せつま》を受くるを惜しみて、惟《ただ》折磨せられて乃ち君子を見ることを知らず。

〔大意〕世人は、小人が常に豪傑を転倒するのを怪しむけれども、転倒に慣れる者が、即ち小人であることを知らない。君子が常に世の折磨を受けるのを惜しむけれども、折磨されて初めて君子となるのだということを知らない。

〔注釈〕折磨…挫折と錬磨。くじきみがくこと。顚倒…たおれる。

一番の挫折《ざせつ》を經て一番の識見《しきけん》を長じ、一番の横逆《おうぎゃく》を容《い》れて一番の器度《きど》を増し、一分の經營《けいえい》を省《かえり》みて一分の道義《どうぎ》を多くし、一分の退譲《たいじょう》を學びて一分の便宜《べんぎ》を討《たず》ね、一分の奢侈《しゃし》を去りて一分の罪過《ざいか》を少くし、一分の體貼《たいちょう》を加えて一分の物情《ぶつじょう》を知る。

〔大意〕一度の挫折を経て一度の識見を伸長し、一度の横逆を受け容れて、一度の度量を増し、一分の経営を顧みて一分の道義を多くし、一分の退譲を学んで、一分の便宜を討究し、一分の奢侈を去って一分の罪過を減らし、一分のわが身に引き当てて見ることで、物事の実情を知ることができる。

〔注釈〕挫折…失敗、頓挫。横逆…わがままで道理に従わないこと。横は、道理に従わない、ほしいままの意。器度…度量、心が広くゆったりしていること。經營…計画を立てて物事をすること。工夫すること。退譲…謙譲。へりくだって他人に譲ること。便宜…好都合。便益、好機会。體貼…自分の体に引き当ててみること。物情…物事の実情、世人の心情。

自ら重んぜざる者は辱を取り、自ら畏れざる者は禍を招き、自ら満たざる者は益を受け、自ら是とせざる者は聞を博くす。

〔大意〕自分の行いを慎まず軽はずみなことをする者は、恥辱を受け、自ら人を畏敬しない者は、禍を招き、自ら高慢にならない者は、益を受け、自ら為すことを是としない者は、見聞を博くするものである。
〔注釈〕自ら重んずる…自重する、自分の行いを慎んで軽はずみなことをしないこと。自ら畏れる…他人を畏敬する。自ら滿つ…おごりたかぶる。聞を博くす…見聞を博くする、博識になる。

眞才有る者は、必ず才を矜《ほこ》らず。實學有る者は、必ず學を誇《ほこ》らず。

〔大意〕真実の才能が有る人物は、必ずその才能をほこりたかぶらないものだ。真実の学問が有る人物は、必ずその学問を他に自慢することはしないものだ。
〔注釈〕矜る…ほこる。おごりたかぶる。誇る…ほこる。大言をはいていばる。

蓋世の功勞は當に一箇の矜の字を得ざるべし。彌天の罪惡は

最も一箇の悔の字を得難し。

〔大意〕世を蓋《おお》うばかりの功労のある者は、矜（ほこりたかぶる）の一字を被らないようにせねばならない。天に満ちるほどの罪悪のある者は、最も悔（悔恨）の一字を得ることも難しいことである。

〔注釈〕蓋世…世の中を蓋《おお》う気性や才能。彌天…空一面に満ちる。

罪を諉して功を掠むるは、此れ小人の事。罪を掩て功を誇るは、此れ衆人の事。美を譲り功を帰するは、此れ君子の事。怨を分ち過を共にするは、此れ盛徳の事。

〔大意〕罪を他人にゆだねて功をうばいとるのは、小人の為す事である。罪は掩《おお》いかくして功を誇るのは、衆人の為す事である。美を他人に譲って功も他人にゆだねるのは、君子の為す事である。怨みを自分も分担し過ちの責任も共にするのは、高く優れた徳の有る人の為す事である。

〔注釈〕諉す…ことよせる。ゆだねる。まかせる。掩…おおいかくす。歸す…まかせる。ゆだねる。怨を分つ…怨を他の人と一緒に分担する。過を共にする…過失の責任を他の人と一緒に担う。

衆人の名を毀《こぼ》ちて以て一己の善を成すこと毋《なか》れ。天下の理を没して以て一己の過を護ること毋れ。

〔大意〕他の衆人の名を毀損して、自分ひとりの善を成就しようとしてはならない。天下の理を没却して自分ひとりの過ちを擁護してはならない。

〔注釈〕毀つ…こぼつ。毀損する、きずつける、没する、没却する、無視する。護る…擁護する。

大に肚《と》皮《ひ》を著《つ》けて物を容れ、立《たっ》て脚《きゃく》根《こん》を定めて人と做《な》れ。

〔大意〕おおいに心の中を拡げて物事を包容できるようにしよう。立脚の根本をしっかり定めて立派な人物となろう。

〔注釈〕肚皮…腹の皮。腹のうちをつつむ外皮。心の容量。脚根…立脚の根本。

實處《じっしょ》に脚を著け、穩處《おんしょ》に手を下す。

〔大意〕堅実な所に脚を据《す》え、平穏な所から取り組んで行けば、失敗することなく事を為し得るであろう。

〔注釈〕實處…堅実な所場。確実でまちがいない所。穩處…無理がなくおだやかな場所。手を下す…自分でやる。手をつける。

書を讀むに四箇の字の最も要緊《ようきん》なる有り。曰く、疑はしきを闕《か》き、問ふことを好む。人と倣《な》るに四箇の字の最も要緊なる有り。曰く、實を務め、久しきに耐ゆ。

〔大意〕読書に当たって最もたいせつな四文字がある。疑わしい箇所は除くことと問い学ぶことを好むことである。立派な人物になるのに最もたいせつな四文字がある。

実践に務めることと長い歳月に耐え抜くことである。

〔注釈〕要緊…重要なこと。肝要なこと。疑はしきを闕く…真偽のはっきりしない疑問の点は省いて残しておく。論語・為政篇に「多く聞きて疑はしきを闕《か》く」と見える。

事は快意の處に當りて須らく轉ずべし。言は快意の時に到りて須らく住《とどま》るべし。

〔大意〕物事は快心の所に当面した場合は、他に転換せねばならない。言論は快心の時に到った場合は、そこで停止せねばならない（人の失敗は、快心の際に調子に乗った折におこりやすいものだからである）。

〔注釈〕快意…思うままにする。心地よい。

物は全勝を忌《い》み、事は全美を忌み、人は全盛を忌む。

〔大意〕物は全勝を忌み嫌い、事は全美を忌み嫌い、人は全盛を忌み嫌うものである。

〔注釈〕物は勝敗相半ばし、事は美悪相半ばし、人は盛衰相半ばするものだからである。

前を儘《つく》して行く者は地歩窄《ちほせま》く、後に向きて看る者は眼界寛し。

〔大意〕前にばかり向かって行く者は、自分の占める場所が甚だ狭くなり、後を顧みながら進む者は、視野が極めて広く感じるものだ。

〔注釈〕地歩…自分のいる位置、場所、立派。地位。眼界…目に見える範囲。視野。

有餘不盡《ゆうよふじん》の巧《こう》を留めて、以て造化に還《かえ》し、有餘不盡の祿《ろく》を留めて、以て朝廷に還し、有餘不盡の財を留めて、以て百姓に還し、有餘不盡の福を留めて、以て子孫に貽す。

〔大意〕物事は、有る限りを使い果たすことは良くない。そこで余りがあって尽きない巧は、これを遺して天地造化に返還すべきであり、余りがあって尽きない禄は、これを遺して朝廷に返還すべきである。更に又、余りがあって尽きない福は、これを遺して世の人びとに返還すべきであり、余りがあって尽きない福は、これを遺して子孫のために遺しておくべきである。

〔注釈〕巧…技巧。造化…造物主。天地自然。百姓…多くの人民。

四海和平の福は、只是れ縁《えん》に随ひ、一生牽惹《けんじゃ》の労は、總《すべ》て好事に因る。

〔大意〕天下和平の幸福は、ひとえに因縁にまかせるのみであり、一生つきまとう労苦は、すべて自分の物好きによるものである。

〔注釈〕牽惹…つきまとう。好事…物好き。

花繁《しげ》く柳密《みつ》なる處撥《はつ》し得て開かば、方《まさ》に手段《しゅだん》を見る。風狂《きょう》し雨驟《にわか》なる時立ち得て定まらば、纔《わずか》に是れ脚跟《きゃくこん》。

〔大意〕さまざまな欲念が生じた時に、努めてこれを排除してこそ、その人の志操の堅固なのを知ることができる。それはちょうど、花や柳などの繁密なところを、かきのけて初めてその手なみを観るようなものだ。更にまた、いろいろな変故に際会した折に、徐《おもむろ》にこれを解決して初めてその人の操守の確かなことを知ることができる。それはまるで、風雨の狂驟する中に立ち得て初めて、その脚跟が定着することを知ることができるようなものだ。

〈注釈〉方に…ちょうどその時。ちょうどその時に。脚跟…足のくびす。かかと。

歩々先を占《し》むる者は、必ず人以て之を擠《おしおと》す有り。事々勝を争ふ者は、必ず人以て之を挫《くじ》く有り。

〈大意〉一歩一歩、歩く度《たび》に人の先に出ようと図る者は、必ずこれを押し落とす人が有るものである。一事一事、事毎《こと》に人に勝つことを図る者は、必ずこれを挫《くじ》く人があるものである。

〈注釈〉歩々…一足ごとに。一歩一歩。擠す…おしおとす。おしのける。くじく。事々…事々物々、なにもかも、万事万端。

能く過を改むれば、則ち天地怒らず。能く分に安んずれば、則ち鬼神權なし。

〔大意〕人はみな過ちをおかすものである、大切なのは、その過ちを改めることであり、過ちを改めることができれば、天地の怒りに触れることはない。人が己の分際に安んずることができれば、鬼神も権力を振るうことはできない。

〔注釈〕過を改める…論語には、五度も、過ちを改めよとの訓えが見える。その一つは、顔回を褒めて「過ちを貳《ふたたび》せず」とある。分に安んず…身分相応な程度に満足し、心安らかにしている。分は、分限、分際の意。

言行之を古人に擬せば、則ち徳進み、巧名之を天命に付せば、則ち心間なり。報應《ほうおう》子孫に及ぶを念へば、則ち事平に、受《じゅ》享《きょう》疾病に及ぶを慮《おもんぱか》れば、則ち用儉なり。

〔大意〕自分の言行を古人になぞらえのっとれば、徳を進展することができる。功名は、天命にゆだねまかせれば、心は自ら間暇となる。善悪の因果報応が、子孫に及ぶものであることを念《おも》えば、万事、自ら和平を主とすべきである。美酒美食などを享受すれば、疾病に及ぶことがあることを念えば、自ら慎んで控えめを心がけるものである。

〔注釈〕古人…昔の立派な人物。古聖先賢。擬す…おしはかる。なぞらえる。のっとる。天命に付す…天命に託する。間…間暇、休息。報應…むくい。また、むくいる。応報。受享…受け入れ、わがものとする。享受。恩恵などを受けること。

安きは足ることを知るより安きは莫く、危きは多言より危きは莫く、貴きは求め無きより貴きは莫く、賤きは多欲より賤きは莫く、樂は善を好むより樂きは莫く、苦は多く貪るより苦きは莫く、長は博く謀るより長なるは莫く、短は自ら恃《たの》むより短なるは莫く、明は物を體《たい》するより明なるは莫く、暗は幾《き》に昧《くら》きより暗なるは莫し。

〔大意〕安きは知足することより安きはなく、危うきは多言より危うきはなく、貴きは願望なきより貴きはなく、賤しきは多欲より賤しきはなく、楽しみは、善を好むより楽しきはなく、苦しみは多く貪るより苦しきはなく、長は博く謀るより長なるはなし、短は自ら心だよりにするより短なるはなく、明は、物を身にあてはめて考えるより明なるはなし、暗は物のきざしを見るに暗きより暗なるはない。

〔注釈〕自ら恃む…自らたのみにする。幾に昧い…物事の機微に愚昧である。

能く足ることを知る者は、天、貧にすること能はず、能く辱を忍ぶ者は、天、禍すること能はず、能く求むること無き者は、天、賤しむこと能はず、能く形骸を外にする者は、天、病ましむること能はず、能く生を貪らざる者は、天、死せしむること能はず。能く遇に随て安ずる者は、天、困せしむること能はず、能く人材を造就する者は、天、孤にすること能はず、能く身を以て天下後世に在する者は、天、絶つこと能はず。

〔大意〕よく足ることを知る者は、天も、これを貧しくすることができず、よく恥辱を忍ぶ者は天も、之を禍することはできない。よく欲求なき者は、天も、之を賤しくすることはできず、よく肉体の欲望に拘束されない者は、天も、これを病ましめることはできない。よく長生を貪らない者は、天も、これを死なせることはできず、よく境遇に随って安んずる者は、天も、これを困しめることはできない。よく人材を造り就《な》す者は、天も、これを孤独にすることはできず、よく身を以て天下後世に任ずる者は、天も、これを絶やすことはできない。

〔注釈〕形骸を外にする…肉体の欲望を度外し拘束されない。造就する…造り成す。

天、我を薄《うす》うするに福を以てすれば、吾、吾が徳を厚うして以て之を迓《むか》ふ。天、我を労するに形を以てすれば、吾、吾が心を逸して以て之を補ふ。天、我を阨《やく》するに遇《ぐう》を以てすれば、吾、吾が道を亨《とお》して以て之を通ず。天、我を苦しむるに境を以てすれば、吾、吾が神を楽しましめて以て之を暢《ちょう》す。

〔大意〕天が我が福を薄くする時は、我が徳を厚くしてこれに対応しよう。天が我が身体を労せしめるならば、我が心を安逸にしてこれを補足しよう。天が境遇に災厄をもたらすならば、我が道を達してこれを通じよう。天が境遇で苦しめようとする時は、我が精神を楽しませてこれを舒暢しよう。

〔注釈〕迓ふ…むかえる。出迎える。心を逸する…心を安んずる。之を暢す…これを舒暢する。心をのびのびとする。百朝集十八に採られている。

吉凶禍福は、是れ天の主張なり。毀譽予奪は、是れ人の主張なり。身を立て己を行ふは、是れ我の主張なり。

〔大意〕吉凶禍福は、天の主宰する所だから、これに従順せねばならぬ。毀譽予奪は、世人の主宰する所なので、まかせるほかはない。自分の生き方、在り方こそ自分の決め行うべきことなのである。

〔注釈〕主張…持論。毀譽予奪…けなしたりほめたり、与えたり奪ったりすること。

主宰。身を立て己を行ふ…一身の独立を保持して自分の人生を生きていく。

富貴福澤を得んことを要す。天の主張は我を得ざるに由る。賢人君子と做らんことを要す。我が主張は天を得ざるに由る。

〔大意〕人は、富貴福沢を得ようと要求するが、天の主宰する所は、結局、人の主張が不足することによって起こるのである。人は、賢人君子となろうと欲するがその主張は、結局、天の主宰が足らないことに乗じて行うのである。

〔注釈〕天の主張…天の主宰する所。

富みて以て能く施すを徳と為す。貧にして以て求むること無きを徳と為す。貴くして以て人に下るを徳と為す。賤くして以て勢を忘るるを徳と為す。

〔大意〕富んで能く施すのを徳とするのである。貧しくても他に求めることをしないのを徳とするのである。貴くしてしかも人に下るのを徳となすのである。賤しくしてしかも権勢を気にかけないのを徳とするのである。

〔注釈〕勢を忘る…権勢を気にかけない。

體面《たいめん》を護するは廉恥《れんち》を重んずるに如かず。醫藥を求むるは性情を養ふに如かず。威福を作《な》すには信義を昭かにするに如かず。黨羽を立つるは至誠を篤《あつ》くするに如かず。言說を多くするは隱微《いんび》を愼《つつし》むに如かず。聲名を博するは心術を正すに如かず。豪華を恣《ほしいまま》にするは名教《めいきょう》を樂しむに如かず。田宅を廣うするは義方《ぎほう》を教ふるに如かず。

〔大意〕好んで世間に対するていさいを守ろうとするのは、廉恥（恥を知ること）を重んずるに及ばない。医薬を求めるよりは、生まれついた体と心を養う方がよい。好んで徒党を組むよりは、信義を明らかにする方がよい。好んで威福をほしいままにするよりは、至誠を厚くする方がよい。好んで言説を多くするよりは、隠微（かくれて人に目立たない生活）を慎む方がよい。好んで名声を博するよりは、心術（心の在り方）を正しくする方がよい。好んで豪華をほしいままにするよりは、名教を楽しむ方がよい。田宅を広くすよりは、義方（正しい方向に向かう道、道徳）を教える方がよい。
〔注釈〕體面…世間に対するていさい。見た目のようす。廉恥…正直で欲がなく恥を知っていること。性情…生まれつきの体と心。黨羽…党類羽翼。隠微…かくれて人の目に立たないこと。心術…心の持ち方。心の働き。義方…道徳に関する家庭での教訓。

己《おのれ》を行ふに恭《きょう》、躬《み》を責むるに厚《こう》。衆に接するに和《わ》。心を立つるに正。道を進むに勇《ゆう》。友を擇びて以て益を求め、過を改めて以て身を全うす。

〔大意〕自分の生き方は恭《うやうや》しく、自分の責任は充分取り、一般人民に対しては、和《なご》やかに接し、心の在り方は、あくまで正しく、人としての道を勇敢に進め、友を択んで友益を求め、常に過ちを改めることによって、この人生を全うする。
〔注釈〕友を擇びて…論語・顔渕篇に「曾子曰く、君子は文を以て友を會し、友を以て仁を輔《たす》く」とあり、これを下敷きにした表現と見ることができる。過を改めて…論語全篇を通して、五回に亘り「過ちては、改むるに憚ること勿れ」の主旨の言葉が見える。

敬は千聖授受の眞源なり。愼は乃ち百年提撕《ていせい》の緊鑰《きんやく》なり。

〔大意〕敬は、数多の聖人が互いに授受してこられた真源とも言うべきものであり、愼は永年、提撕、つまり後進を教え導くことをしないでは、いられなかった要諦ともいうべきものであった。

〔注釈〕千聖…数多の聖人。提撕…ひっさげる、後進を教え導くこと。緊鑰…緊要な鍵。要諦。鑰《やく》は、鍵、枢要の意。

度量《どりょう》は海涵春育《かいかんしゅんいく》の如く、應接は流水行雲の如く、操存《そうそん》は青天白日の如く、威儀《いぎ》は丹鳳祥麟《たんほうしょうりん》の如く、言論は敲金戛石《こうきんかっせき》の如く、持身《じしん》は玉潔氷清《ぎょくけつひょうせい》の如く、襟抱《きんぽう》は光風霽月《こうふうせいげつ》の如く、氣《き》

概《がい》は喬嶽泰山《きょうがくたいざん》の如し。

〔大意〕度量（心が広く大きく、よく人を受け容れること）の広大なことは、ちょうど海洋が、あらゆる河川を受け容れるごとく、春が草木を育成するごとくありたい。応接（人・物・事への対応）は、流水行雲の如く滞《とどこお》りなく進めたい。操存（節操と存心）は、青天白日の如く公明正大でありたい。威儀（おごそかでいかめしい態度）は、鳳凰《ほうおう》・麒麟《きりん》の如く尊厳でありたい。言論は、金・石の楽器を打ち鳴らす如く流暢でありたい。持身（自身を正しく保つこと）は、玉が潔く氷が清いごとく潔白でありたい。襟抱（心の中の考え。襟懐）は、光風霽月（雨後に吹くさわやかな風と輝く月）の如く、心にわだかまりなく、さっぱりとして高明でありたい。気概（意気と節操）は、喬嶽泰山のごとく高尚でありたい。

〔注釈〕操存…節操と存心。威儀…重々しい挙動。おごそかでいかめしい態度。敲金戛石…鐘を撃ち磬を鳴らすこと、楽器の演奏。持身…身を持すること。自身を正しく保つこと。襟抱…襟懐。心の中の考え。氣概…意気と節操。喬嶽…高い山。泰山…名山の名。

海闊《かいかつ》魚の躍《おど》るに從《まか》せ、天空《てんくう》鳥の飛ぶに任《まか》す、大丈夫に非ずんば、此の度量有ること能はず。衣を振ふ千仞の岡、足を濯ふ萬里の流れ、大丈夫に非ずんば、此の氣節有ること能はず。珠澤《しゅさわ》に藏《ぞう》して自ら媚び、玉山《ぎょく》に韞《うん》して輝《き》を含む、大丈夫に非《ゆ》ずんば、此の蘊藉《うんしゃ》有ること能はず。月梧桐《ごとう》の上に到り、風楊《よう》柳《りゅう》の邊《ほとり》に來る、大丈夫に非ずんば、此の襟懷《きんかい》有ること能はず。

〔大意〕古人の語に、海は闊《ひろ》くして魚が躍るに従《まか》せ、天は空しくして鳥の飛ぶに委《まか》す、とあるが、大丈夫《だいじょうぶ》でなくては、このような度量は有し得ないであろう。また、衣を千仞の岡に振るい、足を万里の流れに濯う、とあるが、大丈夫でなくては、このような気節を有し得ないであろう。さらに、珠が沢に蔵まりて自ら媚《うつく》しく、玉が山に韞《つつ》まれて輝を含む、とあるが、大丈夫でなくては、このような蘊藉を有し得ないであろう。更にまた、月が梧桐の上にまで昇り到り、風が楊柳の辺《ほとり》に吹き来たる、とあるが、大丈夫でなくては、このような襟懐は有し得ないであろう。

〔注釈〕海闊…海は広大なので。従す…ほしいままにさせる。大丈夫…意志のしっかりした立派な男。ますらお。丈夫は、一人前の男。大は美称。度量…心の広さ。千仞の岡…非常に高い岡。氣節…意気と節操。珠澤に藏す…珠が沢に埋蔵される。玉、山に韞む…玉が山におさめかくされる。蘊藉…含蓄、心が広くて、おだやかなこと。襟懐…胸のうち。心のうちの考え。襟抱。『百朝集四十九』では、大丈夫の態と題して、また、林羅山の座右銘としてこの語を紹介している。

草野《そうや》に處《お》るの日は、此の身を將《もっ》て看得《みえ》て小なりとす可からず。廊廟《ろうびょう》に居るの日は、此の身を將て看得て大なりとす可からず。

〈大意〉民間に居る時は、みだりに自ら低くすべきではない。廟堂に在って政《まつりごと》に携わる時は、みだりに自ら尊大にすべきではない。

〈注釈〉草野…草原。いなか。民間、在野。廊廟…庇《ひさし》のある堂。廟堂。朝廷。

只《ただ》一箇の俗念頭《ぞくねんとう》、一生人《せいじん》を錯做《さくさ》し了《りょう》し、只一雙《いっそう》の俗眼目、一生人を錯認《さくにん》し了す。

〔大意〕わずかばかりの俗念の心でも、とかく人を錯誤に導き易いものであり、わずかばかりの俗眼の見方でも、とかく人を錯認に導き易いものである。
〔注釈〕只一箇の…わずかばかりの。とかく。只一雙のも同じ。俗念頭…俗念の心、胸中。錯做…錯誤させる。誤った行為。一生人…ひとりの人。一人物。錯認…錯覚、思い違い。

心妄《みだ》りに念《おも》はず、身妄りに動かず、口妄りに言はず、君子誠を存する所以《ゆえん》なり。内己《おのれ》を欺《あざむ》かず、外人《ひと》を欺かず、上天《てん》を欺かず、君子獨《ひとり》を愼《つつし》む所以なり。父母に愧《は》ぢず、兄弟に愧ぢず、妻子に愧ぢず、君子家に宜《よろ》しき所以なり。天子に負《そむ》かず、生民に負かず、學ぶ所に負かず、君子世に用ひらるる所以なり。

〔大意〕心にみたりな考えを持たず、身は無分別な行動をせずし、口からでまかせを言わないことこそ、君子が誠意正心を有しているゆえんにほかならない。内には、己を欺くことなく、外には、人を欺くことなし、上は、天を欺くことのないことこそ、君子が独りを慎んでいるゆえんにほかならない。父母に愧じることなく、兄弟に愧じることなく、妻子にも愧じることがないことこそ、君子がよく家を斉《ととの》えているゆえんにほかならない。上は天子に負くことなく、下は人民に負くことなく、学んだ道に負くことがないことこそ、君子が世に用いられるゆえんにほかならない。

〔注釈〕妄りに念はず…妄想しない。みだりな考えをしない。妄りに動かず…あとさきを考えない無分別な行動はしない。軽挙妄動しない。妄りに言はず…口から出まかせをいわない。誠を存す…誠意正心を保持する。獨を愼む…独りを慎む。他人の見ていない所でも心を正しくたもち、行いを慎むこと。家に宜し…斉家（家庭をととのえる）に宜しい。世に用ひらる…世の中に登用される。

性分《せいぶん》を以て言へば、父子兄弟に論なく、即ち天地萬物皆一體《いったい》のみ。何物か我に非ざる。此に於て信得し及べば、即ち心體《しんたい》廓然《かくぜん》たらん。外物を以て言へば、功名富貴に論なく、即ち四肢《し》百骸《がい》も亦軀殼《くかく》のみ。何物か是れ我なる。此に於て信得し及べば、則ち世味《せいみ》淡然《たんぜん》たらん。

〔大意〕性分の上から言えば、父子兄弟の論は無く、およそ天地万物もみな一体であって、我でない何物もありはしない。だから、そのように悟ることができれば、心も体も広くさっぱりとするであろう。一方、外物の上から言うときは、功名富貴の論はなく、およそ手足百体もみな脱《ぬ》け殻《がら》に過ぎず、何物が我なのであろうか。だから、そのように悟ることができるならば、世の中の味わいは、あっさりとしたものとなろう。

〔注釈〕性分…生まれつきもっている性質。天より受けた分際。廓然…心が広くさっぱりとしているさま。四肢百骸…両手両足と体。軀殻…ぬけがら。

天地に補ひ有るを功と曰ふ、世教に關する有るを名と曰ふ、學問有るを富と曰ふ、廉恥有るを貴と曰ふ、是れを功名富貴と謂ふ。爲すこと無きを道と曰ふ、欲無きを徳と曰ふ、鄙陋《ひろう》に習ふこと無きを文と曰ふ、曖昧《あいまい》に近づくこと無きを章と曰ふ、是れを道徳文章と爲す。

〔大意〕天地に補助があることを功といい、世教に関係があることを名といい、学問があることを富といい、廉恥があることを貴という。世に功名富貴と称することは、つまり、このことにほかならない。人為を用いず自然のままのことを道といい、無欲なことを徳といい、事が田舎びていやしくならないことを文といい、曖昧に近づかないことを章という。世に道徳文章と称することは、つまり、このことにほかならない。
〔注釈〕鄙陋…田舎びていやしいこと。曖昧…はっきりしないこと。確かでないこと。

困辱《こんじょく》は憂《うれい》に非ず、困辱を取るを憂と為す。榮利《えいり》は樂《たのしみ》に非ず、榮利を忘るるを樂と爲す。

〔大意〕困窮恥辱は、必ずしも憂となるのではない。困窮恥辱を招くようなことをしてしまうことが、憂にほかならない。栄誉利益は、必ずしも楽しみとはいえない。栄誉利益を忘却してしまうことこそ、楽しみとすることができる。
〔注釈〕困辱…困窮恥辱。困辱を取る…困窮恥辱を招来する。榮利…栄誉利益。

熱鬧榮華《ねつどうえいか》の境一たび過れば、輙《すなわ》ち凄涼《せいりょう》を生ず。清眞冷淡《せいしんれいたん》の爲《しわざ》久しきを歴て、愈愈《いよいよ》意味有り。

〔大意〕熱鬧榮華、つまり、にぎやかではなやぎ栄える境地は、一たび過ぎ去った後には、寒凄荒涼の状に変化し、清真冷淡の行為は、久しく経歴すれば、一層、深遠な意義を生ずるものである。

〔注釈〕熱鬧…にぎやかな土地。にぎやかなこと。榮華…時めき栄えること。華やかに栄えること。凄涼…寒凄荒涼。清眞冷淡…純真素朴で冷静淡白なさま。

心志は苦を要し、意趣は樂を要し、氣度は宏を要し、言動は謹を要す。

〔大意〕心志は、苦しまんことを欲し、意趣は、楽しまんことを欲し、気度は、宏かんことを欲し、言動は、謹まんことを欲するものである。

〔注釈〕心志…意志。こころとこころざし。意趣…思い、意向、心のおもむき。氣度…度量、器量。言動…言行。

心術は、光明篤實を以て第一と爲し、容貌は、正大老成を以て第一と爲し、言語は、簡重眞切を以て第一と爲す。

〔大意〕心術は、光明にして篤実であることを以て第一とし、容貌は、正大にして老成していることを以て第一とし、言語は、簡重にして眞切であることを以て第一とすべきである。

〔注釈〕心術…心だて、心の持ち方、心の働き。篤實…親切で誠実。正大…正しく大きい。意志や言語が正々堂々として立派なこと。老成…老熟していること。簡重…言葉少なく重々しいこと。眞切…ねんごろなこと。

身心に益無きの語を吐くこと勿れ。身心に益無きの事を爲すこと勿れ。身心に益無きの人に近づくこと勿れ。身心に益無きの境に入ること勿れ。身心に益無きの書を展《の》ぶること勿れ。

〔大意〕わが身心に無益な語を吐いてはならない。わが身心に無益な事をしてはならない。わが身心に無益な人に近づいてはならない。わが身心に無益な境に入ってはならない。わが身心に無益な書を開いてはならない。

〔注釈〕書を展ぶ…書を展開する。披見《ひけん》する。

此の生學ばざる、一の惜むべきなり。此の日間過する、二の惜むべきなり。此の身一敗する、三の惜むべきなり。

〔大意〕学問しない生活は、惜しむべきことの一つである。この一日を無駄に過ごしてしまうことは、惜しむべきことの二つである。この身一敗することは、惜しむべきことの三つである。

〔注釈〕少年の身を戒める言葉のように思われる。

君子の胸中に常に體する所は、是れ人情ならざれば是れ天理。君子の口中に常に道《い》ふ所は、是れ人倫ならざれば是れ世教。

君子の身中に常に行ふ所は、是れ規矩ならざれば是れ準縄。

〔大意〕君子の心の中に備わっているのは、人情でなければ天理であり、君子が口に言うことは、人倫でなければ世教であり、君子が躬行するのは、規範でなければ標準である。

〔注釈〕體する…身につける。世教…世の教え、社会の風潮。規矩…ぶんまわしとさしがね、規範。準縄…標準、規則。

罪を氣化に諉《い》するを休《や》め、一切之を人事に責めよ。望を世間に過《か》するを休め、一切之を我が身に求めよ。

〔大意〕責任を天地自然の変化にかこつけることをやめて。すべて人事の責任として追及しなければならない。願望を世間に期待することをやめて、すべてこれを自分自身の責任と考えなければならない。

〔注釈〕氣化…天地自然の変化。諉す…ことよせる、かこつける。まかせる。休《や》む…やめる。過す…掛ける。

自責の外に人に勝つの術無く、自強の外に人に上《かみ》たるの術無し。

〈大意〉すべて自分の責任と考える以外には、人に勝つ方途はないし、自身でつとめ励む以外には、人の上に立つ人物となる方法はない。

〈注釈〉自責…自分で自分を責めとがめる。自強…自分からつとめ励む。易経に「天《てん》行健《こうけん》なり、君子以て自彊《じきょう》して息《や》まず」と見える。

書は未だ曾《かつ》て我が讀《どく》を經《へ》ざる有り、事は人に對して言ふべからざる無し。

〈大意〉書籍には、今までに自分が読んだことがないものがあっても、事に関しては、常に他人に対して言えないことがあってはならない。

〈注釈〉後半部分を強調する文章である。

閨門の事、傳ふべくして後、君子の家法を知る。近習の人、敬を起して後、君子の身法を知る。

〔大意〕家庭内の事を他人に伝えることができて初めて、君子が、その家庭をどのように治め斉《ととの》えているかを知ることができる、側近く仕える者が、敬意を示していて初めて、君子が、いかに身を処しているかを知ることができる。

〔注釈〕閨門…部屋の内。家庭。家法…家を治める道。家憲。近習…主君の側近く仕える人。身法…身計、身の処し方。

門内、嬉笑《きしょう》怒罵《どば》を聞くこと罕《まれ》なり、其の家範知る可し。座右、偏《あまね》く名論格言を書す、其の志趣《ししゅ》想ふ可し。

〔大意〕家庭内に、戯れ笑う声や怒りののしる声を聞くことが、少なければ、その家法の程が、ほぼ推定できる。座席の側近くにあまねく名論や格言などを記し置く者は、その心ばせの程が、概略想像できる。

〔注釈〕嬉笑…たわむれ笑う。怒罵…いかりののしる。家範…家憲。家のおきて。座右…座席の側近く。志趣…心ばせ。志の趣。

言動を妻子僕隷の間に慎む、身心を食息起居の際に検す。

〔大意〕妻子や召使いの間においても、その言語行動を慎み、食事や休息や起臥の間においても、その身体心志を正しく取り締まることが必要である。

〔注釈〕僕隷…召使い。しもべ。起居…立ち居振る舞い。起臥。身心を検す…身体や心志を正しく取り締まる。

語言の間、儘く徳を積むべし。妻子の間も亦、是れ身を修む。

〔大意〕談話の間にもすべて、徳を積むよう努めなければならない。妻子に接する際にも亦、身を修めるよう心がけねばならない。

〔注釈〕語言…話し言うこと、談話。儘く…みな。ことごとく。徳を積む…仁徳を積み重ねる。身を修む…行いを正しくする。

晝は、之を妻子に驗して、以て其の行の篤きと否とを觀るなり。夜は、之を夢寐《むび》に考へて、以て其の志の定まると否とを卜《ぼく》するなり。

〔大意〕昼間は、妻子の間に試験して、以てその行いの厚いか否かを観、夜間は、夢寐の間に考察して、以てその志の定まっているか否かを卜《ぼく》するのである。
〔注釈〕験す…ためす。試験する。行の篤き…誠実に実行する。行いが誠実である。夢寐…夢を見ている間。寝ている間、卜する…うらなう。吉凶を判断する。

七尺を理會せんと欲せば、先づ方寸を理會し、六合を理會せんと欲せば、先づ一腔《こう》を理會せよ。

〔大意〕七尺の身を理会しようと欲したならば、先ず方寸の心中を理会しなければならない。六合、つまり天地四方の事を理会しようと欲したならば、先ず、一腔子、つまり身体のことを理会しなければならない。

〔注釈〕七尺…七尺の背丈。転じて、一人まえの男子。大人。理會…理解し会得すること。よく知ること。方寸…一寸四方の面積。転じてわずかな大きさ。心、胸。六合…天地と四方。全世界。一腔…一つの身体、一つの身の内。

世人は、七尺を以て性命と爲し、君子は、性命を以て七尺と爲す。

〔大意〕世人は、七尺の身を以て性命、つまり天から与えられた性質と見做し、君子は、性命、つまり天から与えられた性質を以て、この身体と見做している。

〔注釈〕理會…理解し会得すること。性命…天から与えられた性質。生命。

氣象《きしょう》は、高曠《こうこう》を要す、疏狂《そきょう》なる可からず。心思《しんし》は、縝密《しんみつ》を要す、瑣屑《させつ》なる可からず。趣味は、沖淡《ちゅうたん》を要す、枯寂《こせき》なる可からず。操守《そうしゅ》は、嚴明《げんめい》を要す、激烈《げきれつ》なるべからず。

〔大意〕心だては、高く広くけだかくあらねばならない。とは言え、世事にうとく常軌を逸するようであってはならない。思考は、綿密でなければならない。とは言え、細かくわずらわしくなってはならない。趣味おもむきは、あっさりしたものでなくてはならない。とは言え、もの寂しくなってはならない。操持は、厳格公明でなくてはならない。とは言え、激烈に走ってはならない。

〔注釈〕氣象…こころだて。気質。高曠…高くて広いこと。けだかい心。疏狂…世事にうとく常軌に外れる。そそっかしくて狂気じみていること。心思…心の思い。思考。縝密…綿密。緻密。瑣屑…細かくわずらわしいこと。趣味…おもむき。沖淡…あっさりしていること。枯寂…もの寂しいこと。操守…操持。節操。嚴明…厳しくて道理に明らかなこと。激烈…極めて激しいさま。

聰明なる者は、太察を戒む。剛強なる者は、太暴を戒む。溫良なる者は、無斷を戒む。

〔大意〕聡明な者は、とかく推察が甚だしくなりがちなことを戒めたい。剛強な者は、とかく乱暴が甚だしくなりがちなことを戒めたい。温良なる者は、果断に乏しくなりがちなことを戒めたい。

〔注釈〕太察…普通の程度をこえて推察し過ぎること。推察が甚だしいこと。無斷…決断力に乏しいこと。

小恵を施すこと勿れ、大體を傷つく。公道を借りること勿れ、私情を遂ぐ。

〔大意〕わずかな恵みをひそかに人に与えて、私恩を売るようなことをしてはならない。それによって組織全体の目的達成をさまたげることになるからである。公論にかこつけて私情を遂げるようなことをしてはならない。

〔注釈〕渡し舟に乗せてやるような小恵をほどこして、橋をかけるという地域全体の大目的の達成をさまたげてはならぬという古訓を思い出す。公道を借りる…公明正大なるべき天下の公論にかこつけること。

情を以て人を恕し、理を以て己を律す。

〔大意〕人情を以て人を思いやり、道理を以て己を正す。そうありたいものだ。
〔注釈〕人を恕す…論語・衛霊公篇に、「子貢問ひて曰く、一言にして以て終身之を行うべき者有りやと。子曰く、其れ恕か。己の欲せざる所は、人に施すこと勿れと」と見える。恕は、思いやりの意。

己を恕するの心を以て人を恕すれば、則ち交を全うす。人を責むるの心を以て己を責むれば則ち過寡し。

〔大意〕自分を思いやる心を以て他人を思いやるよう心がければ、人との交わりを全うすることができる。他人を責める心を以て自分を責めるよう心がければ、過ちを少なくすることができる。
〔注釈〕人を責む…人に義務の履行を求める。とがめる。叱責する。罪を糾《ただ》す。

力能はざる所有り、聖人は奈何《いかん》ともす可きこと無き者を以て人を責めず。心當《まさ》に盡すべき所有り、聖人は奈何ともすべき

無き者を以て自ら誘《い》せず。

〔大意〕人の力では不可能なことが有る。故に聖人は、その不可能なことを以て人をとがめることをしない。人の心において尽くすべき所がある。故に聖人は、不可能なことを以て、自らの心をわずらわすことをしない。

〔注釈〕誘す…わずらわす。ゆだねる。

衆悪《お》を必ず察し、衆好を必ず察するは易く、自悪を必ず察し、自好を必ず察するは難し。

〔大意〕衆人の憎悪《ぞうお》する所を必ず察し、衆人の愛好する所を必ず察することは、猶まだ易しいことである。自己の憎悪する所を必ず察し、自己の愛好する所を必ず察するのは、難しいことである。

〔注釈〕七情…喜・怒・哀・懼《く》・愛・悪《お》・欲のうち、愛悪の対比の考察の文である。
悪…善悪の意の場合は、アクと読み、愛悪の意の場合はオと読む。

人の是ならざるを見るは、諸悪の根なり。己の是ならざるを見るは、萬善の門なり。

〈大意〉他人の不善に目を付けるのは、諸悪の本である、自己の不善に目を付けるのは、万善の入り口である。

〈注釈〉諸悪…もろもろの悪事。萬善…よろずの善事。

過を爲さざるの三字は、多少の良心を昧却《まいきゃく》す。奈何《いかん》ともすること沒《な》きの三字は、多少の體面を抹却《まっきゃく》す。

〈大意〉不レ爲レ過という三文字は、人の良心を暗くし易い場合が多い。沒二奈何一という三文字は、人の体面を擦り消す場合が多い。深く注意を払う必要がある。

〈注釈〉不爲過…『論語』に、人は過ちを為す者であるが、大切なのは、過ちを改めることだと訓えている、不爲過などという認識は、過ちて改めざるという過ちに連なることになろう。體面…ていさい。見た目のようす。世間に対するていさい。面目。抹却…擦り消す。

品詣《ひんけい》常に我如《よ》りも勝《まさ》る者を看《み》れば、則ち愧恥《きち》自ら増《ま》し、享用《きょうよう》常に我に如《し》かざる者を看れば、則ち怨尤《えんゆう》自ら泯《ほろ》ぶ。

〔大意〕品位も造詣《ぞうけい》も、常に自分よりも勝る者を見れば、恥づる心が自然に増してくるものであり、恩恵など享用することが常に自分より恵まれない者を見れば、怨む心が自然に消滅してゆくものである。

〔注釈〕品詣…品位と造詣。愧恥…恥ずる心。享用…享受し使用する物。怨尤…怨みねたむ気持ち。

家坐無聊《かざぶりょう》も亦、食力擔夫《しょくりょくたんふ》紅塵赤日《こうじんせきじつ》を念《おも》ひ、官階《かんかい》達せざるも尚《な》ほ、高才秀士《こうさいしゅうし》白首青衿《はくしゅせいきん》有り。

〔大意〕家に居て無聊な者も、人足、荷物担ぎ等が塵埃が天にまでみなぎり、烈日が大地を焼くような暑い日に働くことを思えば、おのずから楽しむ所があるはずである。官界で出世できないでいる者も、高才、秀士等でも、老年で白髪になるまで、書生のまま世を送っている者を思えば、またおのずから人を羨望する気持ちも消えてゆくはずである。

〔注釈〕無聊…たいくつ。さびしく暮らすこと。食力…礼記に、食力無数とあって、力業で生活する者をいう。青衿…青色の衣服の襟の意で、詩経に、青々子衿とあって、書生の意である。

飢《うえ》に啼《な》く者を将《もっ》て比《ひ》すれば、則ち飽《ほう》を得て自ら樂しみ、寒に號《さけ》ぶ者を将て比すれば、則ち煖《だん》を得て自ら樂しみ、勞役《ろうえき》する者を将て比すれば、則ち優閒《ゆうかん》自ら樂しみ、疾病《しっぺい》の者を将て比すれば、則ち康健《こうけん》自ら樂しみ、禍患《かかん》の者を将て比すれば、則ち平安自ら樂しみ、死亡の者を将て比すれば、則ち生存自ら樂しむ。

〔大意〕飢えに泣く者と比較してみれば、飽食していることに満足できる。寒さにさけぶ者と比較してみれば、暖衣していることに満足できる。労役に苦しむ者と比較してみれば、ゆったりと暇に暮らすことに満足できる。疾病に苦しむ者と比較してみれば、健康なことに満足できる。禍患を憂える者に比較してみれば、平安なことに満足できる。死亡した者に比較してみれば、生存していることに満足できる。

〔注釈〕將て…以ての意。號ぶ…さけぶ。泣く。優間…優閑と同じ。ゆったりとして暇のあるさま。禍患…わざわい。自ら樂しむ…満足する。

常に終天恨を抱くを思へば、自ら孝心を盡さざるを得ず。常に度日の艱難を思へば、自ら費用を節せざるを得ず。常に人命の脆薄《ぜいはく》なるを思へば、自ら精神を惜まざるを得ず。常に世態の炎涼を思へば、自ら志氣を奮はざるを得ず。常に法網の漏れ難きを思へば、自ら非爲を戒めざるを得ず。常に身命の傾き易きを思へば、自ら氣性を忍ばざるを得ず。

〔大意〕平生、親の死後、一生悔恨を抱くことを考えれば、自然に、孝養の心を尽くさざるを得ない。平生、毎日生活していかなければならない艱難を考えれば、自然に生活費を節約せざるを得ない。平生、人命の脆弱なことを考えれば、自然に精神を大切に養わざるを得ない。平生、世態人情の暖冷常ならざるを考えれば、自然に自分の志気を奮励せざるを得ない。平生、法網の逃れ難いことを考えれば、自然に悪事をしないように戒慎せざるを得ない。平生、身命の傾き易いことを考えれば、自然に自分の気性を忍耐せざるを得ない。

〔注釈〕終天…終生。一生涯。恨を抱く…悔恨を抱く。度日…毎日生活を続けていくこと。脆薄…脆弱。精神を惜しむ…精神を大切に養うこと。世態…世相。炎涼…暑いことと涼しいこと。人情のあついこととうすいこと。人生の栄枯盛衰。志氣…こころざし。意気ごみ。非爲…非行。悪い行い。氣性…気ままな性質。

媚字《びじ》を以て親に奉じ、淡字《たんじ》を以て友に交り、苟字《こうじ》を以て費《ついえ》を省《はぶ》き、拙字《せつじ》を以て勞を免れ、聾字《ろうじ》を以て謗《そしり》を止め、盲字《もうじ》を以て色を遠ざけ、吝字《りんじ》を以て口を防《ふせ》ぎ、病字《びょうじ》を以て淫《いん》を醫《いや》し、貪字《たんじ》を以て書を讀み、疑字《ぎじ》を以て理を窮め、刻字《こくじ》を以て己《おのれ》を責《せ》め、迂字《うじ》を以て禮を守り、很字《ごんじ》を以て志を立て、傲字《ごうじ》を以て骨《ほね》を植《う》え、癡字《ちじ》を以て貧を救ひ、空字《くうじ》を以て憂を解《と》き、弱《じゃく》字《じ》を以て侮《あなど》りを禦《ふせ》ぎ、悔字《かいじ》を以て過《あやまち》を改め、懶字《らんじ》を以て奔《ほん》競《きょう》の風を抑《おさ》へ、惰字《だじ》を以て塵俗《じんぞく》の事を屏《しりぞ》く。

〔大意〕親に仕えるには、媚（気に入るように振る舞う）字を以てするのがよく、友と交わるには、淡字を以てするのがよく、経費を節約するには、苟（一時の間に合わせにする）字を以てするのがよく、労を免れるには、拙字を以てするのがよく、世人の謗《そし》りを止めるには、聾《ろう》（耳をふさぐ）字を以てするのがよく、色情を遠ざけるには、盲（めくら）字を以てするのがよく、饒舌を防ぐには、吝（ものおしみする）字を以てするのがよく、淫欲を医《い》やすには、病（疾病）字を以てするのがよく、読書には、貪（むさぼりよむ）字を以てするのがよく、理を窮めるには、疑（うたがう）字を以てするのがよく、己を責めるには、刻（苛刻、きびしくむごい）字を以てするのがよく、礼を守るには、迂（迂遠、世事にうとい）字を以てするのがよく、志を立てるには、很（たがう、あらそう）字を以てするのがよく、気骨を確立するには、傲（高く構えて人に屈しない意）字を以てするのがよく、貧困に耐えるには、癡（おろか）字を以てするのがよく、憂を解くには、空（一切皆空と見ること）字を以てするのがよく、侮辱を防ぐには、弱（虚弱の自覚）字を以てするのがよく、過ちを改めるには、悔（悔恨）字を以てするのがよく、奔競の風を抑制するには、懶（懶惰、なまける）字を以てするのがよく、塵俗の事を屏《しりぞ》けるには、惰（なまける）字を以てするのがよい。

〔注釈〕ここに掲げられた二十字、つまり媚・淡・苟・拙・聾・盲・吝・病・貪・疑・刻・迂・很・傲・癡・空・弱・悔・懶・惰は、いずれも、消極的・否定的な意味合いの側面をもつ文字であるが、これを活用して己の言行、心事を匡正しようとしている。迂…まわり遠い。うとい。迂遠（世事にうとい）。癡…痴の旧字体。懶…おこたる。ものうい。惰…おこたる。あなどる。屏…さえぎる。ふせぐ。遠ざける。

失意《しつい》の人に對しては、得意《とくい》の事を談ずる莫れ。得意の日に處しては、失意の時を忘るるなかれ。

〔大意〕失意の人に対しては、みだりに、わが得意の事を語ってはならない。得意の日に処しては、決して、失意の時のことを忘れてはならない。

〔注釈〕得意…望みどおりになること。心地よいこと。失意…自分の思うようにならないこと。また、そのためにがっかりすること。↕得意。

貧賤《ひんせん》は是れ苦境《くきょう》、能く善處《ぜんしょ》する者は自ら樂む。富貴は是れ樂境、善處せざる者は更に苦し。

〔大意〕貧賤は、苦しみの境遇である。けれども、これに善処することができる者は、自ら楽しむものである。富貴は、楽しみの境遇である。けれども、これに善処できない者は、楽しめないのみならず、更に一層、苦しくなる。

〔注釈〕貧賤…貧乏で身分が低い。まずしくていやしい。富貴…家が富んで身分が高いこと。↕貧賤。また富と高い身分。善處…うまくしまつする。りっぱに処置する。

恩裏由來害を生ず、故に快意の時、須《すべか》らく蚤《はや》く頭《こうべ》を回らすべし。敗後或は反つて功を成す、故に拂心の處、便《すなわ》ち手を放つこと莫《なか》れ。

〈大意〉恩愛のうちから、往々害を生ずることがある。故に快心の時において、早く頭を回らすべきである。失敗の後には、或いは反って功を成すこともある。故に失意の時において、容易に手を放つことなかれ。

〈注釈〉裏…うち。うら。内部。由來…よって来る。～から。快意…思うままにする。心地よい。頭を回らす…ふりかえって見る。拂心…払心。心にもとる。心にたがう。手を放つ…放棄する、ほうりだす。

深沈厚重《しんちんこうちょう》は、是れ第一等の資質《ししつ》。磊落雄豪《らいらくゆうごう》は、是れ第二等の資質。聰明才辯《そうめいさいべん》は、是れ第三等の資質なり。

〈大意〉深沈厚重、つまり考えが深く落ち着きがあり重厚なことが、人物として第一等の資質であり、磊落雄豪、つまり度量が大きく小事にこだわらない豪雄さが、人物として第二等の資質であり、聡明才弁、つまり聡明な頭脳を持ち才能弁舌がすぐれていることが、人物としての第三の資質である。

〈注釈〉深沈…考えが深く落ち着きがあること。沈着で奥ゆかしいこと。厚重…重厚。磊落…度量が大きいこと。心が大きく小事にこだわらないさま。雄豪…豪雄の人。才辯……才気のある弁舌。

上士は名を忘れ、中士は名を立て、下士は名を竊《ぬす》む。

〔大意〕上等の士は、道を体し徳に合して、名誉を度外視する。中等の士は、身を修め行を慎んで、名誉を重んずる。下等の士は、貌を厚くし姦を深くして、好んで名を盗む。

〔注釈〕士……立派な人物。学識・徳行のある人。また学問・知識によって身を立てる人。これをここでは上・中・下に分類している。名を竊む……その実なくて、名声を得ようとする。竊名《せつめい》。

上士は心を閉《とざ》し、中士は口を閉し、下士は門を閉す。

〔大意〕上等の士は、心の戸を閉ざし、中等の士は、口の戸を閉ざし、下等の士は、門の戸を閉ざす。

〔注釈〕心の戸、口の戸、門の戸を閉ざして守る対象が異なることを対比している。

上士は、心そのものを、中士は言葉を、下士は、世俗の生活を守ろうとすることを指摘していると解釈される。

好《この》んで人を許《あば》く者は、身必ず危《あやう》く、自ら甘《あま》んじて愚と為らば、適適《たまたま》其の身を保つの智を成す。好んで自ら誇る者は、人多く笑ふ。自ら其の智を舞《ま》はさば、適適其の人を欺《あざむ》くの愚を見《あら》はす。

〔大意〕他人の秘密をあばきたてる者は、必ず自分自身を危うくするものだ。自ら愚昧に甘んじているならば、却って自分自身を保つ智恵を達成することになろう。自分自身を誇り自慢することを好めば、多くの人の笑う所となるものだ。自分自身の智慧を弄《もてあそ》べば、却って他人を欺《あざむ》く愚が露見する結果となろう。

〔注釈〕人を許く…他人の秘密を暴露しそしること。論語・陽貨篇に「子貢曰く、…訐《あば》きて以て直《ちょく》と爲す者を悪《にく》む」と見える。適適…たまたま、遇然にも。智を舞はす…智慧をもてあそぶ。人を欺くの愚を見はす…人を欺いて愚を隠していたのに、その愚が露見してしまう。

間暇《かんか》は精勤《せいきん》より出で、恬適《てんてき》は祇懼《ぎく》より出で、無思《むし》は能慮《のうりょ》より出で、大膽《だいたん》は小心より出づ。

〔大意〕間暇は、精励恪勤の結果であり、恬適は、慎み懼れた結果であり、無思つまり憂慮が無いのは、能く慮《おもんぱか》った結果であり、大胆は、小心の結果である。

〔注釈〕恬適…心やすらかに楽しむこと。快適に同じ。祇懼…慎み懼れること。無思…憂慮なき心。能慮…能く考慮すること。

平康《へいこう》の中に險阻《けんそ》有り。衽席《じんせき》の内に鴆毒《ちんどく》有り。衣食の間に禍敗《かはい》有り。

〔大意〕平康な状況の中にも険阻がひそむものであり、安らかな寝室の中にも鴆毒がひそむことがあり、平常な衣食の中にも禍敗がひそむことがあり、深く用心していなければならない。

〔注釈〕平康…たいらかでやすらか。平安、平穏に同じ。衽席…衽席に同じ。しとね。ねどこ。寝室。鴆毒…鴆の毒。害毒のたとえ。鴆は毒鳥でその羽を酒に浸して飲めば、人を殺すという。禍敗…わざわい。

安きに居て危きを慮り、治に居て亂を思ふ。

〔大意〕安泰無事な状況にあっても、常に危難有事の時を配慮し、天下国家がよく治まっている時にあっても、常に乱世のことを忘れない。

〔注釈〕古来、人の上に立って、治乱興亡に備えなければならなかった者の自戒の銘として知られた名言である。

天下の勢は、漸を以て成り、天下の事は、積を以て固し。

〔大意〕天下の形勢は、漸つまり徐々に進んで形成されるものであり。天下の事績は、積つまり積み累《かさ》なることによって堅固になるものである。

〔注釈〕そこで、積の微、漸の始めの小さな兆候も、見逃さないよう心を配らねばならない。

禍到るも愁《うれ》ふることを休《や》めよ、また救《すく》ひを會するを要す。福來るも喜《よろこ》ぶことを休めよ、也た受くるを會するを要す。

〈大意〉禍が到来しても、いたずらに憂えてはならない。ただ、これを救い得る方策を考える必要がある。福が到来しても、いたずらに喜んでいてはならない。また、ただこれを享受すべき方法を理解する必要がある。

〈注釈〉愁ふることを休めよ…休めるは休止すること。也《ま》た…も亦と同じ。禍福ともにこれに対応する配慮の必要を説いた条項である。

天、人に禍せんと欲すれば、先づ微福を以て之を驕《おご》らしむ。天、人に福せんと欲すれば、先づ微《び》禍《か》を以て之を儆《いま》しむ。

〈大意〉天は、人に禍を降そうと欲する時には、先ず小福を与えて、その人を驕らせる。天は、人に福を与えようと欲する時には、先ず小禍を降して、その人を戒めるといわれている。

〔注釈〕人が驕りたぶることとは、禍の因であり、人が己を戒めつつしむことは、福の基であることを説いている条項。

傲慢《ごうまん》の人、驟《にわか》に通顯《つうけん》を得ば、天将《まさ》に重く之を刑せんとするなり。疏放の人、進取に艱《なや》むは、天将に曲げて之を赦《ゆる》さんとするなり。

〔大意〕傲慢な人が、一時にわかに高位に就き栄達して名望が現れるのは、天が、重くこの人を罪し給《たま》おうとしているのである。疏放な人が、一時、進んで地位名望を取ることに艱難するのは、天が、曲げてその人の罪を赦《ゆる》そうとし給うとしているのである。

〔注釈〕傲慢…おごり侮る。通顯…高位に就き栄達すること。疏放…おおまか。進取…積極的に行動する。

小人も亦坦にして蕩蕩の處有り、忌憚無き是れのみ。君子も亦長へに戚戚の處有り、終身の憂是れのみ。

〔大意〕孔子は、君子は坦にして蕩々と言われたが、小人にも亦、坦にして蕩々の処がある。けれどもそれは、君子のそれとは、どこが異なっているかといえば、その忌憚のないことがそれにほかならない。また孔子は、小人は長《とこしなえ》に戚々と言われたが、君子にも亦、長に戚々の処がある。けれどもそれは、小人の長戚々とは、どこが異なっているかといえば、それは即ち終身の憂ということがそれにほかならない。

〔注釈〕坦にして蕩々…平らかで広大なさま。平らかでやすらかなさま。忌憚…いみはばかる。遠慮。戚々…憂え恐れるさま。患い悲しむさま。終身の憂…一生を通じての心配事。

水は君子なり。其の性冲《ちゅう》、其の質白《はく》、其の味淡《たん》、其の用たるや以て不潔の者を瀚《あら》ひて潔ならしむべし。即《も》し沸湯中、投ずるに油を以てすれば、亦自ら分別して相混ぜず。誠なる哉君子なることや。油は小人なり。其の性滑、其の質膩、其の味濃、其の用たるや以て潔き者を汚して不潔ならしむべし。倘《も》し滾油中、投ずるに水を以てすれば、必ず激搏して相容れざるに至らん。誠なるかな小人なることや。

〈大意〉水は、あたかも君子になぞらえることができよう。その性はやわらぎ、その質は白く、その味は淡く、その働きは不潔のものを洗って清潔にすることができる。もし沸湯の中に油を投入したとしても、必ず明らかに分別し混同することはない。これこそ、水が君子に似ていることの証にほかならない。

油は、あたかも小人になぞらえることができよう。その性はなめらか、その質はなめらかに、その味は濃厚、その働きは、清潔なものを汚して不潔にしてしまうことができる。もし、沸きたぎった油の中に水を投入すれば、必ず互いに反発し合って、相容れることはない。これこそ、油が小人に似ていることの証にほかならない。

〈注釈〉其の性冲…冲は沖の俗字。その性はやわらいでいる。その性はおだやかである。膩…なめらか。滾油…煮えたぎった油。

凡そ陽は必ず剛なり、剛なれば必ず明なり、明なれば則ち知り易し。凡そ陰は必ず柔なり、柔なれば必ず暗なり、暗なれば則ち測り難し。

〔大意〕そもそも陽は必ず剛であり、剛であれば必ず明であり、明であれば、知り易いものである。これに反して、だいたい陰は必ず柔であり、柔であれば必ず暗く、暗ければ測り難いものである。

〔注釈〕前項を承けて、君子と小人とが、相反していることを、陽明陰暗になぞらえて説いている。

人を稱《しょう》するに顏子《がんし》を以てすれば、悅《よろこ》ばざる者無し、其の貧賤にして夭《よう》するを忘る。人を指すに盜跡《とうせき》を以てすれば、怒らざる者無し、其の富貴にして壽《じゅ》なるを忘る。

〈大意〉人に対して、汝は顔子〔顔回〕に等しいと称賛すれば、悦ばない者は無い。けれども、これは、顔子の賢なる側面を見て、彼が生涯貧賤でありしかも夭折した側面を忘れているのである。

人を指差《ゆびさ》して、汝は盗蹠と同じだと言えば、怒らない者は無い。けれども、これは、盗蹠の悪者なる側面のみを考えて、彼が一生富貴であり、しかも長寿を保った側面に気付いていないのである。

〈注釈〉顔子…顔回、顔淵の尊称。孔子の弟子の中で、最も賢人とされ徳行が厚かった。三十二歳で孔子より先に死んだ。盗蹠…伝説的な大盗賊。『荘子』に盗蹠篇があり。孔子との架空問答を記している。

事事難上《なんじじょう》の難《なん》あり、擧足《きょそく》常に失墜《しっつい》を虞《おそ》る。件《けん》件想《そう》一想《そう》すれば、渾身都《こんしんすべ》て是れ過差《かさ》なり。

〈大意〉物事には、困難の上にも困難があり、足を挙げて事を行うごとに失敗墜落することを恐れなくてはならない。物事は、考察の上にも考察してみると、渾身すべて食い違って合わないことが多いものである。
〔注釈〕難上の難…困難の上の一層の困難。擧足…足を挙げて事を行う。失墜…やりそこなう。渾身…全身。満身。過差…過失。あやまち。

怒は宜《よろ》しく實力もて消融《しょうゆう》すべし。過《あやまち》は細心もて檢點《けんてん》せんことを要す。

〔大意〕怒りは、努めて実力を以て消滅融解するよう図らなければならない。過ちは、努めて細心の注意をはらって点検することを忘れてはならない。
〔注釈〕消融…消滅融解。消えとける。檢點…点検。一つ一つ検査すること。

理を探ることは宜《よろ》しく柔《じゅう》なるべし。優游涵泳《ゆうゆうかんえい》、始めて以て自《じ》得《とく》すべし。慾《よく》を決《けつ》することは宜《よろ》しく剛なるべし。勇猛奮迅《ゆうもうふんじん》、始めて以て自新すべし。

〔大意〕道理を採究するには、柔軟な対応が必要であり、気長にゆったりとして泳ぐようにして初めて心に悟り納得することができる。欲心を去るには、強剛な対応が必要であり、勇猛奪迅（勢いはげしく奮い立つ）して初めて、過ちを改めることができる。

〔注釈〕優游涵泳…ゆったりとして水に入って泳ぐこと。ゆったりとして深く体で会得すること。自得…心にさとる。納得する。自新…過ちを改めること。

忿《いかり》を懲《こ》らし慾《よく》を窒《ふさ》ぐ、其の象《しょう》を損《そん》と為す、力を得ること一の忍《にん》の字に在り。善に遷《うつ》り過《あやまち》を改むる、其の象を益《えき》と為す、力を得ること一の悔《かい》の字に在り。

〔大意〕忿り（忿怒）を懲《とど》め、慾（貪欲）を窒《ふさ》ぐには、易の象伝《しょうでん》にあるように「君子以て忿を懲《とど》め慾を窒《ふさ》ぐ」のに最も有効なのは、忍（忍耐）の一字にほかならない。善に遷り過ちを改めるには、易の象伝にあるように、悔の一字が最も有効である。

〔注釈〕易の「損《そん》」の卦《か》の象伝に、「君子のまさに損すべきものは忿怒と情欲、故に君子はその忿怒をおさえ情欲をふさぐことに心がける」と見える。易の「益《えき》」の卦の象伝に「君子は、善を見れば遷ってこれに従い、過ちがあればこれを改める」と見える。

富貴は傳舎《でんしゃ》の如し、惟《た》だ謹愼《きんしん》なれば久居《きゅうきょ》するを得可し。貧賤は敝衣《へいい》の如し、惟だ勤儉《きんけん》なれば以て脱卸《だっしゃ》す可し。

〔大意〕富貴はたとえていえば、宿駅の旅館に宿泊しているようなものである。ただ身をつつしめば、長く逗留することができる。貧賤はたとえていえば、破れた着物を着ているようなものである。勤勉に働き倹約に努めていれば、やがては、それを脱ぎ棄てることができるであろう。

〔注釈〕傳舍…宿駅の旅館。やどや。謹愼…つつしみ深いこと。久居…長い間逗留すること。敝衣…ぼろぼろの着物。破れた着物。勤儉…勤勉と倹約。脱卸…脱ぎ棄てること。

儉《けん》なれば則ち約なり。約なれば則ち百善倶《とも》に興《おこ》る。侈《おご》れば則ち肆《し》なり。肆なれば則ち百悪倶に縱《ほしいまま》なり。

〔大意〕倹（つつましやか）であれば、約（節約）である。倹約すれば、善いことが皆興ってくる。侈《おご》れば皆、気ままになってしまう。気ままになってしまうと、悪いことが皆、ほしいままになってしまう。

〔注釈〕倹…節約。つつましやか。倹約。約…倹約。節約。百善…もろもろの善いこと、あらゆる善。侈…おごる。奢侈。肆…ほしいまま。縦…ほしいまま。放縦。

奢《しゃ》者は富みて足らず。倹《けんしゃ》者は貧にして餘《あま》り有り。奢者は心常に貧しく、倹者は心常に富む。

〔大意〕奢侈を極める者は、いかに富んでいても、常に不足を感じ、倹約を守る者は、貧しく暮らしていても、常に不足を感ずることはない。

〔注釈〕奢侈を求める者の心は貧しく、倹約を守る者の心は、常に富んでいる。

貪饕《たんとう》は以て辱《じょく》を招く、倹にして廉《れん》を守るに若《し》かず。干請《かんせい》は以て義を犯《おか》す、倹にして節を全うするに若《し》かず。侵牟《しんぼう》は以て怨《うらみ》

を聚《あつ》む、儉にして心を養ふに若《し》かず。放肆《ほうし》は以て欲を逐ふ、儉にして性を安んずるに若《し》かず。

〔大意〕貪欲の心は、恥辱を招来するものであり、倹約して清廉な心を守る生き方には及ばない。要請の心は、信義を犯し易いものであり、倹素で節操を全うする生き方には及ばない。他を侵し奪うことは、恨みを集めるものであり、自ら倹素に生きて心を養う生き方には及ばない。放肆の心は、利欲を追い求めるものであり、倹約して天性を安んずる生き方には及ばない。

〔注釈〕貪饕…むさぼること。干請…他に要請すること。侵牟…侵し奪うこと。放默…放恣。勝手気ままにすること。

靜坐《せいざ》して然る後に平日の氣の浮《ふ》なるを知る。默《もく》を守りて然る後に平日の言の躁《そう》なるを知る。事を省《はぶ》きて然る後に平日の心の忙《ぼう》なるを知る。戸《と》を閉ぢて然る後に平日の交《まじわり》の濫《らん》なるを知る。欲《よく》を寡《すくな》くして然る後に平日の病の多きを知る。情に近づきて然る後に平日の念《ねん》の刻《こく》なるを知る。

〔大意〕静坐して己を反省してみて初めて、平日の気持ちが浮《うわ》ついていたことに気付く。沈黙を守って己を反省してみて初めて、平日の言葉が躁《さわ》がしく饒舌だったことに気付く。物事を省略してみて初めて、平日、あれこれやり過ぎて忙殺されていたことに気付く。門戸を閉じて世の交わりを断ってみて初めて、平日の交際がほしいままであったことに気付く。さまざまな欲求を抑制し減らしてみて初めて、そのために平日の病が多かったことに気付く。厚い人情に接してみて初めて、平日の己の気持ちが苛刻だったことに気付く。

〔注釈〕氣の浮なる…気持ちが浮《うわ》ついている。言の躁なる…饒舌で躁《さわ》がしいこと。心の忙なる…行為が多く忙殺される。交の濫なる…交際がほしいままである。念の刻なる…人に対する気が苛刻である。『百朝集』十に採られている。

無病《むびょう》の身は、其の樂《たのしみ》を知らざるなり。病生じて始めて無病の樂を知る。無事の家は、其の福を知らざるなり。事至りて始めて無事の福を知る。

〔大意〕身体も無病で健康な時には、無病、健康の快楽なことに気付かないが、病が生じて初めて無病の快楽なることに気付くものである。家庭も無事で息災な時には、無事こそ幸福であることに気付かないけれども、何事かが起こってみて初めて無事こそ幸福なのだと気付くものである。

〔注釈〕健康の有難さは、それを失った時に知るものであり、平穏無事の有難さも亦同様であることを説いている。

慾心《よくしん》正《まさ》に熾《さかん》なる時、一たび病に著《つ》くことを念《おも》へば、興《きょう》は寒《かん》冰《ひょう》に似たり。利心正に熾なる時、一たび死に到るを想へば、味《あじわい》蠟《ろう》を嚼《か》むに同じ。

〔大意〕欲望の火が今まさに熾《さかん》に燃え上がった時に、一たび病気に罹《かか》ることを想い起こせば、その興は、冬の氷と同じく寒冷なものとなる。利益追求の心が今まさに熾に起こった時に、一たび死に臨むことに想いを致せば、その味は漸く薄らいで、ほとんど蠟を嚼むに等しくなるものである。

〔注釈〕熾ん…火や勢いがさかんなこと。熾烈《しれつ》（さかんではげしい）等の成語としても用いられる。興…キョウと読んで、喜び、楽しみの意。余興、即興などの成語もある。嚼…かみしめる。味わう。蠟を嚼むに同じ…蠟をかんだ時の味や感じから、おもしろみのないこと、かすかな苦痛をともなうこと、はかない感じをともなうことなどをたとえている。蠟を嚼むが如しとも言う。

一の樂境界《らくきょうかい》有れば、卽ち一の不樂者《ふらくしゃ》有りて相對待《あいたいたい》す。一の好光景あれば、便《すなわ》ち一の不好底ありて相乘除《あいじょうじょ》す。

〔大意〕一方に、楽しいことがあれば、一方には、楽しくないことがあって、相対し、相待するものであり、一方に好いことがあれば、一方には、好くないことがあって、互いに差し引きするものである。

〔注釈〕境界…場所。境地。境遇。相對待す…相対し、相待する。不好底…不好的と同じ。底は的に通じ、～的を～底のようにいう。乗除…かけ算とわり算。

事は盡《じん》を做《な》す可からず。勢は盡に倚《よ》るべからず。福は盡を享《う》く可からず。言は盡を道《い》ふ可からず。

〈大意〉物事は、ことごとくすべてを為してはならない。権勢は、ことごとくすべてに依託してはならない。幸福は、ことごとくすべてを享受してはならない。言葉は、ことごとくすべてを言ってはならない。

〈注釈〉盡（尽）…ことごとく、すべて、ありったけ。做す…なす。またなる。作の俗字。道ふ…いう。語る。説く。「報道」の成語あり。倚る…よる。たよる。すがる。享く…うける。もてなす。「享受」の成語あり。何事も極端を忌避し、程々を良しとする章句か。酒は微酔、花は、半開《はんかい》の如きを良しとするか。

盡《じん》を吃《くら》ふべからず。盡を穿《うが》つ可からず。盡を説く可からず。又董得《とうとく》を要す。又做得を要す。又耐得を要す。

〈大意〉食事は、ことごとくすべてを食べてはならない。物事は、ことごとくすべてを穿鑿《せんさく》してはならない。会話は、ことごとくすべてを説いてはならない。又よく吟味する必要があり、又よく為し得ることが必要であり、又よく耐え得ることが必要である。

〔注釈〕盡を吃ふ…ありったけを食べ尽くす。盡を穿つ…ことごとくすべてを穿鑿（根ほり葉ほり調べる）し尽くす。盡を説く…ことごとくすべてを説き尽くす。菫得…吟味すること。倣得…事を為すこと。耐得…耐え忍ぶこと。

消《しょう》し難きの味は食《くら》ふことを休《や》めよ。得難きの物は蓄《たくわ》ふることを休めよ。酬《むく》い難きの恩は受くることを休めよ。久しうし難きの友は交はることを休めよ。再びし難きの時は失ふことを休めよ。守り難きの財は積むことを休めよ。雪《すす》ぎ難きの謗《そしり》は辯ずることを休めよ。釋《と》き難きの忿《いかり》は較《きそ》ふことを休めよ。

〔大意〕消化し難い食物は食べることなかれ。獲得し難い物は蓄蔵することなかれ。報恩し難い恩は受けることなかれ。永続し難い友とは交わることなかれ。再びは得難い時は失うことなかれ。守備し難い財貨を蓄積することなかれ。釈明し難い謗りは弁解することなかれ。解け難い忿怒は争うことなかれ。

〔注釈〕消し難きの味…消化し難い食物。再びし難きの時…再びは得難い時機。雪ぎ難きの謗…釈明し難い誹謗。較ふ…きそう。あらそう。

飯《はん》は嚼《か》まずして便《すなわ》ち咽《の》むを休《や》めよ。路は看《み》ずして便ち走るを休めよ。話《わ》は想《おも》はずして便ち説《と》くを休めよ。事は思はずして便ち做《な》すを休めよ。衣は慎《つつし》まずして便ち脱《だつ》するを休めよ。財は審《つまびら》かならずして便ち取るを休めよ。氣は忍《しの》ばずして便ち動くを休めよ。友は擇《えら》ばずして便ち交はるを休めよ。

〔大意〕御飯はよくかみしめないですぐにのみこんではならない。道路は注意して見ずにすぐに走ってはならない。話は十分に考えないですぐに説いてはならない。事はよく思いめぐらさずにすぐにしてはならない。着衣は十分注意しないまますぐに脱いではならない。財貨は慎重に吟味しないですぐに受け取ってはならない。気持ちは十分に忍耐しないますぐに動かしてはいけない。友人はよく選ばないですぐに交際してはならない。

〔注釈〕嚼む…咀嚼する。かみしめる。あじわう。咽む…のみくだす。のみこむ。想う…思いめぐらす。考える。思う…考える。思いめぐらす。二つ合わせて、思想。愼む…気をつける。注意深くする。審らか…くわしく知る。くわしく調べる。氣…心気。こころもち。忍ぶ…たえる。我慢する。忍耐する。

善を為すは重きを負うて山に登るが如し。志は已《すで》に確なりと雖も、力は猶ほ及ばざるを恐る。悪を為すは駿《しゅん》に乗じて坂を走るが如し。鞭《むち》は加へずと雖も、足は其の前《すす》むを禁《きん》ぜず。

〔大意〕善事を行うのは、たとえば重き荷物を背負って山に登るようなものである。その志は確かなものであっても、その実行力が及ばないことが心配になる。悪事を行うのは、たとえば駿馬に乗って坂を下るようなものである。鞭は使わなくても、足は前進して止められないようなものである。

〔注釈〕恐る…気づかう。心配する。前むを禁ぜず…前進するのをさしとめない。禁ずは、止める、禁止するの意。

欲を防《ふせ》ぐは水に逆《さから》ふの舟を挽《ひ》くが如し、纔《わずか》に手を歇《や》めば便《すなわ》ち下流《かりゅう》す。善を力《つと》むるは枝無きの樹に縁《よ》るが如し、纔に脚《きやく》を住《とど》むれば便ち下墜《かつい》す。

〔大意〕欲望を防止するのは、ちょうど流れを遡る舟を挽き上げるようなものである。少しでも挽く手を止めればすぐに下に流されてしまう。善行に努力するのは、ちょうど枝の無い樹木によじ登るようなものである。ちょっとでも足を止めれば、直ちに下り落ちてしまう。

〔注釈〕纔に…わずかに、少しでも。便ち…すぐに。君子の心は、一刻も慎み畏れないではいられないと説いている条である。

膽は大ならんことを欲し、心は小ならんことを欲し、智は圓ならんことを欲し、行は方ならんことを欲す。

〔大意〕膽（胆）力、つまり度胸は、なるたけ大きいことが望ましく、心、つまり注意力は、細小の事まで行き届くことが望ましく、智慧は円満周到であることが望ましく、行為は、方正であることが望ましい。

〔注釈〕膽（胆）…度胸、決断力。心…心くばり、注意力。「胆大心小」は、大胆で細心の注意をはらう意。智…智慧。圓…円満周到。行…おこない。言行。方…方正。品行方正が望まれてきた。

眞《しん》の聖賢《せいけん》は、決して迂腐《うふ》に非ず。眞の豪傑《ごうけつ》は、斷《だん》じて粗疏《そそ》に非ず。

〔大意〕真正の聖人賢人は、決して世事にうとく、任用しても役に立たないような者ではない。真正の英雄豪傑は、断じて気性が荒く、考えが粗雑なような者ではない。

〔注釈〕迂腐…おろかで物の役に立たないこと。迂は、世間の実情を知らない意。粗疏…粗雑、疏は疎の誤り。

龍吟《りようぎん》虎嘯《こせう》・鳳翥《はうしよ》鸞翔《らんしやく》は、大丈夫《だいぢやうぶ》の氣象《きしやう》なり。蠶繭《さんけん》蛛絲《しゆし》・蟻《き》封蚓結《はういんけつ》は、兒女子《じぢよし》の經營《けいえい》なり。

〔大意〕龍が吟じ虎が嘯《うそふ》き、鳳凰が飛び鸞鳥が翔《かけ》るようなさまは、大丈夫たる者の氣性である。蚕の繭、蛛《くも》の巣、蟻の塔、蚓《みみず》の結び合いのようなさまは、児女子の心構え役割である。

〔注釈〕吟…うめく、うたう、うそふく。嘯…うそぶく。うなる。吟嘯…声を長くひいて詩歌を歌う。悲しみなげいて声を発する。鳳翥鸞翔…鳳鸞が飛翔すること。氣象…こころだて、気性。蠶繭蛛絲…蚕の繭や蛛の巣。蟻封蚓結…蟻の巣や蚓のからまり。

格格として吐かず、刺刺として休めず、總て是れ一般の語病なり、鶯語燕語を以て之を療せんことを請ふ。戀戀として舍てず、忽忽として忘るるが若く、各各一種の情癡あり、當に

鳶飛び魚躍るを以て之を化すべし。

〔大意〕格々（黙するさま）として一語も吐かず、刺々（ばらばらとみだれる）として語り続けて止まないのは、共に言語の上の病弊にほかならない。鶯歌燕語を聞いて、これを療して欲しいと願う。恋々として一刻も思い捨てず怱々としてまるで忘れ去ってしまうようなことは、共に情痴（痴《おろ》かな心情）にほかならない。まさに鳶が飛び魚が躍りはねる躍動の姿を見て、これを威化せねばならない。

〔注釈〕格々…鳥の鳴く声の意もあるが、ここでは、黙するさまの擬声語として使われているらしい。棘々…ばらばら、べらべら語るさま。戀々…慕うさま。怱々…忘れるさま。鳶飛び魚躍る…『詩経』に「鳶は飛んで天に戻《いた》り魚は淵に躍る」と見え、万物がそれぞれ自然に、それぞれの所に従って楽しんでいるさまをうたった詩句である。

消息《しょうそく》を蓍龜《きき》に問へば、疑團《ぎだん》空しく結ぶ。福祉を奥竈《おうそう》に祈れば、奢想徒《いたずら》に勞す。

〔大意〕吉凶の消息を占卜に問えば、いよいよ懐疑の心が増して何の役にも立たない。

福祉を家の奥隅やかまどに祈願すれば、いたずらに奢侈を求めることになって何の役にも立たない。

〔注釈〕消息…栄枯盛衰。陰気の消え去ること（消）と陽気の生ずること（息）の意。蓍龜…占いに用いるめどきと亀の甲、転じてうらない占卜のこと。疑團…疑いの一団。懐疑心。福祉…さいわい。幸福。祉もしあわせの意。奥竈…論語・八佾《はちいつ》篇に「其の奥に媚びんよりは、寧ろ竈に媚びよ」と見える。家の奥の神にこびるよりも、かまどの神のごきげんをとれという諺の言が、この文の出典。

謙《けん》は美徳なり。謙に過ぎたる者は詐《いつわり》を懐《いだ》く。黙は懿行《いこう》なり。黙に過ぎたる者は奸を蔵す。

〔大意〕謙遜は、美徳である、けれども謙遜の程度を過ぎた者は、心中に偽詐を抱く者が多い。沈黙は、善行である。けれども沈黙の程度を過ぎた者は、心中に奸悪を蔵する者が多い。

〔注釈〕懿行…うるわしい行為。善行。論語・先進篇に「過ぎたるは猶お及ばざるが如し」と見える。美徳も過ぎれば、悪徳にわたることを訓える条項であろうか。

直にして禍を犯さず、和して義を害せず。

〔大意〕正直であって禍を犯すことなく、柔和であって義を害することのないように、人を己を律して行かねばならない。

〔注釈〕人としての自戒の古語か。

圓融《えんゆう》なる者は詭随《きずい》の態《たい》無く、精細《せいさい》なる者は苛察《かさつ》の心無く、方正《ほうせい》なる者は乖拂《かいふつ》の失無く、沈默《ちんもく》なる者は陰険《いんけん》の術無く、誠篤《せいとく》なる者は推魯《ついろ》の累《るい》無く、光明なる者は淺露《さんろ》の病無く、勁直《けいちょく》なる者は徑情《けいじょう》の偏《へん》無く、執持《しつじ》なる者は拘泥《こうでい》の迹《あと》無く、敏錬《びんれん》なる者は輕浮《けいふ》之状無し。

〔大意〕円満で融通する者は、みだりに人に随うという態度の無いことが望ましく、物事に細かく注意する者は、微細な事まで取り調べる心情が無いのが望ましく、行動の正しい者は、人に乖《もと》りさからうようにならないことが望ましく、寡黙で口数の少ない者は、陰険にわたらないことが望ましく、誠心篤実な者は、魯鈍で融通がきかないようではありたくない。心の光明潔白な者は、浅薄露呈の思いのないことが望ましく、剛直で強く正しい者は、直情径行、つまり、他人のおもわくや周囲の事情などを考えないで思うことをそのまま行動に移す偏りが無いようにありたい。心に堅くまもる所のある者は、物事に拘泥する形迹が無いようでありたい。明敏で錬達の者は、軽佻浮薄の状態にならないようにありたい。

〔注釈〕圓融…円満融通、あまねくゆきわたる。詭隨…いつわり隨う。苛察…細かく取り調べる。乖拂…さからいもとること。推魯…魯鈍で融通がきかないこと。勁直…強くて正しいこと、剛直。徑情…直情径行。遠慮しないで思ったままに行うこと。執持なる者…心に堅く執り守る所のある者。敏錬…明敏で錬達。軽浮…軽佻浮薄。

この条項の説く所は、人の長所には短所となる側面が伴うものであり、その長所で短所を補うには、学問と思索が必要であるということであろう。

才足らざれば則ち謀《はか》ること多し。識《しき》足らざれば則ち事《こと》多し。威《い》足らざれば則ち怒《いか》ること多し。信《しん》足らざれば則ち言《げん》多し。勇《ゆう》足らざれば則ち労《ろう》多し。明《めい》足らざれば則ち察《さつ》多し。理《り》足らざれば則ち辯《べん》多し。情《じょう》足らざれば則ち儀《ぎ》多し。

〔大意〕才智が足りないと、余計な考えをめぐらすことが多くなる。識見が足りないと余計な事柄が多くなる。威光が足りないと余計な怒りを発することが多くなる。信義が足りないと余計な言葉を費やすことが多くなる。勇気が足りないと、余計な心労が多くなる。聡明さが足りないと、余計な推察が多くなる。道理が足りないと、余計な弁を費やすことが多くなる。心情が足りないと余計な儀礼を装うことが多くなる。

〔注釈〕才…才幹。才智。謀…問いはかる。考えをめぐらす。識…識見。知識。事多し…仕事が多い。することが多くて忙しい。威…威光。威厳。労多し…苦労、心労が多い。察…考察。推察。儀…儀礼。作法。

私恩《しおん》煦感《くかん》は、仁《じん》の賊《ぞく》なり。直往輕擔《ちょくおうけいたん》は、義の賊なり。足恭《すうきょう》偽態《ぎたい》は、禮の賊なり。苛察岐疑《かさつきぎ》は、智の賊なり。苛約固守《こうやくこしゅ》は、信の賊なり。

〈大意〉私的な恩を施し、小さな恵みを与えるのは、本当の仁愛をそこなう盗賊にほかならない。単純に直往し、軽薄に事を引き受けるのは、本当の正義をそこなう盗賊にほかならない。足恭、つまりあまりにうやうやし過ぎることや偽態、つまり誠実ぶるのは、本当の礼節をそこなう盗賊にほかならない。微細なことまで調べあげたり、あれもこれも疑うのは、本当の智慧をそこなう盗賊にほかならない。かりそめに約束し、固く一事を守るのは、本当の信義をそこなう盗賊にほかならない。

〈注釈〉煦感…小さな恵みを与える。煦は恵む、情をかける意。〜の賊なり…論語・陽貨篇に「郷原は徳の賊なり」とある表現を承けている。本当の徳を乱し害する賊であるの意。この項に挙げてある「仁・義・禮・智・信」は、人が常に実行すべき五つの道で「五常」「五倫」として儒教で重視された。足恭《すうきょう》…あまりにうやうやし過ぎること。おもねり。

之を殺すを仁と爲し、之を生《いか》すを不仁と爲す者有り。之を取るを義と爲し、之を與《あた》ふるを不義と爲す者有り。之を卑《いや》しむを禮と爲し、之を尊ぶを非禮と爲す者有り。知らざるを智と爲し、之を知るを不智と爲す者有り。言に違《たが》ふを信と爲し、言を踐《ふ》むを非信と爲す者有り。

〔大意〕殺して仁となる場合があり、生かして不仁となる場合がある。奪い取ることが義となる状況があり、与えて不義となる状況がある。ひとを卑しんで礼にかなう場合があり、尊んで非礼となる場合がある。知らなくて智とされ、知ることが不智とされる状況がある。言行が一致しないことが信にかない、言行一致が非信となる状況がある。

〔注釈〕畢竟、五倫、五常も、場合・状況に即応して義理を以て、状況や場合に即応して判断する必要があると説いた条項であろう。

愚忠愚孝《ぐちゅうぐこう》は、實に能く天地の綱常《こうじょう》を維《つな》ぐ、惜しむらくは、聖人の裁成に遇はずして未だ嘗《かつ》て室に入らず。大詐大奸《たいさたいかん》は、偏《ひとえ》に會《かなら》ず世間の功業を建《た》つ、倘《も》し英主の駕馭《がぎょ》あるに非ずんば、終に必ず跳梁《ちょうりょう》せん。

〔大意〕愚忠愚孝、つまりひとすじに忠誠・孝行を尽くすなどといわれる程の人は、実に天地の綱常、つまり人の守るべき道三綱五常を維持する者にほかならない。けれども、これらの人も、聖人の裁成、つまり良き指導によって完成されなければ、聖賢の室に入ることはできないものである。大詐大奸、つまり大嘘つき大悪人などといわれる程の人は、たまたま世間の大功業を立てることがある。けれども、これらの人も、英邁な君主の統禦を得なければ、終いには必ず跳梁・跋扈、つまりはびこって気ままに振る舞うようになってしまうだろう。

〔注釈〕愚忠愚孝…ひとすじに忠孝を尽くすこと。綱常…三綱五常、人の守るべきこと。裁成…布を裁って衣服に仕立てること。転じて良き指導者によって完全な物を造り上げること。室に入る…奥儀に達する。大詐大奸…大嘘つき大悪人。駕馭…馬を乗りこなす。転じて、人を思いのままに使うこと。跳梁…はびこって気ままに振る舞う。跋扈（強くてわがままに振る舞うこと）に同じ。『百朝集』三十九に採られている。

其の爲すべからざるを知りて、遂に心を委《い》して之に任ずる者は、達人智士《たつじんちし》の見《けん》なり。其の爲すべからざるを知りて猶ほ力を竭《つく》して之を圖る者は、忠臣孝子の心なり。

〈大意〉その為し得ないことを知って、遂に心を成り行きにゆだねて自然にまかせる者は、広く道理に通じた達人であり智者にほかならない。その為し得ないことを知りながら、猶、力を尽くして工夫する者は、忠臣孝子の心情にほかならない。

〈注釈〉心を委す…心を成り行きに委任する。達人智士…広く道理に通じた達人、才智の士。力を竭す…ありったけの心を尽くす。百朝集二十の注には、「我々は及ばずながら此処に信念を固めて、人事を尽くして天命に待つ外はない」と見える。『百朝集』二十に採られている。

小人は只《ただ》他の才有るを怕《おそ》る。才有りて以て之を濟《な》さば、流害《りゅうがい》窮《きわま》り無し。君子は只他の才無きを怕る。才無くして以て之を行はば、賢なりと雖ども何の補《おぎない》あらん。

〈大意〉小人は、ただ他人に才が有るのを恐れている。その心で思っているところは、他人に才があって事を行えば、害を流すことが窮まり無いだろうということである。君子は、ただ他に才が無いのを恐れている。その心に思っていることは、他人に才が無くて事を行えば、たとえ賢人であっても何の補いも無いだろうということである。

〈注釈〉怕る…おそれる。小人と君子との見解の差異を対比している。

○攝生附（持躬附攝生）

風寒を愼《つつし》み飲食を節するは、是れ吾が身上より病を卻《しりぞ》くる法なり。嗜欲を寡くし、煩惱を戒むるは、是れ吾が心上より病を卻くる法なり。

〈大意〉風や寒さに気をつけ、飲み物や食べ物を節制することは、自分の身体から病気を退却させる方法にほかならない。嗜欲、つまりむさぼり好む心を寡くし、煩悩、つまり心身を迷わす欲望を戒めることは、自分の心情から病気を退却させる方法にほかならない。

〈注釈〉嗜慾…むさぼり好む心。特に好む心。煩惱…心身を迷わせる欲望。

思慮《しりょ》を少くして以て心氣を養ひ、色慾を寡《すくな》くして以て腎氣《じんき》を養ひ、妄動《ぼうどう》すること勿《な》くして以て骨氣《こっき》を養ひ、瞋怒《しんど》を戒《いまし》めて以て肝氣《かんき》を養ひ、滋味《じみ》を薄くして以て胃氣《いき》を養ひ、言語を省《はぶ》きて以て神氣《しんき》を養ひ、讀書を多くして以て瞻氣《たんき》を養ひ、時令《じれい》を順《じゅん》にして以て元氣《げんき》を養ふ。

〔大意〕思慮を少なくして心気を養い、色欲を少なくして腎気を養い、妄動、つまりあとさきを考えない無分別な行動を無くして骨気を養い、怒りの気持ちを戒めて肝気を養い、旨い味を薄くして胃気を養い、言語を省略して神気を養い、読書を多くして胆気を養い、時候に順応して元気を養わなければならない。

〔注釈〕時令…季節、時候の意。『百朝集』の(三十三)七養では、「多く史を讀みて以て瞻氣を養ふ」となっている。

憂愁《ゆうしゅう》は則ち氣結《むす》び、忿怒《ふんど》は則ち氣逆《さから》ひ、恐懼《きょうく》は則ち氣陥《おちい》り、拘迫《こうはく》は則ち氣鬱《うつ》し、急遽《きゅうきょ》は則ち氣耗《こう》す。

〔大意〕憂え悲しめば気持ちがふさぎ、怒ると気持ちは乱れ、恐れると気持ちはおちこみ、こせつくと気持ちはふさがって晴れない。あわてると気持ちはへりつきてしまう。

〔注釈〕拘迫…こせつくこと。耗…すりへらす。百朝集（三十）載道の器では、この文に続く「是れ惟《た》だ心平らかに氣和なる、斯《すなわ》ち載道の器たり」も挙げている。載道とは、道を載す、即ち道を体得している人物の意とも注をつけている。百朝集三十に採られている。

行は徐《じょ》にして穏《おん》なるを欲す。立は定りて恭《うやうや》しきを欲す。坐は端にして正しきを欲す。聲は低にして和するを欲す。

〔大意〕歩み行く時は、ゆっくりとおだやかに歩むのがよい。立っている時は、しっかり立ちしかもうやうやしいさまがよい。坐っている時は端正であるのがよい。話す声は低くてやわらぐのがよい。

〔注釈〕行・立・坐・声のそれぞれの在り方を省察している。

心神《しんしん》は静《しず》かなるを欲す。骨力は動くを欲す。胸懐《きょうかい》は開くを欲す。筋骸《きんがい》は硬《かた》きを欲す。脊梁《せきりょう》は直きを欲す。腸胃《ちょうい》は淨《きよ》きを欲す。舌端《ぜったん》は捲《ま》くを欲す。脚跟《きゃくこん》は定るを欲す。耳目は清きを欲す。精魂《せいこん》は正しきを欲す。

〔大意〕精神は静謐であることを欲し、骨力は運動しようと欲し、胸懐（心の思い）は開豁であることを欲し、筋と骨とは堅固であることを欲し、背骨は真直であることを欲し、腸と胃とは清浄であることを欲し、舌の先は捲いて多言を慎むようにし、脚のかかとは定着するようにし、耳と目とは清澄であるようにし、精魂（たましい）は正しくあることが望ましい。

〔注釈〕心神…精神。神は深い心の意。胸懐…胸の思い。心の思い。筋骸…筋骨。体力。脊梁…背骨。脚跟…脚のかかと。舌端…舌尖、つまり口さき。弁説。精魂…たましい。

静坐《せいざ》を多くして以て心を収《おさ》め、酒色《しゅしょく》を寡《すくな》くして以て心を清くし、嗜欲《しよく》を去りて以て心を養ひ、古訓《こくん》を玩《もてあそ》びて以て心を警《いまし》め、至理《しり》を悟《さと》りて以て心を明にす。

〔大意〕静坐を多くして心を収集（精神集中）し、酒色を寡なくするよう慎んで心を清浄にし、嗜欲、つまりむさぼり好む心を遠ざけて心を養い、古聖賢の教訓を愛好して心をいましめ、至極の道理を悟って心を明らかにするよう努めなければならない。

〔注釈〕心を収む…精神を集中する。酒色…飲酒と性欲。嗜欲…むさぼり好む心。古訓を玩ぶ…古聖賢の教訓を玩賞玩味する。至理…この上なく正しい道理。最上の道理。

寵辱驚かずんば、肝木自ら寧し。動静敬を以てすれば、心火自ら定まる。飲食節あれば、脾土洩れず、調息言を寡くすれば、肺金自ら全し。恬淡欲を寡くすれば、腎水自ら足る。

〔大意〕名誉にも恥辱にも驚くことがなければ、自然に肝臓つまりこころは、やすらか（寧静）である。行動するにも静止するにも警（慎み）を以てすれば、自然に心臓の気は安定する。飲む物食べる物に節度があれば、自然に脾臓や胃の気が洩れることがない。呼吸を調整して言語を少なくすれば、肺臓の気が自然に完全になる。心静かで無欲であれば、腎臓の気が自然と充足することができる。

〔注釈〕人間の内臓、五臓から出る五種の気（心気・肝気・脾気・肺気・腎気）を木・火・土・金・水の五行（五運）に当てはめて説明している。

道は安静《あんせい》に生じ、徳は卑退《ひたい》に生じ、福は清倹《せいけん》に生じ、命は和《わ》暢《ちょう》に生ず。

〔大意〕道は、心を安静にする所から生じ、徳は、卑下して謙譲する所から生じ、福は、清廉で倹約する所より生じ、命は、心がのびのびとやわらぐ所より生ずる。

〔注釈〕卑退…卑下辞退。和暢…のびのびとやわらぐこと。

天地は、一日も和氣無かるべからず。人心は、一日も喜神なかるべからず。

〈大意〉天地は、ただの一日たりとも、和柔の気がなくては済まない。人心は、ただの一日たりとも、喜悦の心がなくては済まない。

〈注釈〉和氣…和柔の気、おだやか、なごやかな気分。喜神…よろこびの心。喜悦の心。

拙字《せつじ》以て過《あやまち》を寡《すくな》くすべし。緩字《かんじ》以て悔《くい》を免るべし。退字《たいじ》以て禍《わざわひ》に遠《とお》ざかるべし。苟字《こうじ》以て福を養ふべし。靜字《せいじ》以て壽《じゅ》を益《ま》すべし。

〈大意〉拙の字を守れば、過ちを少なくすることができる。緩の字を守れば、悔を免かれることができる。退の字を守れば、禍から遠ざかることができる。苟の字を守れば、福を養うことができる。静の字を守れば、壽を益することができる。

〔注釈〕拙…世渡りのへたな自分の性質を守って、しいてうまく立ち回ろうとしないこと。陶潜の詩の語。「守《リテ》レ拙《ヲ》帰《ル》二園田《ニ》一」。緩…緩慢、ゆるやか、のろい。退…退譲、退避の如し。苟…まことと訓ずと頭注にある。壽を益す…長寿になる。

忘心《ぼうしん》を以て眞心を戕《そこな》ふこと毋《なか》れ。客氣を以て元氣を傷《そこな》ふこと勿れ。

〔大意〕でたらめな心を以てまことの心をそこなってはならない。みせかけのから元気を以て根本の元気をそこなってはならない。

〔注釈〕妄心…でたらめな心。道理に合わない心。客氣…みせかけのから元氣。元氣…天地の本原の氣。

拂意《ふつい》の處は、遣得過《けんとくか》を要し、清苦《せいく》の日は、守得過《しゅとくか》を要し、非《ひ》理《り》の來《きた》るは、受得過《じゅとくか》を要し、忿怒《ふんど》の時は、耐得過《たいとくか》を要し、嗜《し》慾《よく》の生ずるは、忍得過《にんとくか》を要す。

〔大意〕失意の処は、巧みに遣り過ごすことが必要であり、清苦の日は、堅く守り通すことが必要であり、非理の到来の時は、忍耐して受け流してしまうことが必要であり、忿怒の時は、よく耐え過ごすのが必要であり、嗜欲の生ずる場合は、よく忍んでやり過ごすことが必要である。

〔注釈〕拂意…思い通りにならない。遣得過…巧みに遣り過ごす。守得過…堅く守り通す。受得過…忍耐して受け流す。耐得過…忍耐し通す。忍得過…我慢し通す。

言語節を知れば則ち愆尤《えんゆう》少し。擧動《きょどう》節を知れば則ち悔吝《かいりん》少し。愛慕《あいぼ》節を知れば則ち營求《えいきゅう》少し。歡樂《かんらく》節を知れば則ち禍敗《かはい》少し。飲食節を知れば則ち疾病《しっぺい》少し。

〔大意〕言葉を節制してひかえ目にすれば、過失のとがめも少なくなる。立ち居ふるまいも節度を心得れば、悔いうらむことも少なくなる。愛慕も程度を節すれば、考え求めることも少なくなる。歓楽も節度を心得れば、わざわいと失敗を取ることも少なくなる。飲食も節制すれば、疾病も少なくなる。
〔注釈〕愆尤…過失ととがめ。悔吝…悔いうらむこと。營求…考えて求めること。禍敗…わざわいと失敗。

人、言語の以て吾が徳を彰すに足ることを知りて、言語を愼むは乃ち吾が徳を養ふ所以なるを知らず。人、飲食の以て吾が身を益するに足るを知りて、飲食を節するは乃ち吾が身を養ふ所以なるを知らず。

〔大意〕人は、言語が、自分の徳を表すに足るものであることを知って、言語を慎むことが乃ち自分の徳を養うものであることは知らない。人は、飲食が自分の身体を益することを知って、飽食を節制することが、乃ち自分の身体を養うものであることを知らない。
〔注釈〕言語と飲食という身近で不可欠の事柄を取りあげ、徳と健康とを養う働きの側面を見落としがちであることを説いている。

閙《さわが》しき時心を錬《ね》り、靜《しずか》なる時心を養ひ、坐する時心を守り、行く時心を驗《ため》し、言ふ時心を省《せい》し、動く時心を制《せい》す。

〔大意〕さわがしい時に心を錬り、静かな時に心を養い、坐する時心を守り、行く時に心を験し言う時に心を省み、動く時に心を制御しなければならない。

〔注釈〕閙…さわがしい。にぎやか。本来は、鬧（たたかいがまえ）であるか、今は、門（もんがまえ）を用いている。「百朝集」五に採られている。

榮枯倚伏《えいこいふく》、寸田《すんでん》自ら開く、恵逆《けいぎゃく》何ぞ塞翁《さいおう》に歴問《れきもん》するを須《もち》ひん。修短参差《しゅうたんしんし》、四體自ら造る、彭殤《ほうしょう》専ら司命《しめい》を咎《とが》め難きに似たり。

〔大意〕栄枯盛衰が相倚り相伏する事は、わが心でみずから切り開くのみである。だから順境か逆境かは、必ずしも塞翁に尋ねる必要はない。寿命の長短不揃いな事は、わが身でみずから造成するのみである。だから長寿か夭死かは、もっぱら責任を司命（生殺を司る神）に求めるべきではないようである。

〔注釈〕倚伏…（互いに倚りかかり伏す。禍の中に福があり福の中に禍がひそんでいることなどにいう（老子五十八）。寸田…ここでは心の意。恵逆…順逆。修短…長短。參差…長短・高低いりまじりふぞろいのさま。彭殤…長寿だった堯帝の臣彭祖と若死にの意の殤との造語。司命…生殺を司る神の名。

慾《よく》を節《せっ》して以て二豎《じゅ》を驅《か》り、身を修めて以て三彭《ほう》を屈《くっ》し、貧に安んじて以て五鬼《き》に聽《き》き、機を息《やす》めて以て六賊《ぞく》を弭《や》む。

〔大意〕欲を節制することによって病気の神、二豎を追いはらい、身を修めて三彭（人体内にあって害をなす三つの虫）を屈服させ、貧賤に安んじて、徐《おもむろ》に五鬼（韓愈の送窮文に見える智窮、学窮、文窮、命窮、交窮のこと）の為すがままに任せ、機智を使用することなく、よく六賊（楞厳経に見える眼耳鼻舌身心のこと）を止め絶たなければならない。

〔注釈〕二豎…病気、病気の神。三彭…仙術を学ぶ者の言う語。彭とは三戸（人体内にあって害をなす三つの虫）の名。仙術を学ぶ者は、先ず、この三戸を絶たねばならない。五鬼…智窮、学窮、文窮、命窮、交窮。六賊…眼・耳・鼻・舌・身・心。弭…やめる。

衰後《すいご》の罪孽《ざいげつ》は、都て是れ盛時《せいじ》に作る。老來《ろうらい》の疾病《しっぺい》は、都《すべ》て是れ壮年《そうねん》に招《まね》く。

〔大意〕身が衰えた後の罪や禍は、すべて盛んな時に作ったものであり、年老いて後の病気は、すべて壮年の時に招いたものである。

〔注釈〕罪孽…罪と禍。原漢文には、「―盛時作的」、「―壮年招的」と助字の的が付してある。訳せば、「～のもの」となろうか。

徳を敗《やぶ》るの事は一に非ず、而して酒に酗《く》す者は、徳必ず敗る。生を傷《そこな》ふの事は一に非ず、而して色を好む者は、生必ず傷ふ。

〔大意〕徳を敗る事は、もとより一様ではない。そのような中で、酒に酔い狂う者は、必ず徳を敗る。生を傷う事は、もとより一様ではない。そのような中で、色欲を好む者は、必ず生を傷う。

〔注釈〕一に非ず…いろいろあって一つではない。酒に酗す…酒によって狂う。酒乱又は飲酒にふける。色を好む…色欲を好みふける。

木、根《ね》有れば則ち榮《さか》え、根壞《やぶ》るれば則ち枯《か》る。魚、水有れば則ち活き、水涸《か》るれば則ち死す。燈《とう》、膏《あぶら》有れば則ち明、膏盡くれば則ち滅す。人、眞精《しんせい》有り、之を保すれば則ち壽《じゅ》。之を戕《そこな》へば則ち夭《よう》す。

〔大意〕木は、根があれば繁茂し、根が壊敗すると枯れてしまう。魚は、水を得れば活き、水を失えば死んでしまう。灯火は油があれば明るくなり、油が尽きれば消えてしまう。人には天性の生命力がそなわっていて、これを保持すれば長寿となり、これを損なうと夭死《わかじ》にしてしまう。

〔注釈〕根壞る…根が壊敗する。根がだめになる。膏…油。眞精…生まれつきの生命力。戕ふ…きずつける、痛める。

○敦品類

※この篇は、専ら人品を高尚にすることに関する事項を集めている。敦品は人品を敦化すること。敦は、重んずる。貴ぶの意。

精金美玉的の人品と做《な》らんと欲せば、定めて烈火《れっか》の中より鍛《たん》じ來る。掲地掀天的《けいちきんてんてき》の事功を立てんと思はば、須《すべか》らく薄氷《はくひょう》の上に向って履過《りか》すべし。

〔大意〕精金美玉とも称すべき立派な人品となろうと願えば、間違いなく、烈火の中より鍛錬する覚悟をしなければならない。掲地掀天、つまり天地を挙掲するほどの偉大な功績を立てようと思えば、ぜひとも薄氷を履み深渕を渡る覚悟をしなければならない。

〔注釈〕本文中、二つの的は、助字。口語で、名詞・動詞・形容詞・副詞などの下にそえる。底・地と書くこともある。所属・修飾の関係を表す。又は～のもの、～する人などの意を表す。掲地掀天…地を掲げ天地をさし挙げる。薄氷を履む…極めて危険な場合に臨むことのたとえ。

人は品を以て重しと爲す。若《も》し一點卑汚《てんひお》の心あらば、便《すなわ》ち頂《ちょう》天立地《てんりっち》の漢子《かんし》に非ず。品《ひん》は行《おこない》を以て主と爲す。若し一件《いっけん》の愧《き》作《さ》の事有らば、即ち泰山北斗《たいざんほくと》の品格《ひんかく》に非ず。

〔大意〕人は、品格が重要である。もし一点たりとも、卑しく汚れた心があれば、とりもなおさず頂天立地、つまり天地の間に立って恥じない人物とはいえない。また品格は、品行を主要としている。つまり、もし一箇であっても、恥ずべき事があれば、泰山北斗と仰ぎ尊ぶべき品格とはいえない。

〔注釈〕頂天立地…天地の間に立って恥じない意。愧怍…ともにはじる意。泰山北斗…泰山は名山、北斗は北斗星、共に人を仰ぎ尊ぶことのたとえに使われる語。

人爭て榮《えい》を求めんか、其の之を求むるの時に就《つ》きて、已《すで》に人間《じんかん》の辱《じょく》を極む。人爭て寵《ちょう》を恃《たの》まんか、其の之を恃むの時に就きて、已に人間の賤《せん》を極む。

〈大意〉人が争って栄誉を求めたとすれば、その栄誉を求めた時に、すでに世の中の恥辱を極めているものなのだ。人が争って寵、つまり恩恵名誉をたのみとしたならば、その寵をたのみとした時に、すでに世の中の卑賤を極めているものなのである。

〈注釈〉人間の辱…世の中の恥辱。寵を恃む…恩恵や名誉をたのみとする。

丈夫《じょうぶ》の高華《こうか》は、祇《た》だ功名氣節に在り。鄙夫《ひふ》の炫耀《げんよう》は、但《た》だ諸《これ》を服飾起居《ふくしょくききょ》に求む。

〈大意〉立派な人物の高尚で華やかなことは、その人物の功名気節に在る。卑しい人物の見栄とする所は、ただ服飾や生活に求めている。

〈注釈〉高華…高尚にして華やかなこと。功名…功績とそれによる名誉。氣節…しっかりした気質と節操。炫耀…みえかざり。起居…おきふし。暮らし。寝食。

阿諛容《あゆよう》を取る、男子は妾婦《しょうふ》の道を為すことを恥づ。本眞鑿《ほんしんさく》せず、大人は赤子《せきし》の心を失はず。

〔大意〕おもねりへつらって人に容れられるのは、妾婦の道であって、男子は、このような道を取ることを恥とする。本来の純一至誠を全うして、みだりに造意しないのは、赤子の心にほかならない。大人は要するに、このような心を失わないものである。

〔注釈〕阿諛…おもねりへつらうこと。容を取る…人に容れられる。本眞鑿せず…本来の純一至誠を全うしてみだりに新しい工夫をこらさない。「妾婦之道」「赤子之心」は共に孟子に見える語。

君子の上に事ふるや、必ず忠にして敬なり。其の下に接するや、必ず謙《けん》にして以て和《わ》なり。小人の上に事ふるや、必ず諂《てん》にして以て媚《び》なり。其の下を待つや、必ず傲《ごう》にして以て忽《こつ》なり。

〔大意〕君子は、上に仕えるには、必ず忠義であり恭敬である。下に接するには、必ず謙虚であり温和である。小人は、上に仕えるには、必ず諂諛《てんゆ》つまり、へつらいおもねって柔媚である。下を待遇するには、必ず倨傲であり軽忽つまり、おろそかにしてあなどる。

〔注釈〕諂にして以て媚なり…へつらいおもねってこびる。諂諛の上に柔媚である。

朝《ちょう》に立ちて是れ好官人《こうかんじん》ならざるは、家に居《い》て是れ好處士《こうしょし》ならざるに由《よ》るなり。平素《へいそ》是れ好處士ならざるは、小時《しょうじ》是れ好學《こうがく》生《せい》ならざるに由るなり。

〔大意〕朝廷に立って好い官僚となれない者は、結局、家庭に居る時好い處士つまり、在野人たり得なかったことによるといえる。平素家庭に居る時好い處士たり得ない者は、結局、若かった時好い学生たり得なかったことによるといえる。

〔注釈〕好官人…優れた官僚。好い官吏。處士…官僚として仕えない在野の人物。

秀才《しゅうさい》と做《な》りては、處子《しょし》の如く人を怕《おそ》るるを要す。既に入りて仕ふれば、媳婦《そくふ》の如く、人を養ふを要す。林下《りんか》に歸りては、阿婆《あば》の如く、人を教ふるを要す。

〔大意〕秀才として官吏に登用されたならば、処女のように人民を恐れるように心がけねばならない。既に朝廷に入って仕えたならば、嫁として家庭に在るように人民を養育するよう心がけねばならない。官を退いて田舎に帰ったならば、母親のように人民を教え導くように心がけねばならない。

〔注釈〕處子…まだ結婚していない女。処女。人を怕る…人民をおそれる。媳婦…嫁と妻。林下…林間、田舎。阿婆…母親。

貧賤《ひんせん》の時、眼中富貴に著《つ》けずんば、他日志を得とも、必ず驕《おご》らず。富貴の時、意中貧賤を忘れずんば、一旦退休《いったんたいきゅう》すとも、必ず怨《うら》まず。

〔大意〕貧賤の時に、いつも富貴に眼を著けない人物であれば、たとえ後日志を得て権勢に就いても、決して人に驕るようなことはない。富貴の時、心中常に貧賤の日を忘れない人物であれば、一旦官を退いて野に退くことになっても、決して人を怨むようなことはない。

〔注釈〕他日…いつか。後日。退休…官をやめる。

貴人の前には賤《せん》を言ふこと莫《なか》れ。彼、将《まさ》に我其の薦《せん》を求むを謂《おも》はんとす。富人の前には貧《ひん》を言ふこと莫れ。彼、将に我其の憐《れん》を求むと謂はんとす。

〔大意〕貴人の前では、卑賤の話をしてはならない。卑賤の話をすれば、彼は、自分がその人の推薦を求めていると思い込んでしまうからである。富人の前では、貧苦の話をしてはならない。貧苦の話をすれば、彼は、自分が、その人の憐憫を乞い求めていると思い込んでしまうからである。

〔注釈〕謂ふ…思うの意で用いている。この条は、貴人や富人の誤解を避ける配慮を説いている。

小人は専《もっぱ》ら人の恩を望む。恩過《す》ぐれば輒《すなわ》ち忘る。君子は輕々《かるがる》しく人の恩を受けず、受くれば則ち必ず報ず。

〔大意〕小人は、もっぱら人の恩を受けたいと望んでいる。それでいて、恩を受けた時を過ぎると、すぐに恩を受けたことを忘れてしまう。君子は、軽々しく人の恩を受けることをしない。そして一旦恩を受けた時には、必ず恩返しをする。

〔注釈〕輒ち忘る…そのたびごとに忘れてしまう。

衆と處るは和を以てす、強毅《きょうき》にして奪《うば》ふべからざるの力有るを貴ぶ。己《おのれ》を持《じ》するには正《せい》を以てす、圓通《えんつう》にして拘《かかわ》るべからざるの権有るを貴ぶ。

〔大意〕衆人と一緒に居るには、相和すことが大切であるが、同時に相和す中にも、強毅にして奪い取ることのできない力があることが貴重である。己の身を持するには、方正で撓《たゆ》まないことが大事であるが、方正である中にも、同時に円満融通で拘泥しない臨機応変の心構えが大切である。

〔注釈〕強毅…意志が強くてくじけないこと。正を以てす…品行方正であること。圓通…円満融通。権…臨時の処置。方便。応用動作。

人をして面前《めんぜん》の譽《ほまれ》有らしむるは、人をして背後《はいご》の毀《そしり》なからしむるに若《し》かず。人をして乍處《さくしょ》の歡《かん》有らしむるは、人をして久處《きゅうしょ》の厭《いとい》なからしむるに若《し》かず。

〔大意〕人に目の前の栄誉をあたえるよりも、背後の毀りを無くしてやった方がよい。人に、ちょっとの間仲好くして喜こばせるよりも、長い間、一緒に居て厭《いや》がらせないようにした方がよい。
〈注釈〉乍処…ちょっとの間一緒に居る。詐《さ》は、たちまち、突然の意。久処の厭…永く一緒にいて、あきていやになること。見事な対句と対比の妙を味わいたい条項である。

媚《こ》ぶること九尾狐《きゅうびこ》の若く、巧《たくみ》なること百舌鳥《ぜっちょう》の如し、哀《かなし》い哉、此の七尺の軀《み》を羞《はず》かしむ。暴《ぼう》なること三足虎《ぞくこ》に同じく、毒《どく》なること兩頭蛇《りょうとうだ》に比す。惜《お》しい也《かな》、爾《なんじ》の方寸《ほうすん》の地を壞《やぶ》る。

〈大意〉媚びること九尾の狐のごとく、言葉巧みなこと百舌鳥のごとき者は、終いには、この七尺のわが身を辱かしめる悲しい結果を招くだろう。暴逆なこと三足の虎のごとく、猛毒なること両頭の蛇に近い者は、遂には、自分の方寸の心を敗る惜しむべき結果に至るであろう。
〈注釈〉九尾狐…尾が九つに分かれた老狐。よく人をたぶらかすことから、わるがしこい人にたとえる。さまざまの伝説を生む。媚びて人を迷わした美女に化けた。七尺の軀…一人前の大人の身体。三足虎も両頭蛇も、架空の動物で、暴逆や毒をもたらすとされた。方寸の地…一寸四方の面積の地、心の働きは、胸中の方寸の間にあると考えられた。

到る處傴僂《うい》あり、伊《か》の首《くび》を笑ふ、何ぞ天を仇《あだ》とせん、何ぞ地を親《したし》まん。朝を終ふるまで籌算《ちょうさん》す、爾の心に問ふ、何ぞ命を輕んぜん、何ぞ財を重んぜん。

〔大意〕到る処にせむしの病いに罹《かか》る者があって、人は、その首を見てこれを笑っているが、その人の如き者は、どうして天を仇敵としようとするのか、どうして地に親しもうとしているのか。（そんことは出来はしない）。終日、算盤を把《と》って計算を事とする者がいる。試みにその者の心に質問してみたらよいだろう。命を軽いと考え、はたまた財を重いと考えるのかと。（もちろん、財産より生命の方が重要なのである）。（人は、自分自身を見る賢明さは無いのに、他の者を見て笑っている。何と愚かなことであろうか）。

富兒《ふじ》は官《かん》を求むるに因りて貲《し》を傾《かたむ》け、汙吏《おり》は貨《か》を黷《けが》すを以て職を失ふ。

〔大意〕富む人は、仕官を求めるために家の財産を傾け、貪る官吏は、賄賂《わいろ》を貪るためにその官職を失うものである。

〔注釈〕貲を傾く…財産を傾ける。汙吏…不正な役人。貨を黷す…黷貨。収賄する。

親兄弟箸《しんけいていちょ》を析《わか》てば、璧合翻《へきごうかへ》りて瓜分《かぶん》を作《な》す。士大夫錢を愛《おし》めば、書香《しょこう》化《か》して銅臭と爲る。

〔大意〕親しい兄弟も、一旦財産を分け合ってしまうと、完全な宝玉のような間柄も、終いには瓜を割《さ》いたような状況に至ってしまう。才徳を修めた士大夫も、ひとたび金銭を愛好するようになってしまうと、古典の芳香は失われて、それがそのまま銅臭に変化してしまう。

〔注釈〕箸を析つ…財産を分け合う。璧合完全な璧玉のように一体の間柄。書香…古典の芳香。銅臭…銅銭の臭い。金銭をほしがること。又その人。

士大夫《したいふ》は當《まさ》に子孫の爲に福を造《つく》るべし、當《まさ》に子孫の爲に福を求むべからず。家規《かき》を謹《つつし》み、儉樸《けんぼく》を崇《たっと》び、耕讀《こうどく》を教へ、陰徳を積むは、此れ福を造るなり。田宅《でんたく》を廣くし、姻援《いんえん》を結び、什《じゅう》一を爭ひ、功名を鬻《ひさ》ぐは此れ福を求むるなり。福を造る者は、澹《たん》にして長く、福を求むる者は、濃《のう》にして短《たん》なり。士大夫當《まさ》に此の生の爲めに名を惜《おし》むべし、當に此の生の爲に名を市《う》るべからず。詩書《ししょ》を敦《あつ》くし、氣節を尚《たっと》び、取與《しゅよ》を愼《つつし》み、威儀《いぎ》を謹《つつし》むは、此れ名を惜むなり。標榜《ひょうぼう》を競《きそ》ひ、權貴《けんき》も邀《むか》へ、矯激《きょうげき》を務め、模棱《もりょう》を習ふは、此れ名を市《う》るなり。名を惜む者は、靜にして休《きゅう》、名を市る者は、躁《そう》にして拙《せつ》、士大夫當《まさ》に一家の爲に財を用ふべし、當《まさ》に一家の爲めに財を傷《そこな》ふべからず。宗黨《そうとう》を濟《すく》ひ、束修《そくしゅう》を廣め、荒歉《こうけん》を救《すく》ひ、義擧《ぎきょ》を助くるは、此れ財を用ふるなり。苑囿《えんゆう》を靡《ひ》し、歌舞《かぶ》を教へ、燕會《えんかい》を奢《おご》り、寶玩《ほうがん》を聚《あつめ》るは、此れ財を傷《そこな》ふなり。財を用ふる者は、損《そん》して盈《み》ち、財を傷《そこな》ふ者は、滿ちて覆《くつがえ》る。士大夫當《まさ》に天下の爲《ため》に身を養《はぶ》ふべし。當に天下の爲に身を惜むべからず。嗜欲《しょく》を省き、思慮《しりょ》を減じ、忿怒《ふんど》を戒《いまし》め、飲食を節す、此れ身を養ふなり。利害を規《き》し、勞怨《ろうえん》を避《さ》け、窟宅《くったく》を營《いとな》み、妻子を守る、此れ身を惜むなり。身を養ふ者は、嗇《しょく》にして大、身を惜む者は、羶《せん》にして細なり。（張個初先生卻金堂四箴）

〔大意〕士大夫たる者は、子孫のために、福を造るべきであって、福を求めるべきではない。家法を謹み、倹約を貴び、耕作と読書を教え、人知れず美徳を積むのが、福を造ることにほかならない。田園や邸宅を広くし、親類または徒党を結び、売買の利を逐い、功名の先を争うのは、福を求めることにほかならない。福を造る者は、淡泊で長命を保ち、福を求める者は、濃厚にして、短命に終わってしまう。

士丈夫たる者は、生涯のために名誉を惜しむべきであって、名誉を売ってはならない。

詩経・書経の道を厚く修め、意気と節操を尊び、物の収取と贈与とを慎み、礼儀作法を謹み守るのは、名誉を惜しむことにほかならない。善行を世に知らせることを競い、身分高く権勢ある人の機嫌を取り、常道にはずれたことを努めて行い、事を曖昧にすることを習い覚えるのは、名誉を買うことにほかならない。名誉を惜しむ者は、その心が静かで美しい。名誉を買う者は、その心がさわがしくて拙い。

士大たる者は、一家のために財を用いるべき処に用い、一家のために財を用いるべきでない処に用いてはならない。一族親類の者を救い、身を修め正す道を広め、飢饉の際には救済し、正義の企画を援助したりするのは、財を用いるべき処に用いることにほかならない。庭園を美事にし、歌や舞を教え、宴会を贅沢にし、宝や珍しい物を集めたりするのは、財を用いるべきでない処に用いることにほかならない。財を用いるべき処に用いる者は損のように見えるが、かえって盈満《えいまん》し、財を用いるべきでない処に用いる者は、盈満するように見えるが、かえって覆滅してしまうのである。

士大夫たる者は、天下のために身を養うべきであり、天下のために身を惜しんではならない。自分の嗜欲を省略し、自分のための思慮を減らし、忿怒の心を自戒し、飲食を節制するのは、身を養うことにほかならない。自分の利害損得を規正し、心労と怨みを避け、住宅を営み、妻子を守るのは、身を惜しむことにほかならない。身を養うのは、吝嗇のようだが、実は大切なことである。身を惜しむは、汚らわしくて、つまらないことである。

〔注釈〕士大夫…知識人で上級官職についている人。宋代以後は、科挙出身の文官を指していう。広く読書人を指していう場合もある。什一を爭ふ…商売の利を争うこと。詩書を敦くす…詩経と書経に代表される五経を厚く貴ぶこと。氣節を尙ぶ…意気と節操を尊ぶ。取與を愼む…収入と贈与を慎む。威儀を謹む…礼儀作法を謹む。標榜を競ふ…人の善行を世に知らせる。模棱を習ふ…明白でないことを習ふ。荒歉を救ふ…飢饉の時に救済する。燕會に奢る…宴会を奢る。嗇にして大…吝嗇のようで大切なこと。羶にして細…けがらわしく些細なこと。

○処事類

※この篇には、平素すべての事を処することについて集められている。

難處に處するの事は、愈愈《いよいよ》宜しく寛《かん》なるべし。難處に處するの人は、愈愈宜しく厚《あつ》かるべし。至急に處するの事は、愈愈宜しく緩《か》なるべし。至大《しだい》に處するの事は、愈愈宜しく平なるべし。疑難《ぎなん》愈に處するの際は、愈愈宜しく無意なるべし。

〔大意〕難事に対応するには、いよいよ寛大である必要がある。難事に対応する人は、いよいよ重厚である必要がある。至急の事に対応するには、いよいよ遅緩である必要がある。至大な事に対応するには、いよいよ平安である必要がある。疑惑や難題に対応するには、いよいよ虚心坦懐である必要がある。

〔注釈〕難處…困難な状況、難事。緩…遅緩、ゆったりとしてこせこせしない。疑難…疑惑や難題。無意…虚心、無心。

無事の時、常に此の心を照管《しょうかん》すれば、兢兢然《きょうきょうぜん》として事有るが若《ごと》し。事有る時、卻《かえっ》て此の心を放下《ほうか》すれば、坦坦然《たんたんぜん》として事無きが若し。事無きに事有るが如く隄防《ていぼう》すれば、纔《わずか》に意外の變を弭《や》むべし。事有るに事無きが如く鎭定《ちんてい》すれば、方《まさ》に局《きょく》中《ちゅう》の危きを消《しょう》すべし。

〔大意〕平穏無事の時も、注意して心を管理していれば、恐れ慎んで、あたかも有事の時のように緊張することができる。一方また、事有る時も、逆に心を弛緩していれば、広々と平らかな心境となって、無事の心境と同じになる。事無き時にも事有るようにに心に隄防を築いていれば、かろうじて意外の変災を防止することができる。事有る時にも、事無きように心を鎮め定めていれば、まさに時局の危機を免れることができる。

〔注釈〕照管…照らし管理すること。兢兢然…おそれつつしむさま。卻て（却て）…

逆に。坦坦然…広々として平らかなさま。平穏のさま。纔に…かろうじて、やっと。弭む…やめる。とめる。鎮定…しずめさだめる。

平常《へいじょう》の日に當りて小事に應ずるには、宜しく大事に應ずるの心を以て之に應ずべし。蓋し天理は小無し、目前に即《つ》きて之を觀れば、便ち一個の邪正《じゃせい》有り、忽慢苟簡《こつまんこうかん》にすべからず。須《すべか》らく理の邪正を審《つまび》らかにして以て之に應じて、方に可なるべし。變故の來るに及びて大事を處するには、宜しく小事を處するの心を以て之を處すべし。蓋し人事は大なりと雖ども、天理自《よ》り之を觀れば、只だ一個の是非有り、驚惶失措《きょうこうしっそ》すべからず。但だ理の是非に憑《よ》りて以て之に處すれば便《すなわ》ち得。

〔大意〕平常の日に当たって小事に対応するには、大事に対応する心構えで対応しなければならない。思うに天理には小なるものは無い。目前に即いてこれを観れば、ただ一箇の邪正があるのみである。それゆえに人は、小事であるからといってあなどり、おろそかにすることなく、もっぱら理の邪正を審かにして、これに対応すればよいといえるだろう。非常の事変の出来《しゅったい》に際して、大事を処理するには、小事を処置する心構えを以て、これを処置していかねばならない。思うに人事は重大なこととはいっても、天理からこれを観れば、ただ一箇の是非善悪にすぎない。このゆえに人は、大事だとして、驚いたり恐れたりすることなく、もっぱら是非善悪の見地からこれを処置すれば、間違いなく当を得ることができるであろう。

〔注釈〕忽慢苟簡…ゆるがせにしてあなどり物事をいいかげんに簡略にする。變故…事変、非常の事態。驚惶失措…おどろきおそれて措置に失敗する。

緩事《かんじ》は宜《よろ》しく急にすべし、幹《かん》すること敏《びん》なれば則ち功あり。急事は宜しく緩にすべし、辨《べん》ずること忙なれば則ち錯《あやま》ること多し。

〔大意〕緩やかなる事は、急に処理した方がよい。処理が敏捷であれば、すぐに効果があがる。緊急なる事は、緩やかに処理した方がよい。事の処理を忙しくすると、誤ちが多くなる。

〈注釈〉幹する…つかさどる。中心となって事を処理する。辨ずる…処理する。見分ける。弁別する。

自ら反せざる者は、一身の病痛《びょうつう》を看出《みいだ》さず。煩《はん》に耐《た》へざる者は、一件《けん》の事業を做《な》し成さず。

〈大意〉自分の本心を反省しない者は、一身上の病癖を見出すことはできない。事の煩忙に耐えられない者は、一箇の事業も成し遂げることはできない。

〈注釈〉自ら反せざる者…自らの本心を反省しない者。做し成さず…達成しない。成し遂げない。

日日行きて千萬里を怕《おそ》れず。常常做して千萬事を怕れず。

〈大意〉日々歩き行き、千万里の遠きも恐れず、常々做し為して、千万の多事をも恐れない覚悟を決めなければならない。

〔注釈〕休まず漸進すべしの偶意か。

必ず容《ない》るる有りて、徳乃《すなわ》ち大なり。必ず忍ぶこと有りて、事乃ち濟《な》る。

〔大意〕必ず包容することがあって初めて人徳が大きくなる。必ず忍耐することがあって初めて物事は達成される。

〔注釈〕容る…受容、許容、包容。忍ぶ…忍耐。我慢する。容認する。濟る…成し遂げる。きまりがつく。

過去の事、一節を丟得《ちゅうとく》すれば是れ一節。現在の事、一節を了得すれば是れ一節。未來の事、一節を省得すれば是れ一節。

〔大意〕過去の事は、一件を投げ捨てれば、一件だけ苦を脱することができる。現在の事は、一件を処理すれば、一件だけ苦を脱することができる。未來の事は、一件を省略すれば、一件だけ苦を脱することができる。

〔注釈〕一節…一個の事をいう。丟得す…投げ捨てることができる。

知らざるを強ひて以て知ると爲すは、此れ乃ち大愚なり。本と事無くして事を生ずる、是れを薄徳と謂ふ。

〔大意〕知らないことを強いて知るとするのは、大愚にほかならないといえる。本来、無事の処に事を生じてしまうのは、薄徳にほかならないといえる。

〔注釈〕薄徳…人徳の少ないこと。寡徳。

居處《きょしょ》は必ず先づ精勤《きん》して、乃ち能く閒暇《かんか》あり。凡そ事は務めて停妥《ていだ》を求めて、然して後に逍遙せん。

〔大意〕居処つまり世の中のことは、必ず先ず精勤して初めて閒暇を得ることができる。一般に物事は、努めて調べ整えて初めてゆったりと逍遥することができる。

〔注釈〕居處…人の居る場所をいう。世の中の意か。停妥…調べ整えること。逍遙…のんびりと気ままに楽しむこと。

天下最も受用《じゅ》有り、是れ一の閒の字なり、然れども閒の字は、勤中從り得來《えきた》らんことを要す。天下最も便宜を討《とう》す、是れ一の勤《きん》の字なり。然れども勤の字は、閒中從り做《な》し出さんことを要す。

〔大意〕天下に最も受用のあるのは、閒の一字にほかならない。けれども閒の一字は、勤勉によってもたらされる必要がある。天下に最も便宜とされるのは、勤の一字にほかならない。けれども勤の一字は、閒暇の中から作り出される必要がある。

〔注釈〕受用…受け入れ用いること。便宜を討す…便宜を求める。

自己事を做《な》すは、切《せつ》に須《すべか》らく迂滞《うたい》なるべからず、反覆すべからず、瑣碎《ささい》なるべからざるべし。人に代りて事を做すは、極めて迂滞に耐へ得、反覆に耐へ得、瑣碎に耐へ得んことを要す。

〔大意〕自分自身で事に当たる場合には、迂闊で停滞するようなことがあってはならず、同じことを繰り返すようなことがあってはならず、わずらわしくくどくなるようなことがあってはならない。これに対して他人に代わって事に当たる場合は、これらのことに耐え忍び得るようでなければならない。

〔注釈〕迂滞…迂闊で停滞すること。反覆…繰り返すこと。瑣砕…小さく細かいこと。くだくだしくわずらわしいこと。

人の事を謀ること己《おの》れの事の如くにして、而して後之を慮《おもんぱか》るや審《つまび》らかなり。己れの事を謀ること人の事の如くにして、而《しこう》して後之を見るや明《めい》なり。

〔大意〕他人の事を謀る場合は、自分自身の事のようにして初めて、その配慮を周倒にすることができる。自分自身の事を謀る場合は、他人の事のようにして初めて、正しい見解を得ることができる。

〔注釈〕謀る…はかる。思いはかる。計略をめぐらす。慮る…深く考える。「深謀遠慮」。審か…明らかで正しいこと。つまびらか。明…聡明、賢明の意で用いられている。

無心なる者は公なり。無我なる者は明なり。

〔大意〕事に当たる人を観察してみると、私心の無い人は公正であり、利己心の無い人は聡明であるといえる。

〔注釈〕無心…私心が無いこと。公なり…公平、公正であること。無我…公平無私なこと。明なり…賢明、聡明であること。

其の身を是非の外に置きて、而る後に、以て是非の中を折《さだ》むべし。其の身を利害の外に置きて、而る後に、以て利害の變を觀るべし。

〔大意〕自分自身を是非善悪を離れた観点に置くことによって、初めて是非善悪を判断することができる。自分自身を利害得失を離れた観点に置くことによって、初めて利害得失の変異を知ることができる。

〔注釈〕～の外に置く…客観的見地に立つ。中を折む…是非善悪を定める。いわゆる「折中」の意。變を観る…物事には、常の側面と変の側面、つまり正常と異変の両側面があり、変の観察がむずかしい。

事を任ずる者は、當《まさ》に身を利害の外に置くべし。言を建《た》つる者は、當に身を利害の中に設くべし。

〔大意〕事を担当する者は、自身を利害の外に置かねばならない。言を建つる、つまり意見を具申する者は、自身を利害の中に設定しなければならない。（けだし、身を外に置けば、事を為すに顧忌する所がなく、身を中に設くれば、言を建てること平易にしてわかり易いからである）。

〔注釈〕事を任ずる…事を担当する。言を建つ…意見を上申する。建言。

無事の時は、一の偷の字を戒む。有事の時は、一の亂の字を戒む。

〔大意〕平穏無事の場合には、偷の一字、つまり、偷安（目の前の安逸をむさぼる）、偷幸（一時の幸いを求める）、偷楽（なまけ楽しむ）のように、かりそめにぬすみとる誘惑に陥り易いので警戒が必要である。これに対して有事の場合には、乱の一字、つまり、混乱、錯乱、戦乱、叛乱、紊乱のように、みだれ、あやまり、まよう状況になり易いので警戒が必要である。

〔注釈〕偷…かりそめ、ぬすみとる意。亂…みだれる。まがう。まよう。あやまるの意。二字共に多様な意味合いに用いられる。

將《まさ》に事あらんとして能く弭《や》め、事に遇《あ》ひて能く救《すく》ひ、事を既《つく》して能く挽《ひ》く、此れ之を達權《たっけん》と謂ふ、此れ之を才と謂ふ。未だ事あらずして來るを知り、事を始めて終りを要し、事を定めて變を知る、此れ之を長慮と謂ふ、此れ之を識と謂ふ。

〈大意〉事が起ころうとする時、能くこれを防止し、事に遭遇した時、能くこれを救済し、事が尽き果てようとする時、能くこれを引き起こすのを達権、つまりすぐれた臨時の処置と称し、またこれを才能と謂うのである。

事が起こっていないのに、その到来を予め察知し、事を始めて能く終わりまで達成し、事を安定させてしかも異変も予知するのを長慮つまり、深謀遠慮と称し、またこれを識見と謂うのである。

〈注釈〉弭む…止める。やめる。達権…臨事の処置。権は謀略、臨事の処置の意。既くす…尽きる、おわる。挽く…引く、引き戻す。長慮…長期的配慮。才と識とは、それぞれを可能にした能力について述べている。

提得《ていとく》し起《おこ》し、放得《ほうとく》し下し、算得《さんとく》し到り、做得《さとく》し完く、看得《かんとく》し破り、撇得《べっとく》し開く。

〈大意〉およそ事に当たるには、或いは提起し、或いは放下し、或いは算到し、或いは做完し、或いは看破し、或いは撇開し得ることが必要である（これらを為すには、大きな識力と加えて学習が必要である）。

〈注釈〉提起…取り上げる。引き起こす。放下…打ち棄てる。手から離す。算到…見積る。工夫する。做完…作り上げる。完成する。看破…見抜く。撇得…払い開く。ぬぐいさる。

已《すで》に敗るるの事を救ふ者は、崖《がけ》に臨むの馬を馭《ぎょ》するが如く、軽々《かるがる》しく一鞭《べん》を策《むち》つことを休《や》めよ。成るに垂《なんな》んとするの功を圖《はか》る者は、灘《なん》に上《のぼ》るの舟を挽《ひ》くが如く、少《しばら》くも一棹《とう》を停《とど》むること莫《なか》れ。

〈大意〉既に失敗に帰した事を救済する場合は、断崖に臨む馬を馭するように、かるがるしく鞭打つようなことをしてはならない。成就しようとして功績を企図する場合は、早瀬に遡る舟を挽き上げるように、一時も、棹を停めてはならない。

〈注釈〉馭す…馬をあやつる。御する。垂んとす…もう少しで～になろうとする。ほとんど～である。灘…早瀬。水が浅く流れが速く舟行に危険な所。

眞實《しんじつ》の肝膽《かんたん》を以て人を待たば、事未だ必ずしも成功せずと雖《いえ》ども、日後《にちご》人必ず我の肝膽を見ん。詐僞の心腸を以て事を處すれば、人卽ち一時惑を受くるも、日後人必ず我の心腸を見ん。

〔大意〕真実の真心をもって人を遇すれば、たとえその事が未《いま》だに成功しなくても、後日、人は必ず自分の真実の真心を知るであろう。詐偽の心のうちを以て事を処置すれば、一時人は惑わされたとしても、後日、必ず自分の心のうちの詐偽だったことを知るであろう。

〔注釈〕肝膽…こころ、まごころ。心腸…心のうち。

天下に化すべからざるの人無し。但だ誠心の未だ至らざるを恐る。天下に爲すべからざるの事無し、只だ立志の堅からざ

るを怕《おそ》る。

〔大意〕天下に教化し得ない人は居ない、ただ自分の誠心が至らないことが心配である。天下に為し得ない事は無い、ただ自分の成就しようとする立志が堅固でないのが心配である。

〔注釈〕化す…教化する。感化する。怕る…おそれる。

人を處するは己が意に任ずべからず、人の情を悉すを要す。事を處するは己が見に任ずべからず。事の理を悉すを要す。

〔大意〕人に対処するには、自分の意志にまかせてはならない。必ず人の心情や事情を究め尽くす必要がある。事に対処するには、自分の見解にまかせてはならない。必ず事の筋道、つまり事理を究め尽くす必要がある。

〔注釈〕處する…とりさばく、対処する。任す…まかせる。委任する。悉す…つくす。究め尽くす。事の理…事理、事のわけ。事の筋道。人については情を、事については理を重視せよとの訓え。

事を見るは理の明なるを貴ぶ。事を處するは心の公なるを貴ぶ。

〔大意〕事を見究めるには、事理、つまり事のすじみち、わけを明確にすることが肝要である。事に対処するには、公平な心構えで臨むことが肝要である。

〔注釈〕事を見る…事物、事態の実体を見究める。事を處する…事物・事態に対処しては対応する。心の公なる…心構えが公平、公明正大であること。

天理に於て汲汲《きゅうきゅう》たる者は、人欲《じんよく》に於て必ず淡《あわ》く、私事に於て耽耽《たんたん》たる者は、公務《こうむ》に於て必ず疏《そ》。虚文に於て熠熠《ゆうゆう》たる者は、本實《ほんじつ》に於て必ず薄《うす》し。

〔大意〕天理に対応して汲々、つまり休まず努力する者は、人欲においては、淡々としているものであり、私事に対応して耽々、つまり欲深い者は、公務に関しては、粗末に扱うものであり、虚文、つまり実用から離れた無用の文に対応しては鮮やかな者は、本実、つまり根本や実態に対応しては軽薄となってしまうものである。
〔注釈〕汲汲…いそがしいさま。休まず努力するさま。耽耽…耽溺。つまりふけりおぼれるさま。疏（俗字は疎）…疎の場合は、うとんずる。粗末に扱う意。熠熠…鮮やか、明らかなさま。虚文…実用から離れた無用の文。

君子事に當れば、則ち小人皆君子と爲る。此《ここ》に至りて君子と爲らざるは、眞の小人なり。小人事に當れば、則ち中人皆小人と爲る。此に至りて小人と爲らざるは、眞の君子なり。

〔大意〕君子、つまり学徳のある立派な人物が世の中の事に携われば、小人、つまり徳器量のない物も（感化されて）君子となってゆくものであるが、それでも君子となれない者こそ、真の小人といえるだろう。逆に小人が世の中の事に携われば、中人、つまり君子でも小人でもない人物も皆、小人となってしまう。それでも小人とならない者こそ、真の君子といえるだろう。

〔注釈〕君子…学徳のある立派な人。人格者。小人…徳や器量のない人物。小人物。中人…才、徳の中くらいの人。

官に居ては、先づ民風を厚くし、事を處しては、先づ大體を求む。

〔大意〕官界に在っては、先ず人民の風俗を厚くすることに努め、事を処するには、先ず大局、根幹を優先することに努めなければならない。

〔注釈〕民風を厚くす…人民の風俗を醇厚《じゅんこう》にする。大體を求む…大局的見地に立つ。

人を論ずるには、當《まさ》に其の長を節取《せっしゅ》し、其の短を曲諒《きょうりょう》すべし。事を做《な》すには、必ず先《ま》づ其の害を審かにし、後其の利を計れ。

〔大意〕人を論ずるには、その長所を程よく取って、その短所を細かく思いやらねばならない。事を為すには、必ず先ずその害を審らかにした後にその利を計らねばならない。

〔注釈〕節取す…程よく取る。曲諒す…細かく思いやる。

小人の事を處するは、利に於て合ふ者を利と爲し、利に於て背く者を害と爲す。君子の事を處するは、義に於て合ふ者を利と爲し、義に於て背く者を害と爲す。

〔大意〕小人が事を処する場合には、利に合うものを利とし、利に背くものを害とするものである。君子が事を処する場合は、義に合うものを利とし、義に背くものを害とするものである。

〔注釈〕論語・里仁篇の「君子は義に喩《さと》り、小人は利に喩る」（君子は事を処するに当たって、その事が義に叶っているかどうかを敏感に悟るが、小人は、その事が利益になるかならぬかを敏感に悟る）の趣旨と同じ。

只だ人情世故に熟せば、甚麼《いかん》の大事か倣して到らざらん。只だ天理人心に合せば、甚麼の好事か做して成らざらん。

〔大意〕ただ人情と世故とに熟達すれば、いかなる大事であっても成し遂げられないことはなかろう。ただ天理と人心とに合致すれば、いかなる好事であっても成就しないことはなかろう。

〔注釈〕只…ただ、ただ、それだけ、限定の意を示す。世故…世の中の事がら。世事。甚麼…何の意を表す疑問詞。いかなる。なんぞ。麼は助字で、文末に付いて疑問を表す。か、や。

只だ一事も心を留めざれば、便《すなわ》ち一事も其の理を得ざる有り。只だ一物も心を留めざれば、便ち一物もその所を得ざる有り。

〔大意〕ただ一つの事柄でも、充分に留意しなければ、即ちその理を得られないであろう。ただ一つの物でも、充分に留意しなければ、即ちその在るべき姿を知ることはできないであろう。

〔注釈〕心を留める…留意する。便ち…助字。すぐに、そのたびごとに、つまり。理を得る…理解する。物事の道理を解きわけて悟る。所を得る…安んずべき境遇を得る。ふさわしい地位や仕事につく。

事手に到れば且つ急にすること莫《なか》れ、便《すなわ》ち緩緩《かんかん》に想《おも》ふを要す。想得《そうとく》する時は切《せつ》に緩《ゆる》うすること莫れ、便ち急急に行ふを要す。

〔大意〕対応すべき事が手元に到ったときには、しばらく急がずに詳慎に心を留めて考え想うことが必要である。考え想って結論を得たならば、必ず緩慢にすることなく、急遽、決行する必要がある。

〔注釈〕且つ…しばらく、とりあえず。便ち…助字。すぐに。そのたびごとに。急急…果決する、思い切りよく決断する。

事には機縁《きえん》有り、先んぜず後《おく》れず、剛剛巧《こうこう》を湊《あつ》む。命若し蹭《そう》蹬《とう》すれば、走り來り走り去り、歩歩空を踏む。

〔大意〕事を為すには、良いきっかけが有って、これに先んぜず、遅れもしないようにして、まさに最も良い具合に出会うことが必要である。運命の道を一旦踏み迷ってしまうと、往きつ戻りつして、一歩一歩常に空を踏むようになってしまうであろう。

〔注釈〕機縁…ちょうど良いきっかけ。ちょうど良いはずみ。剛剛…わずかに、ようやく。巧を湊《あつ》む…良い具合に出会う。蹭蹬する…よろめく。踏み迷う。

○接物類

※この篇には、専ら交際上のことについての事柄を集めている。

事は曖昧に係れば、回護を思ふことを要す、他は一點の攻訐《こうけつ》的念頭《てきねんとう》を著《つ》け得ず。人は寒微《かんび》に屬すれば、矜禮《きょうれい》を思ふことを要す。他は一毫《ごう》の傲睨的氣象《ごうげいてききしょう》を著《つ》け得ず。

〔大意〕事がもし曖昧に係われば、必ずかばうことを思い、その外一点たりとも、攻めあばくような気持ちを起こしてはならない。人がもし寒微つまり貧しく身分が低い場合には、必ずこれをうやまい礼遇しようと考え、その外一点たりとも、おごり高ぶって見下げるようなこころだてを抱いてはならない。

〔注釈〕曖昧…確かでないこと。はっきりしないこと。回護…かばう。攻訐的念頭…攻めあばくような思い。寒微に屬す…貧しく身分が低い人々に属す。矜禮を思ふ…礼遇する。傲睨的氣象…おごって見下げるようなこころだて。

凡そ一事にして人の終身に關すれば、縱《たと》ひ確見實聞《かくけんじつぶん》すとも口に著《つ》くべからず。凡そ一語にして我が長厚を傷《やぶ》れば、閒談酒謔《かんだんしゅぎゃく》と雖も、愼みて言に形《あら》はすこと勿れ。

〔大意〕凡そ一事であっても、人の一生涯の上に関係することは、たとえ、確かに見、実際に聞いた事であっても、決して口から出してはならない。凡そ一語であっても、自分の長厚の徳を傷つけるようなことは、たとえ、むだばなし酒席の戯れであっても、慎んで言葉に表してはならない。

〔注釈〕凡そ…だいたい。おしなべて。人の終身…人の一生涯。我が長厚を傷る…自分の長厚の徳を傷付ける。酒謔…酒席の戯れ。

此の心を嚴著《げんちゃく》して、以て外誘《がいゆう》を拒《こば》むは、須《すべか》らく一團《だん》の烈火《れっか》の物に遇へば卽ち焼くが如くすべし。此の心を寛著《かんちゃく》して、以て同羣《どうぐん》を待つは、須らく一片の春陽《しゅんよう》の人として暖《だん》ならざること無きが如くすべし。

〔大意〕この心を厳正に表して、外からの透惑を拒否すること、あたかも一団の烈火が、物に遇えば、直ちに焼くようでなければならない。また、この心を寛容に表して数多の人々を待遇すること、あたかも一片の春陽が、すべての人びとを暖めないではいないようでなければならない。

〔注釈〕嚴著す…厳正に表す。一團の…ひとかたまりの。烈火…猛火。はげしく燃えあがる火。寛著す…寛容に表す。一片の…一面の。あたり一帯の。

己を待つこと當に過無き中より過有るを求むべし。獨り徳に進むのみに非ず、亦且つ患を兇る。人を待つこと當に過有る中に於て過無きを求むべし。但に厚きを存するのみに非ず、

亦且つ怨を解かん。

〔大意〕己を待つには、過失の無い中にあって、過失ある点を見出すのがよい。そうすれば、単に己の徳を進展させるだけではなく、その上にまた憂患を免がれることができよう。

人を待つには、過失の有る中にあって、過失無き点を見出せるだろう。そうすれば、ただ単に情の厚さを保持するだけではなく、その上にまた、怨恨を解消することもできるであろう。

〔注釈〕己を待つ…自分自身を遇する。自分自身に対処する。亦且…更に亦。厚きを存す…厚徳を保つ。篤厚を保持する。

事後にして人の得失を議するは、毛を吹き垢を索めて肯て絲毫も放寛せず、試に思へ己れ其の局に當れば、未だ必ずしも彼の萬一に效《なら》ふこと能はざらん。旁觀して人の短長を論ずれば、隱を抉《えぐ》り微を摘《つま》みて些須の餘地を留めず、試に思へ己れ其の毀を受くれば、未だ必ずしも意を安んじ順承すること能はざらん。

〔大意〕事を行った後で、その人の成功失敗を論議する者は、たいてい毛を吹いて垢をさがし求めるように、少しも寛容に容赦しようとしないものである。けれども、試みに考えて見よ。自分がもしその人と同じ局面に対応したならば、おそらくは、いまだ必ずしも、よく彼の万分の一も真似することはできないだろう。また、傍観していて、その人の短所長所を論議する者は、たいていその隠されたものを探り、微細な欠点を摘み出して、少しの余地も認めようとしないものである。けれども試みに考えて見よ。自分がもしその人と同じ誹謗を受けたならば、おそらくは、いまだ必ずしも、よく安んじて順《したが》い承諾することはできないだろう。

〔注釈〕得失…成功と失敗。毛を吹き垢を索む…毛を吹いて疵《きず》を求むと同意。人の欠点を強いて指摘して追及すること。あらさがしをすること。絲毫…きわめて少ないこと。わずかの意。隠を抉り微を摘む…隠れたことを探り出し微細なことを摘発する。あらさがしをする。些須の…ほんの少しの。順承…従い承ける。

事に遇《あ》うて只一味《いちみ》鎮定従容《ちんていしょうよう》すれば、紛《ふん》たること亂絲《らんし》の若《ごと》しと雖も、終《つい》に當《まさ》に緒《しょ》に就《つ》くべし。人を待つに半毫《はんごう》の矯僞欺詐《きょぎきさ》無くんば、縦《たと》ひ狡《こう》なること山鬼《さんき》の如くなるも、亦自ら誠《まこと》を獻《けん》ぜん。

〔大意〕事に遭遇したとき、ひたすら心を落ち着かせてゆったりしていれば、まぎれること乱糸のごとき状況でも、終いには解決の糸口を見出すことができる。人に対応する際に、ほんの少しも、いつわりをいわなければ、たとえ狡猾なこと山鬼のような相手であっても、終いには誠意を表してくることになるであろう。

〔注釈〕一味…ひたすら。これだけ。鎮定従容す…心をしずめ定めて、ゆったり落ち着いている。矯僞欺詐…あざむきいつわること。

公は明を生じ、誠は明を生じ、従容は明を生ず。

〔大意〕明を生み出すものが三種ある。公であれば明を生ずるのは、私欲に蔽われないからである。誠であれば明を生ずるのは、偽りを雑じえないからである。従容としてゆったりと落ち着いていれば明を生ずるのは、感情に乱されないからである。

〔注釈〕明暗、公私、従容狼狽（うろたえる）と、対置概念を想定した上での議論で、面白い発想といえる。

人剛を好めば、我柔を以て之に勝つ。人術を用ふれば、我誠を以て之を感ず。人氣を使えば、我理を以て之を屈す。

〔大意〕他の人がもし剛を好めば、自分は柔を以て勝つことができよう。他の人が術を用いている場合には、自分は、誠意を以て感じさせよう。他の人が気分によってことを為す場合には、自分は理を以て屈服させよう。

〔注釈〕この条でも、剛と柔。術（権謀術数）と誠（誠意正心）。気と理、とそれぞれ対置概念を想定した上での議論が展開されている。

柔《じゅう》能く剛《ごう》を制す、赤子《せきし》に遇うて賁育《ほんいく》其の勇を失ふ。訥《とつ》能く

辯《べん》を屈《くっ》す、喑者《いんしゃ》に逢《あ》うて儀秦《ぎしん》詞《ことば》に拙《せつ》なり。

〈大意〉柔は、能く剛を制するものである。だから孟賁や夏育のような勇士も、赤ん坊にはその勇を失うのだ。訥弁は、能く雄弁を屈服させるものである。だから喑者、つまり唖者、おしに逢っては、戦国時代の張儀・蘇秦のような雄弁な者も、かえってその詞の出しようがなくなってしまうものである。

〈注釈〉賁育…中国古代伝説上の勇士、孟賁・夏育の二人。共に秦の武王に仕えた大力の士。「賁育之勇」の成語がある。儀秦…張儀は秦の恵王のために連衡《れんこう》の策を立て、他の六国を秦に服従させようとし、蘇秦は合従《がっしょう》策を唱え、六国を同盟させて秦に対抗させようとした。共に戦国時代の遊説家として知られている。

天下の智者を困《くる》しむるは、智に在らずして愚に在り。天下の辯者を窮《きゅう》せしむるは、辯に在らずして訥に在り。天下の勇者を伏《ふく》せしむるは、勇に在らずして怯《きょ》に在り。

〈大意〉天下の智者を苦しめるものは、智ではなくて愚なのである。天下の雄弁な者を困窮させるものは、雄弁ではなくて訥弁なのである。天下の勇猛な者を屈伏させるものは、勇猛さではなく怯懦《きょうだ》なのである。

〈注釈〉智者も弁者も勇者も、己の誇る側面では自信があるが、己の誇る側面の対極の側面においては、困《くる》しみ、窮し、伏せしめられるという逆説的寓意であろうか。

事に耐《た》ふるを以て天下の多事《たじ》を了《りょう》し、無心《むしん》を以て天下の争心《そうしん》を息《や》む。

〈大意〉天下の多事多端な事柄を完了するには、よく耐任（我慢）し得ることが必要であり、天下の人々の争う気持ちを鎮めるには、無心（私心を抱かないこと）が必要である。

〈注釈〉事に耐ふ…煩に耐える（辛抱する）。任に耐える（我慢する）。無心…私心が無いこと。虚心坦懐。争心を息む…争う心を静める。

何を以て謗《そしり》を息《や》むる、曰く無辯《むべん》。何を以て怨《うらみ》を止《とど》むる、曰く争はず。

〔大意〕謗《そし》り、つまり誹謗（悪口をいいたてる）を止めるにはどうしたらよいか。それには、一切弁解しないようにするよりよい方法は無いといえる。怨み、つまり怨恨（うらみつらみ）を止めるにはどうしたらよいか。それには、一切争わないようにするよりよい方法は無いといえる。

〔注釈〕謗を息む…誹謗を終息する。無辯…弁解しないこと。怨を止む…怨恨を止める。

人の我を謗《そし》るや、其の能く辯ぜんよりは、能く容《い》るるに如《し》かず。人の我を侮《あなど》るや、其の能く防がんよりは、能く化するに如かず。

〔大意〕他の人が自分を誹謗することがある場合には、弁解に努めるよりは、むしろこれを寛容してしまうよりよい方法はない。他の人が自分を侮辱することがある場合には、防禦に努めるよりは、むしろ感化、教化してしまうよりよい方法はない。
〔注釈〕我を謗る…自分を誹謗する。悪口をいいたてる。能く容るる…許容する。寛容する。我を侮る…自分を侮辱する。能く化する…感化し教化してしまう。

是非窩裏《ぜひかり》、人は口を用ひ、我は耳を用ひん。熱鬧場中《ねっとうじょうちゅう》、人は前に向ひ、我は後に落ちん。

〔大意〕是非を争う場にあっては、人は口を用いて議論に加わるが、自分はただ耳を用いて聴くことにしていたい。雑沓する場にあっては、人は前に向かって進もうとするが、自分は後に退いて人に譲歩することにしたい。
〔注釈〕是非窩裏…是非の論争の場所。窩裏はあなぐらの中の意。熱鬧場中…雑沓する場所。後に落ちる…人後に落ちる。つまり、人に道をゆずって先に行かせる。譲歩する。

世間の極悪《ごくあく》の事を観れば、則ち一眚《せい》一慝《とく》、儘《まま》優容すべし。古來の極寃《ごくえん》の人を念へば、則ち一毀《き》一辱《じょく》、何ぞ計較するを須《もち》ひん。

〔大意〕世間に極悪の事があるのを考えれば、自分の身に少しの災難少しの邪悪を蒙むることがあったとしても、そのまま温かく受け容れるのがよい。古来の極寃、つまりひどいぬれぎぬを着せられた人の身の上を思えば、自分の身に僅かの毀《そし》り僅かの恥辱を受けることぐらいは、はかりくらべる必要もなかろう。

〔注釈〕一眚一慝…少しの災難少しの邪悪。計較…計り較べる。

彼の理是《ぜ》にして、我の理非《ひ》ならば、我之に譲《ゆず》らん。彼の理非にして、我の理是ならば、我之を容《い》れん。

〔大意〕彼の理窟が正しくて、我の理窟が正しくなければ、我は当然彼に譲ろう。彼の理窟が正しくなくて、我の理窟が正しければ、我は彼を許容しよう。

〔注釈〕之を容れん…之を許容しよう。

能く小人を容るるは是れ大人なり。能く薄徳を培ふは是れ厚徳なり。

〔大意〕小人を寛容できる、これこそが大人にほかならない。薄徳、つまり人徳の少ない者を培う、つまり徳を伸ばす、これこそが厚徳、つまり立派な徳にほかならない。

〔注釈〕小人…徳が無い者。教養が無く、心の正しくない者。大人…有徳者。薄徳…寡徳、人徳の少ないこと。培ふ…草木を養育する。素質や能力を伸ばす。厚徳…大きな徳。立派な徳。

我、何等か君子たるを識らず、但だ毎事肯吃虧的《こうきつきてき》なるを看る便ち是なり。我、何等か小人たるを識らず、但だ毎事好便宜的なるを看る便ち是なり。

〈大意〉自分は、どんなことが君子たる要件なのか知らない。けれども、毎事、つまり事々に肯《あえ》えて損をする人物を看るが、これこそ君子たる要件にほかならない。自分は、どんなことが小人たる要件なのか知らない。けれども、毎事、つまり事々に好都合なことばかりする人物を看るが、これこそ小人たるの要件にほかならない。

〈注釈〉肯吃虧的…敢えて損をする。好便宜的…都合のよいこと。好都合。

身を律《りつ》するは惟《た》だ廉《れん》を宜《よ》しと爲す、世に處《しょ》するは退《たい》を以て尚《たっと》しと爲す。

〈大意〉身を律する、つまり自律、自戒するには、廉、つまり清廉、廉潔なことこそ、最も適し宜しい。世に處す、つまり世の中に生きていくには、退、つまり退譲の姿勢こそ、最も貴重なことにほかならない。

〈注釈〉身を律す…自律、自戒する。廉…清廉、廉潔。宜…筋道にかなっている。正しい。ほどよい「適宜」。ふさわしい。世に處す…世の中に生きてゆく。退…退譲。尚…たっとぶ。とうとぶ。「尚武」。

仁義《じんぎ》を以て心に存し、勤倹《きんけん》を以て家を作《な》し、忍譲《にんじょう》を以て物に接《せっ》す。

〈大意〉仁義の道徳を常に心に持ち続け、勤倹の姿勢を常に保って家を斉え興し、忍譲の態度を以て物事に接していかねばならない。

〈注釈〉仁義…仁と義。孟子が特に仁義を併称して強調したので道徳の意にも用いる。勤倹…勤勉で倹約なこと。仕事に勤め、倹約すること。忍譲…忍耐と謙譲。

徑路《けいろ》窄《せま》き處、一歩を留《とど》めて人に與《あた》へて行かしむ。滋味《じみ》濃《こま》やかなる底《てい》、三分を減じて人に讓《ゆず》つて嗜《たしな》ましむ。

〈大意〉狭い小径では、自分が一歩止め譲って、他の人を行かせることとし、滋味の濃やかで美味な食物では、自分が食べるのを三分減らして他の人に譲るようにするのがよい。

〈注釈〉徑路…狭い小径（小道）。滋味…おいしい味。美味。

任じ難きの事を任ずるは、力有りて氣無きを要す。處し難きの人を處するは、知ること有りて言ふこと無きを要す。

〔大意〕担任するのが困難な仕事を担任する場合には、力量が有って気分の揺れがないことが必要である。そうすれば、その仕事に耐えて過ちが少なくなる。対処するのが困難な人物に対処する場合には、内心知っていても、口に出して言わないことが必要である。そうしないとその人から反発されて禍を蒙らないとは限らないからである。

〔注釈〕氣無き…揺れ動く気持ちが無いことの意であろうか。

窮寇《きゅうこう》は追ふべからざるなり。遁辭《とんじ》は攻《せ》むべからざるなり。貧民は威《おど》すべからざるなり。

〔大意〕追いつめられた敵は、(それ以上)追ってはならない。逃げ口上や言いわけは、(それ以上)攻めてはならない。貧苦している人民は、威嚇してはならない。

〔注釈〕窮寇…追つめられた敵。窮鼠猫を嚙むのたとえの考え方の条《くだり》である。遁辭…逃げ口上。言いわけ。

禍《わざわい》は人を讎《あだ》とせずして人を讎とするの辭色《じしょく》有るより大なるは莫《な》し。恥は人を恩とせずして人を恩とするの狀態《じょうたい》を詐《いつわ》るより大なるは莫し。

〔大意〕禍は、人をかたきと思うことよりも、人をかたきとする言葉や表情によって引き起こされることが最も大きくなる。恥は、人の恩恵を受けることよりも、人の恩恵を受けねばならない状態にあることを許ることが最も大きくなる。

〔注釈〕辭色…言葉や表情。

恩は先《さき》に益し後に損するを怕《おそ》れ、威は先に鬆《そう》にして後に緊《きん》なるを怕る。

〔大意〕恩恵は先に益して後に損することを恐れ、威光は先に粗略であって後に厳しくなることを恐れねばならない（恩威ともに、後の方が大切であるからである。終わり良ければ、すべて良くなる)。
〔注釈〕怕る…おそれる。鬆…髪の乱れているさま。粗い、ゆるいさま。恩威…恩恵と威光。いつくしみと厳しさ。恩賞と刑罰。

善く威を用ふる者は、輕《かるがる》しく怒らず。善く恩を用ふる者は、妄《みだり》に施《ほどこ》さず。

〔大意〕善く威、つまり厳しさや刑罰を使用する者は、軽々しくは怒りを発しないものである。善く恩、つまり恩恵を使用する者は、妄りに施すことをしないものである。
〔注釈〕威…威光、厳しさ、刑罰など。恩…恩恵、いつくしみ、恩賞。

寛厚《かんかう》なる者は、人をして恃《たの》む所有らしむること毋《なか》れ。精明《せいめい》なる者は、人をして容るる所無からしめず。

〔大意〕心が寛厚、つまり心が広く親切な者は、常に権力も持して、人が自分をたのみとする所を抱かないようにしていなければならない。心が精明、つまり物の道理にくわしく明らかな者は、よく人情を酌んで、人が寛容されることが無いようにしておかねければならない。

〔注釈〕寛厚…心が広く親切なこと。恃む…たよる。たのみとする。精明…物の道理にくわしく明らかなこと。

事、其の當《まさ》に變ずべきを知りて而して因らざるを得ざる者有り、善く之を救《すく》はんのみ。人、其の當に退くべきを知りて、而して用ひざるを得ざる者有り、善く之を馭せんのみ。

〔大意〕物事には、変更すべきものであることを知りながら、しかもなお、旧のままに依らざるを得ないものがある。そのような場合には、ただ善くこれを救済することが肝要である。

人物の中には、退けなければならないことを知りながら、しかもなお、そのままに用いざるを得ない者がある。そのような場合には、ただ善くこれを駕御することが肝要である。

〔注釈〕當に變ずべし…変更しなければならない。因らざるを得ず…旧態に因らざるを得ない。當に退くべし…退ける、つまり遠ざけて用いない方がよい。之を馭す…駕御、つまり乗りこなす、統御する。

輕《かろがろ》しく信じ輕く發するは、言を聽《き》くの大戒《たいかい》なり。愈愈《いよいよ》激し愈愈厲《はげ》ますは、善を責《せ》むるの大戒なり。

〔大意〕軽々しく信じ、軽々しく発言すれば、人を誤らせる場合が多い、だから話を聴く際、大いに戒むべきことである。ますます激励し続けることは、相手を怒らしてしまうことが多い。だから善を責める、つまり相手に善を求める際、大いに戒むべきことである。

〔注釈〕愈々激し愈々厲ます…ますます激励し続ける。善を責む…責善は孟子に見える言葉。朋友は、善道を以て互いに責め求むべしとする教え。

事を處《しょ》するは須《すべか》らく餘地《よち》を留《とど》むべし。善を責むるは切《せつ》に盡言《じんげん》

を戒む。

〔大意〕物事を処置する場合には、必ず余地、つまりあまりの部分を保留していなければならない。善を責め求める場合には、必ず尽言つまり言い過ぎ言い尽くすことを自戒しなければならない。

〔注釈〕事を處す…物事を処理し処置する。餘地を留む…あまりの部分を残す。余裕を保つ。盡言…言い尽くし言い過ぎること。

我に在りて餘り有るの惠《めぐみ》を施せば、則ち以て德を廣むべし。人に在りて盡《つ》きざるの情を留むれば、則ち以て交りを全うすべし。

〔大意〕自分にとって余裕のある恩恵を施すことは、とりもなおさず自分の徳望を広め得ることになろう。人に対して尽きることのない情を留め置くことは、とりもなおさず交際を全うし得ることになろう。

〈注釈〉餘り有るの恵…有り余っている恵み。盡きざるの情…不尽の情け。交りを全うす…交際を全うする。

古人《こじん》、人を愛するの意多し。故に人過《あやまち》を改むるに易《やす》くして、我を視《み》るや常に親《した》しく、我の教益々《おしえますます》行はれ易し。今人《きんじん》、人を悪むの意多し。故に人自棄《じき》に甘《あま》んじて、我を視るや常に仇《あだ》とし、我の言必ず入らず。

〈大意〉古人は、人を愛する心が多かった故に、人々は自分の過失を改め易いとして、我を視るにも常に親しいから、我が教化も、ますます行われ易かったのである。今人、つまり今の世の人は、人を悪《にく》む心が多い故に、人々は自暴自棄に甘んじて、我を視るにも、常に仇敵のようなので、我の言語は、終いに彼に受け入れられないのである。

〈注釈〉古人を理想化し近人を現実視する東洋独特の「尚古」思想に基づく発想。古人つまり、理想的人間は人を愛し、近人、つまり現実の人間は人を悪むとして対比している。自棄に甘んず…自暴自棄に甘んじてしまう。「どうせ自分なぞは」として自分の尊厳を見棄ててしまう。

喜《この》んで人の過《あやまち》を聞くは、喜んで己れの過を聞くに若《し》かず。楽んで己れの善を道《い》ふは、何ぞ樂んで人の善を道ふに如《し》かん。

〔大意〕好んで他の人の過失を聞くのは、好んで自分の過失を聞くのに及ばない。楽しんで自分の善行を言うのは、楽しんで他の人の善行を言うのには及ばない。

〔注釈〕喜む…好む。愛しめでる。楽む…好む。愛する。願う。

其の言を聴きて必ず其の行を観るは、是れ人を取るの道なり。其の言を師として其の行を問はざるは、是れ善を取るの方なり。

〔大意〕その人の発言を聴いて、必ずその人の行為を観るのは、その人を用いる方法である。その人の言葉を師として学び、その行為を問わないのは、その人の善を自分のものとする方法である。

〔注釈〕人を取る…その人物を採用する。人を用いる。善を取る…善を自分のものとする。善を手に入れる。

人の非《ひ》を論《ろん》ずるは、當《まさ》に其の心に原《もと》づくべし。徒《いたずら》に其の迹《あと》に泥《なず》むべからず。人の善を取るは、當に其の迹に據《よ》るべし。必ずしも深く其の心を究《きわ》めず。

〔大意〕人の非行を論議するには、必ずその心の如何を討究せねばならない。いたずらに事の迹のみに拘泥してはならない。人の善を自分のものとするには、必ずその事の迹を根拠として取り入れねばならない。必ずしも深くその人の心術の如何を探究する必要はない。

〔注釈〕安岡正篤先生は、『百朝集』（二十二）人の非と善で、この項を論評して、「これこそ真に教養ある人の態度である」と述べておられる。動機論と結果論との対比であろう。

小人にも亦好處有り、其人を悪みて並《ならび》に其の是を没すべからず。君子にも亦過差有り、其の人を好《よ》みて並に其の非を飾るべからず。

〔大意〕小人にも亦好い処が有る。だからその人を悪んでその良い処を忘れてはならない。君子にも過失がないわけではない。だから、その人を好んで、その欠点を飾ってはならない。

〔注釈〕過差…過失。

小人は固《もと》より當《まさ》に遠《とお》ざくべし、然《しか》れども斷《だん》じて顯《あらわ》に仇敵《きゅうてき》と爲すべからず。君子は固より當に親《した》しむべし、然れども亦曲《ま》げて附和を爲すべからず。

〈大意〉小人は、もとより遠ざけねばならないものである。けれども、決してあらわに仇敵としてしまうようなことを為してはならない。君子は、もとより親しむべきものである。けれども、また曲げて附和、つまり付和雷同してはならない。

〈注釈〉顯に…あきらかに、あらわに。仇敵…あだ。かたき。曲げて附和を爲す…曲げて附き従う。附和、付和雷同。

小人を待つは宜《よろ》しく寛《かん》なるべし。小人を防ぐは宜しく嚴《げん》なるべし。

〈大意〉小人を待遇するには、寛大なることが適切であり、小人の害を防禦するには、厳格であることが適切である。

〈注釈〉待つ…遇する。待遇する。宜しく〜べし…〜したほうがよい。再読文字。防ぐ…守りふせぐ。防御する。

悪を聞くも遽《にわか》に怒《いか》るべからず、讒《ざん》夫《ぷ》の爲に忿《いかり》を洩《もら》すを恐《おそ》る。

善を聞くも就《つい》て親《した》しむべからず、奸人《かんじん》を引《ひ》いて身《み》を進《すす》むるを恐る。

〔大意〕人の悪事を聞いても、にわかに怒ってはならない。譏夫、つまり言葉巧みに告げ口して人をおとしいれる人物のために忿りて漏らされる恐れがあるからである。また、人の善事を聞いても、ただちにそのまま親しんではならない。奸佞の輩のそれをたよって、みずから進んで取り入れる恐れがあるからである。

〔注釈〕遽か…あわただしく、うろたえて。譏夫…言葉巧みに告げローマ人をおとし入れる人。

先《ま》づ私心《ししん》を去りて、而る後に以て公事《こうじ》を治むべし。先づ己《おのれ》の見《けん》を平《たいら》かにして、而る後に以て人言《じんげん》を聴《き》くべし。

〔大意〕先ず私心を除いて、それから初めて公事を治めることができる。先ず自分自身の見解を公平にして、それから初めて人の言葉を聴くことができる。

〔注釈〕私心…自分だけの利益をはかる心。利己心。公事…公務。公共の事がら。己の見…自分の見方。自身の見解。人言…人の言葉、世の人のうわさ。

己を修むるには心を清《きよ》むるを以て要《よう》と為す。世を渉《わた》るには言を慎《つつし》むを以て先《さき》と為す。

〈大意〉自分自身を修めるには、自分自身の心を清くすることが要諦であり、世の中を渉るには自分自身の言葉を慎重にすることが優先する。

〈注釈〉己を修むる…修己、修身。人格を確立する。世を渉る…世間に生活して行く。言を慎む…発言を慎重にする。

悪は己の欲を縦《ほしいまま》にするより大なるは莫し、禍は人の非を言ふより大なるは莫し。

〈大意〉自分自身の私欲、人欲をほしいままにするのは、最も悪いことであり、他人の悪事を言うことが最も禍を招くことである。

〈注釈〉己の欲を縦にする。私欲・人欲を心の思うままにする。放縦にする。

人生は惟《こ》れ酒色《しゅしょく》の機關《きかん》なり、須《すべか》らく此《こ》の身を百錬《れん》して鐵漢《てつかん》と成《な》るべし。世上《よう》に是非《ぜひ》の門戸《もんこ》有り、其の口を三緘《かん》して金人《きんじん》を學ぶことを要す。

〔大意〕人生は、ただ酒と色とのからくり、心の働きともいうべきものにほかならない。故に充分に此の身を鍛錬して、あたかも鉄を以て造った強い人物とならなければならない。

世の中には、善と悪との門戸がある。故にしばしば自分の発言を閉じて、理想的人物に学ぶ必要がある。

〔注釈〕酒色の機關…酒色に溺れ易いからくり、心の働きである。此の身を百錬す…自分自身を充分に鍛錬する。鐵漢…鉄のように強固な意志の人物。口を三緘す…幾度も発言を控える。金人を學ぶ…立派な人物に学ぶ。金人は至上の人物のたとえ。

論列に工《たく》みなる者は、己《おのれ》を察すること常に闊疏《かつそ》なり、訐直《けっちょく》に狃《な》れたる者は、言を發すること多く弊病《へいへい》あり。

〔大意〕論陣を張って巧みな者は、自分自身を考察することは、たいてい迂闊、粗雑なものである。訐直、つまり人の悪事をあばき出して、自ら正しいと思うことにつけあがる者は、発言、議論には多く病弊を伴うものである。

〔注釈〕論列に工みなる者…論陣を張って工巧な者。闊疏…うとく粗雑なこと。訐直…人の悪事をあばき出して、自ら正しいと思うこと。狃れる…なれもてあそぶ。なれて気ままに振る舞う。習熟する。弊病…弊害。

人情一人を見る毎に、始めは以て親《した》しむべしと爲す、久しくして厭《いと》ふこと生じ、又以て惡《にく》むべしと爲す、理に明らかにして復《ま》た之を體《たい》するに情を以てするに非《あら》ずんば、未だ席《せき》を割《さ》かざる者有らず。人情一境に處《お》る毎《ごと》に、始めは以て甚だ樂しと爲す、久しくして厭ふこと生じ、又以て甚だ苦しと爲す、其の心を平かにして復《ま》た之を濟《すく》ふに養《やしない》を以てするに非ずんば、未だ遷《うつ》ることを思はざる者有らず。

〔大意〕人情の常として、人を見るごとに、始めは親しむことができると思うけれども、しばらくすると倦厭、つまり、うみあきて、遂には悪むべしとしてしまう。このような際には、道理を明らかにして、また人情を酌み分けることのできる人でないと、終いには交わりを絶たざるを得なくなるものである。

また人情の常として、一所に居るごとに、はなはだ楽しい所であると考えるけれども、しばらくすると倦厭、つまりあきてしまって苦しい所だと思ってしまう。このような際には、その心を平らかにして、またその養いをしないと、終いには、他に移転したいと思はない者は、いないものである。

〔注釈〕之を體するに情を以てす…人情をわがものとして判断する。人情を酌み分ける。

富貴の人を観るは、當《まさ》に其の氣概《きがい》を観るべし。溫厚和平《おんこうわへい》なる者の如きは、則ち其の榮《えい》必ず久しくして、其の後必ず昌《さか》へん。貧賤《ひんせん》の人を觀るは、當《まさ》に其の度量《どりょう》を觀るべし。寛宏坦蕩《かんこうたんとう》なる者の如きは、則ち其の福必ず臻《いた》りて、其の家必ず裕《ゆたか》ならん。

〔大意〕富貴の人を観るには、その人の気概がどうであるかを観察しなければならない。もしそれが温厚和平である人物であれば、その繁栄は永続して、その子孫も必ず繁昌するであろう。また貧賤の人を観るには、その人の度量がどうであるかを観察しなければならない。もしそれが寛宏坦蕩な人物であれば、その幸福が必ず集まってきて、その家も必ず裕福になるであろう。

〔注釈〕坦蕩…ゆったりとしているさま。広く平らなさま。臻る…到来する。届く。集まって来る。

寛厚《かんこう》の人は、吾師《われし》として以て量《りょう》を養ふ。愼密《しんみつ》の人は、吾師として以て識《しき》を錬《ね》る。慈恵《じけい》の人は、吾師として以て下《しも》を御《ぎょ》す。

倹約《けんやく》の人は、吾師として以て家に居る。明通《めいつう》の人は、吾師として以て拙《せつ》を藏《ぞう》す。才智の人は、吾師として以て慧《けい》を生ず。質樸《しつぼく》の人は、吾師として以て變《へん》に應《おう》ず。緘默《かんもく》の人は、吾師として以て神《しん》を存す。謙恭《けんきょう》にして善く下《くだ》る人は、吾師として以て師友《しゆう》に親《した》しむ。博學強識《はくがくきょうしき》の人は、吾師として以て見聞《けんぶん》を廣《ひろ》む。

〔大意〕心が寛容で温厚な人は、私はその人を師として自身の度量を養うこととする。慎重で緻密な人は、わたしはその人を師として自身の識見を鍛錬することとする。慈恵、つまりいつくしみめぐむ人は、わたしはその人を師として、自身の下の者を統御することとする。倹約に努める人は、わたしはその人を師として家計を処理することとする。明断で通達する人は、わたしはその人を師として自身の智慧を養成していくこととする。質樸、つまり誠実で飾り気のない人は、わたしはその人を師として自身の迂拙さを大切に守っていくこととする。才智ある人は、わたしはその人を師として臨機応変に事に当たっていくこととする。寡黙な人は、わたしはその人を師として自身の精神を存養していくこととする。恭謙で善く人に下る人は、わたしはその人を師として自身の師友に親しむこととする。博学強識の人は、わたしはその人を師として自身の見聞を広くしていくこととする。

〔注釈〕寛厚…心が寛容で温厚なこと。慎密…慎重で緻密なこと。慈恵…いつくしみめぐむこと。明通…頭脳明晰で事に通達していること。質樸…誠実で飾り気がないこと。拙を藏す…迂拙さを大切に守ること。緘默…寡黙。神を存す…精神と存養する。善く下る…自分の下の者を大切に扱う。

居《い》ては其の親《したし》む所を視、富みては其の與《あた》ふる所を視、達《たっ》しては其の擧《あ》ぐる所を視、窮《きゅう》しては其の爲さざる所を視、貧《まず》しくしては其の取らざる所を視る。

〔大意〕無事平居の時は、その人がどんな人と親しむかを見るとよい。富み裕かな際には、何をどんな人に与えるかを見るとよい。顕達した場合には、どのような人物を推挙するか見るのがよい。困窮した時には、してはならないことをしなかったかどうかを見るがよい。貧窮した際には、取ってはならないものと取らなかったかどうかを見るのがよい。

〔注釈〕この言葉を推し拡げていけば、友を選ぶにも、師となっても、人を推薦しても婚姻を結ぶにも、わが心で行いを制御するにも皆有効であろう。

人の直《ちょく》を取りて其の戇《とう》を恕《じょ》し、人の樸《ぼく》を取りて其の愚《ぐ》を恕し、
人の介《かい》を取りて其の隘《あい》を恕し、人の敏《びん》を取りて其の疏《そ》を恕し、
人の辯《べん》を取りて其の肆《し》を恕し、人の信《しん》を取りて其の拘《こう》を恕す。

〔大意〕人の正直な面を評価して、その愚直な面はゆるし、おおめに見よう。人の質樸な面を評価して、その愚かな面をゆるし、おおめに見よう。人の堅く正しい面を評価して、その心の狭い面をゆるし、おおめに見よう。人の敏捷なる面を評価して、その粗略な面をゆるし、おおめに見よう。人の能弁な面を評価して、そのほしいままな面をゆるし、おおめに見よう。人の誠信な面を評価して、その拘泥する面をゆるし、おおめに見よう。

〔注釈〕恕す…宥恕する。ゆるし、おおめに見る。介…堅く守る。狷介、かたいじ。

拘…こだわり。拘泥。

剛鯁《こうこう》の人に遇《あ》へば、須《すべか》らく他の戾氣《れいき》に耐ふべし。駿逸《しゅんいつ》の人に遇へば、須らく他の妄氣《ぼうき》に耐ふべし。樸厚の人に遇へば、須らく他の浮《ふ》氣《き》に耐ふべし。佻達《ちょうたつ》の人に遇へば、須らく他の滞《たい》氣に耐ふべし。

〈大意〉剛強で不屈な人に遇った場合には、彼の乖戻《かいれい》の気に耐えなければならない。駿邁にして秀逸な人に遇った場合は、彼の邪妄の気に耐えなければならない。質樸で重厚な人に遇った場合には、彼の停滞の気に耐えなければならない。軽佻で濶達な人に遇った場合には、彼の軽浮な気に耐えなければならない。

〈注釈〉剛鯁…硬く正しい。まっすぐで人にへつらわない。戾氣…乖戻の気。情理にもとる気質。妄氣…でたらめな気性。道理に合わない気質。滞氣…停滞の気質。すらすらと運ばない気性。佻達…軽佻で濶達なこと。

人編急《へんきゅう》ならば、我之を受くるに寛宏《かんこう》を以てす。人険仄《けんしょく》ならば、我之を平《たひら》かにするに坦易《たんい》を以てす。

〔大意〕人がもしも心狭く気短な場合には、自分は心を寛大にしてこれを受け容れよう。人がもしも心がよこしまで狭い場合には、自分は心を平らかにやさしくしてこれを静めよう。

〔注釈〕編急…心がせまく気みじか。性急。険仄…よこしまで狭いこと。坦易…平旦で容易。平らかでやさしい。

奸人《かんじん》は詐《いつわ》りて名を好《この》む、其の行事《こうじ》、君子に確似《かくじ》せる處有り。迂人《うじん》は執《と》りて化《か》せず、其の決裂《けつれつ》、小人よりも甚《はなはだ》しき時有り。

〔大意〕奸佞、つまり口先がうまく心がねじけた人は、巧みに詐って名を好むものであるが、その行った事を見ると、真の君子のそれとよく似ている場合があるものである。迂愚の人は、堅く自分に執着して他と交流しないものであるが、一旦破れかぶれになってしまうと、真の小人よりも一層甚だしい時があるものである。

〔注釈〕執りて化せず…固執して深く思い込む。執着する。決裂…やぶれかぶれに事をなす意。

身を持《じ》するは、太《はなは》だ皎潔《こうけつ》なるべからず。一切《さい》の汚辱垢穢《おじょくこうかい》は、茹納《じょのう》し得《う》るを要す。世に處するは、太だ分明《ぶんめい》なるべからず。一切の賢愚好醜《けんぐこうしゅう》は、包容《ほうよう》し得るを要す。

〔大意〕自分の生活や品行を厳しく守っていくには、甚だ潔癖になり過ぎてはならない。すべての汚辱も垢穢も、皆これを受け容れていくことが必要である。世の中に処していくには、甚だ区分明瞭であってはいけない。いっさいの賢愚も美醜も、皆兼ね包容できることが必要である。

〔注釈〕身を持す…生活や品行を厳しく守りよい状態を保つ。皎潔…白く清らか。白くてけがれのないこと。茹納…受け容れること。分明…あきらか、区分明瞭。

宇宙《うちゅう》の大なる、何物か有らざらん。物を擇《えら》びて之を取ら使めば、安《いず》くんぞ別に宇宙を立てて此の舍《す》つる所の物を置くことを得ん。人心の廣《ひろ》き、何人か容《い》れざらん。人を擇びて之を好ましめば、安んぞ箇《こ》の人心を別ちて復《ま》た惡《にく》む所の人を容るること有らん。

〔大意〕宇宙、つまりあらゆる存在物の一切を包括する空間と時間、天地は、大きいので、物として存在しない物は無い。けれども、もしも宇宙にいちいち物を択び取らせたとしたならば、別に宇宙を造って、この捨てられた物を置かざるを得なくなってしまうだろう。

人心、つまり人の心は広いので、人として受容し得ない人は無い。けれども、もしも一人ひとり択び好ましめたとしたならば、別に人心を設けて、この悪む所の人を受け容れざるをえなくなってしまうだろう。

〔注釈〕宇宙…空間と時間。あらゆる存在物の一切を包括する空間と時間。天地の意。

人心…人の心。人意。

徳盛んなる者は、其の心和平《わへい》なり。人の皆取るべきを見る。故に目中許可《もくちゅうきょか》する所の者多し。徳薄き者は、其の心刻傲《こくごう》なり。人の皆憎《にく》むべきを見る。故に目中鄙棄《ひき》する所の者衆し。

〔大意〕徳の盛んな者は、その心が柔和で公平である。そこで人の皆取るべき、評価すべき点だけを見るから、その眼中には許容するものが多くなるのである。

徳の薄い者は、その心が残忍でおごりあなどる所がある。そこで人の皆悪むべき、捨つべき点だけを見るから、その眼中には棄て去るべき者が多くなるのである。

〔注釈〕和平…柔和で公平。刻傲…刻薄で敖慢。

己《おのれ》を律《りっ》するは宜しく秋氣《しゅうき》を帯《お》ぶべし。世に處《しょ》するは須《すべか》らく春風を帯ぶべし。

〔大意〕厳しく自分自身を規律して正しく保っていくためには、秋気、つまり秋霜の厳しい気質を帯びて対していかなければならない。

世の中に対処していくには、春風の和暢した風を帯びていなければならない。

〈注釈〉己を律する…自分自身を厳しく規制して正しく保つ。秋氣…秋霜のような厳しい気質。世に處す…世の中に対処する。春風…春風駘蕩のさま。和暢、つまりのびのびとやわらぐ風。

善く身を處《しょ》する者は、必ず善く世に處す、善く世に處せざるは、身を賊《ぞく》する者なり。善く世に處する者は、必ず嚴《げん》に身を修む。嚴に身を修めざれば世に媚ぶる者なり。

〈大意〉善く自分自身を処置する者は、必ず善く世の中に対処する。善く世の中に対処できないのは、自分自身を賊しそこなう者にほかならない。善く世の中に対処する者は、必ず厳しく自分自身を修めている。

厳しく自分自身を修めないでいるのは、世に媚びる者に過ぎない。

〈注釈〉身を處す…自分自身を処置する。身を賊す…自分自身をそこなう。世に媚ぶ……世の人にこびる。

人を愛して人愛せず、人を敬《けい》して人敬せずんば、君子は必ず自ら反《はん》するなり。人を愛して人卽ち愛し、人を敬して人卽ち敬せば、君子は益益《ますます》謹《つつしみ》を加ふるなり。

〔大意〕自分が人を愛しているのに、その人が自分を愛さず、自分が人を敬しているのに、その人が自分を敬さない場合には、君子は必ず、自分自身を反省するものである。自分が人を愛していると、その人もまた自分を愛し、自分が人を敬していると、その人もまた自分を敬する場合には、君子はますます自分自身に謹みを加えていくものである。

〔注釈〕本文は、孟子の離婁章句下の「仁者は人を愛し、禮有る者は人を敬す。人を愛する者は、人恒に之を愛し、人を敬する者は、人恒に之を敬す」の文を出典としている。

人若《も》し賢良《けんりょう》に近《ちか》づけば、譬《たと》へば紙《かみ》一張《ちょう》の如し、紙を以て蘭麝《らんしゅ》を包《つつ》むに、香《こう》に因りて香を得《う》。人若し邪友《じゃいっ》に近づけば、譬へば一枝《し》の柳《やなぎ》の如し、柳を以て魚鱉《ぎょべつ》を貫《つらぬ》くに、臭《しゅう》に因《よ》りて臭を得《う》。

〔大意〕人が賢良の人物に近づく場合を想定してみると、一枚の紙に譬えることができる。その紙で蘭や麝香《じゃこう》を包むと、その佳い香りが他の物にも移っていく。人が邪友に近づく場合を想定してみると、一枝の柳に譬えることができる。その柳枝で魚や鱉を貫くと、その悪臭が他の物にも移ってしまう。

〔注釈〕蘭麝…蘭の香りと麝香鹿《じゃこうじか》の香。魚鱉…魚とすっぽん。転じて魚類をいう。この条は、賢良と邪友を良香と悪臭に譬諭している。

人未だ己を知らずとも、其の知るを求むることを急にすべからず。人未だ己と合はずとも、之と合ふことを急にすべからず。

〔大意〕人がまだ自分を知ってくれなくても、知って欲しいと急いではならない。人がまだ自分と合わなくても、合わせようと急いではならない。

〔注釈〕この条は、人間関係の改善は、急いではならないと訓えている。

落落《らくらく》たる者は合《あ》ひ難《がた》し、一たび合はば便《すなわ》ち離《はな》るべからず。

欣欣《きんきん》たる者は親《した》しみ易し、乍《たちま》ち親めども忽然《こつぜん》として怨《うら》みを成《な》す。

〔大意〕落々、つまり堅くて他と相容れない人物は、他の人と合わせ難いものである。けれども一旦、合ってしまうと、容易には離れることができなくなる。欣々、つまり喜び易い人物は親しみ易いものである。けれども忽ち親しむけれども、また忽ち怨みに転じ易いものである。

〔注釈〕落落…堅くて他と相容れないさま。欣欣…喜ぶさま。

能く我に媚《こ》ぶる者は、必ず能く我を害す、宜しく意を加へて之を防《ふせ》ぐべし。肯て予《よ》を規《き》する者は、必ず肯て予を助《たす》く、宜しく心を傾《かたむ》けて之を聴《き》くべし。

〔大意〕よく我に媚びへつらう者は、よく我に危害を加える者にほかならないから、適宜、注意して、これを防がなければならない。肯て我を戒める者は、よく我を助けてくれる者にほかならないから、適宜、心耳を傾けて、その訓戒を聴いておかねばならない。

〔注釈〕意を加へる…意識を振り向ける。思慮をめぐらす。心を傾ける…心志をもって傾聴する。

一箇《こ》の大に元氣《げんき》を傷《そこな》ふ進士《しんし》を出すは、一箇の能く陰徳《いんとく》を積《つ》める平民《へいみん》を出すに如《し》かず。一箇の萬巻《まんかん》を讀破《どくは》する邪士《じゃし》に交るは、一箇の一字を識《し》らざるを端人《たんじん》に交るに如かず。

〔大意〕ひとりの大いに元気を傷う進士を出すよりは、ひとりのよく陰徳を積んだ平民を出す方がよい。ひとりの万巻の書物を読破する邪悪な人物と交わるよりは、ひとりの一字も知らなくても心の端正な人物と交わる方がよい。

〔注釈〕進士…学問に努めて科挙に及第した人物。邪士…雅曲の人物。端人…端正の人物。

無事《ぶじ》の時、許多《きょた》の小人《しょうじん》を埋蔵《まいぞう》し著《ちゃく》し、多事《たじ》の時、許多の君子《くんし》を識破《しきは》し了《りょう》す。

〔大意〕無事の時には、数多《あまた》の小人を埋蔵して置き、有事多端の時には、数多の君子を識り尽くしてしまう。

〔注釈〕許多…数多、あまた。著し…ちゃくと読む時は、置くの意。識破…この破は強意の助字。上の動詞の程度を強める。

一種の人、悦び難く亦事《つか》へ難し、只是れ度量褊狭、君子たるを失はず。一種の人、事へ易く亦悦び易し、這《こ》れ是《こ》れ貧汚輭《ぜん》弱《じゃく》、小人たるを免れず。

〈大意〉或る種の人は、悦ばせ難く、また仕え難いが、その人は、度量が狭小というだけで、君子であることを失ってはいない。また或る種の人は、仕え易く、また悦ばせ易いが、その人は、貧汚軟弱なので、小人であることを免かれないのである。

〈注釈〉褊狭…せまい。気短。性急。輭弱…軟弱。輭は、軟の正字。

大悪《たいあく》は多く柔処《じゅうしょ》従り伏《ふく》す。須《すべか》らく綿裏《めんり》の針《はり》を防《ふせ》ぐべし。深讎《しんしゅう》は常に愛中《あいちゅう》より來る。宜しく刀頭《とうとう》の蜜《みつ》に遠《とほ》ざかるべし。

〈大意〉大なる悪は、多くの場合柔の処に伏在するものであるから、必ず、柔なる綿の中にひそむ針を防ぐようにしなければならない。深い仇敵は、通常、愛著した者の中から出来《しゅったい》するものであるから、適宜、刀の先に付けられた甘い密が遠ざかっているのがよい。

〔注釈〕綿裏之針…柔かい綿にかくされた鋭い計。刀頭之密…鋭利な刀の先に付けられた甘美な密。


我を恵む者は小恩なり。我を擕へて善を爲す者は大恩なり。

我を害する者は小讎なり。我を引て不善を爲す者は大讎なり。


〔大意〕我に恵みを与えるのは、小さな恩に過ぎない。我を引き連れて善を為さしめることこそ大恩にほかならない。我に害を加えるのは、小さな仇敵に過ぎない。我を引き連れて不善を為さしめることこそ大なる仇敵にほかならない。

〔注釈〕我を擕へて善を爲す…自分を引き連れて善を為し、為さしめる。擕は、携の正字。我を引て不善を爲す…自分を引き連れて悪を為し、為さしめる。


小人の私恩《しおん》を受《う》くること毋《なか》れ、受くれば則ち恩酬《おんむく》ゆべからず。

士夫《しふ》の公怒《こうど》を犯《おか》すこと毋《なか》れ、犯せば則ち救《すく》ふべからず。

〔大意〕小人の私恩を受けてはならない。一旦これを受けると、酬いることが難しい。士大夫の公怒を犯してはならない。一旦これを犯すと、救われることが難しい。

〔注釈〕私恩…個人的ななさけ。個人的なめぐみ。公怒…公の怒り。

喜《よろこ》ぶ時知心《ちしん》を説《と》き盡《つく》さば、歡《かん》を失《しつ》するに到《いた》りて須《すべか》らく發洩《はっえい》を防《ふせ》ぐべし。悩《なや》む時傷心《しょうしん》を説き盡《つく》さば、恐《おそ》らくは再《ふたた》び好《よ》く自ら羞慚《しゅうざん》を覺《おぼ》えん。

〔大意〕喜ぶ時に、その得意の事を説き尽くしてしまうと、一旦歓びを失った時に至って、その事を漏らしたのを防がざるを得なくなってしまう。悩んでいる時に、その心配な事を説き尽くしてしまうと、恐らくは、再び好機に向かった時に及んで、自ら羞恥を覚えることになってしまうだろう。

〔注釈〕喜怒哀楽に際して、心情を説き尽くすことを戒めている。

盛喜《せいき》の中は、人に物を許《ゆる》すこと勿《なか》れ。盛怒《せいど》の中は、人の柬《かん》に答ふること勿れ。

〔大意〕盛んに喜んでいる時には、みだりに人に物を許してはならない。喜ぶ時には、信を失する場合が多いからである。盛んに怒っている時には、みだりに人の書簡に答えてはならない。怒っている場合には、言葉が体を失する場合が多いからである。

〔注釈〕柬に答ふ…手紙に返事を書く。柬は、手紙又は名刺の意。前項と共に、喜怒哀楽の情が高まっている際の教戒である。

頑石の中に良玉隠れ、寒灰の中に星火寓す。

〔大意〕悪い石の中にも、良い玉が隠れていることがあり。冷たい灰の中にも、埋もれ火が残っていることがあるものである。

〔注釈〕表面だけ見て軽々しく人を量り人を捨てることを戒めている。

静坐常に己《おの》れの過《あやまち》を思ひ、間談《かんだん》人の非《ひ》を論《ろん》ずること莫《なか》れ。

〔大意〕静座する時には、常に自分の過失に思いをめぐらし、間談する時には、人の非違を論じてはならない。

〔注釈〕静坐は自己を省みるためにし、間談の際も他人の過失を論ずることを戒めている。

癡人《ちじん》に對《たい》しては、夢話《むわ》を説くこと莫《なか》れ、誤《あやま》る所を防《ふせ》ぐなり。短人《たんじん》を見ては、矮話《わいわ》を説くこと莫《なか》れ、忌《い》む所を避《さ》くるなり。

〔大意〕愚人に対しては、夢の話を説いてはならない。なぜかといえば、誤解されることを防ぐためである。背丈の低い人に対しては、丈の低い話をしてはならない。なぜかといえば、その人の忌み謙う所を避けるためである。

〔注釈〕癡人…愚人、ばかもの。短人…背丈の低い人。

面諛《めんゆ》の詞《し》は、識《しき》有る者、未だ必ずしも心に悦《よろこ》ばず。背後《はいご》の議《ぎ》は、憾《うらみ》を受くる者、常に骨に刻《こく》するに至る。

〔大意〕面と向かって諂諛、つまりこびへつらう言葉を吐けば、それを識っている人は、必ず心中に悦ばないものである。陰に廻って誹謗する言葉を聞けば、それを恨む人は、常に骨に刻んで決して忘れないものである。

〔注釈〕面諛…面前でおもねりへつらう。背後の議…陰口。骨に刻す…骨に刻みつける。決して忘れることのないたとえ。

人の悪を攻《せ》むるは太《はなは》だ厳《げん》なる毋《なか》れ、其の受《う》くるに堪《た》ふるを思ふことを要《よう》す。人を教ふるに善を以てするは高きに過ぐる毋れ、當《まさ》に其《そ》れをして従《したが》ふ可からしむべし。

〔大意〕他人の悪事を攻撃する場合には、厳格に過ぎてはならない。その人が受け容れに堪えられる程度に止めることが必要である。

他人に善を教える場合は、高尚に過ぎてはならない。必ずその人が従い得る程度に止めることが必要である。

〔注釈〕太だ厳なる母れ…厳格過ぎてはならない。高きに過ぐ…高尚過ぎる。

互郷《ごきょう》の童子《どうじ》は則ち之を進《すす》む、其の善を開《ひら》くなり。闕黨《けっとう》の童子は則ち之を抑《おさ》ふ。其の學を勉めしむるなり。

〔大意〕人情も風紀もよくない互郷の少年であっても、進んで道を問おうとする気持ちがあれば、身を清くして進んで来た態度を許し認めてやろう。その善心を進めてやるためである。

闕黨の童子の場合は、成人の地位に早く就こうとして急いでいるので、これを抑制しよう。その前にもっと学ばせるためである。

〔注釈〕互郷の童子は、論語の述而篇の、闕黨の童子は、憲問篇の論訓の訓えを祖述している一世を不可とするの識無かるべからず。一人を不可とするの心有るべからず。

〈大意〉場合によっては、一世を不可とする程の識見が無ければならない。また場合によっては、一人でも不可とする心が有ってはならない。

〈注釈〉大胆と細心への配慮を説く。

事之を急にして白《あきらか》ならざる者有り、之を緩《ゆる》うすれば或は自ら明らかなり。急躁《きゅうそう》にして以て其の戻《つみ》を速《まね》くこと毋《なか》れ。人之を操《と》りて従《したが》はざる者有り、之を縦《はな》てば或は自ら化《か》す、操ること切にして以て其の頑《がん》を益《ま》すこと毋《なか》れ。

〈大意〉事は、急いで明白でない時に、これを緩《ゆる》くして、反って自ら明白になることがあるものである。それゆえ急躁《きゅうそう》にして罪過を招いてはならない。人は、操縦して従わない時に、これを放って、却って自ら柔化することもある。それゆえ厳しく操縦して頑固を益してはならない。

〔注釈〕白ならざる者…明白でないこと。急躁…せっかち、急ぎあわただしく。其戻を速く…罪過を招く。之を操る…操縦する。其の頑を益す…その頑固さを益す。

才を矜《ほこ》る者に遇《あ》へば、才を以て相矜《あいほこ》ること毋れ。但《た》だ愚《ぐ》を以て其の才に敵《てき》せば、便《すなわ》ち壓倒《あっとう》すべし。奇《き》を炫《げん》する者に遇《あ》へば、奇を以て相炫すること毋《なか》れ。但だ常《つね》を以て其の奇《き》に敵《てき》せば、便ち破除《はじょ》すべし。

〔大意〕才気を以て人に誇る者に遇った場合には、決して才気を以て相誇ってはならない。但わが愚を以て彼の才気に敵対することだ。そうすれば彼の才気を自ら圧倒することができるだろう。奇道を以て世に衒《てら》う者に遇った場合には、決して奇道を以て相衒うことがあってはならない。但わが常道を以て彼の奇道に敵対することだ。そうすれば彼の奇道を自ら破除することができるだろう。

〔注釈〕才に矜る者…才気を以て人に誇る者。奇を炫する者…奇道を以て世に衒《てら》う者。

道を直《なお》くして人に事《つか》へ、衷《ちゅう》を虚《きょ》にして物を御《ぎょ》す。

〔大意〕わが道を直くして人に事え、わが心を虚にして物を扱うことだ。

〔注釈〕道を直くして人に事う…自分の生き方を正直にして人に仕える。衷を虚にする…虚心坦懐になる。

豈《あ》に能《よ》く盡《ことごと》く人意《じんい》の如くならんや。但《た》だ我が心に愧《は》ぢざるを求めよ。

〔大意〕人情には、さまざまあり、どうしていちいち人意に添うことなどできようか。但《ただ》正理に依って、わが心に恥じないようにすればよいのだ。

〔注釈〕人意…他人の心意。我が心に愧ぢず…わが心を省みて恥ずかしくない。

人情に近からざれば、擧足《きょうそく》盡く是れ危機《きき》。物情を體《たい》せざれば、一生倶《とも》に夢境《むきょう》と成る。

〔大意〕人情に遠ざかっては、我が行うことは、盡く危い。物情を体察しなくては、一生のことも皆、夢となってしまおう。

〔注釈〕體す…体察、体認する。

人情に近からざれば、擧足《きょそく》盡く是れ危機《きき》。物情を體せざれば、一生も倶《とも》に夢境《むきょう》と成《な》る。

〔大意〕人情に遠ざかっては、我が行うことは、盡く危い。物情を体察しなくては、一生のことも皆、夢となってしまおう。

己《おの》れの性《せい》は任《まか》す可からず。當《まさ》に逆法《ぎゃくほう》を用ひて之を制《せい》すべし、其の道《みち》一の忍《にん》の字に在り。人の性は拂《もと》る可からず。當《まさ》に順法を用ひて之を調《ととの》ふべし、其の道《みち》一の恕《じょ》の字に在り。

〔大意〕自分自身の性は、放任してはならない。まさに逆の法を用いてこれを制御していこうとしなければならない。その道は、忍の一字にある。他人の性には戻ってはならない。まさに順の法を用いてこれを調えていくようにしなければならない。その道は、恕の一字にある。

〔注釈〕自分自身は、忍の一字を以て制御し、他人のことは恕（思いやり）の一字を以て調整すべしと説いている。

仇《あだ》は人の私《し》を體《たい》せずして而して又之を苦《くる》しむるより深《ふか》きは莫《な》し。禍は人の短《たん》を諱《い》まずして而して又之を訐《あば》くより大なるはなし。

〔大意〕仇恨は、人の私事を察せず、この人を苦しめることより深いものはない。禍害は、人の短所をつつしみかくさないであばきたてるより大きなものはない。

〔注釈〕仇…讎、仇恨、仇怨。人の私を體せず…人の私秘をわがこととして察しない。

禍…禍害、禍難。諱む…いみきらってさける。はばかってかくす。諱避する。訐く…人の秘密などをあばきたてる。

人を辱《はず》かしめて以て堪《た》へずんば、必ず反《かへ》りて辱《はず》かしめらる。人を傷《そこな》うて以て已甚《いじん》ならば、必ず反りて傷《そこな》はる。

〔大意〕人に忍耐できないような辱をかかせてしまうと、報復されて自分が辱をかかされることになる。人をあまり甚だしく傷付けてしまうと、報復されて自分が傷付けられることになる。

〔注釈〕堪え難い恥辱や余りに甚だしく傷つけることは、必ず報復を招くとの戒めを説いている。已甚…余りに甚だしいこと。

富貴《ふうき》の時に處《しょ》しては、貧賤的《ひんせんてき》の痛癢《つうよう》を知らんことを要す。少壮《しょうそう》の日に値《あ》ひては、須《すべか》らく衰老的《すいろうてき》の辛酸《しんさん》を念《おも》ふべし。安樂《あんらく》の場《じょう》に入りては、當《まさ》に患難《かんなん》の人の景況《けいきょう》を體《たい》すべし。旁觀《ぼうかん》の地に居《い》ては、務《つと》めて局内《きょくない》の人の苦心《くしん》を悉《つ》くせ。

〔大意〕富貴の時に処す場合には、貧賤の時の痛痒を知ることが必要である。少壮の日に当たっては、衰老の時の辛酸に思念を寄せる必要がある。安楽の場に居る場合は、患難の人の状況を推察しなければならない。傍観者の立場に居る場合は、努めて当局者の苦心を詳細に考察しなければならない。

〔注釈〕痛癢…痛みて病み疲れること。辛酸…辛さと酸っぱさ、転じて、つらく苦しいこと。甚だしい苦しみ。旁観…脇からみる。傍観。

事に臨《のぞ》みては須《すべか》らく別人《べつじん》に替《かわ》りて想《おも》ふべし。人を論ずるは先《ま》づ自己《じこ》を将《もっ》て想《おも》へ。

〔大意〕事に処すに臨んだ場合には、別人、つまり第三者の立場で想察してみなければならない。他の人を論評する場合には、自分自身のこととして想察してみなければならない。

〔注釈〕別人に替りて…第三者に成り変わって、つまり客観的見地に立って。自己を将て…自分自己のこととして。

人に勝《か》たんと欲する者は、先づ自ら勝て。人を論ぜんと欲する者は、先づ自ら論ぜよ。人を知らんと欲する者は、先づ自ら知れ。

〔大意〕他人に勝とうと思う者は、先ず自分の心に勝つ必要がある。他人を論評しようと思う者は、先ず自分自身のことを論評する必要がある。他人を知ろうと思う者は、先ず自分自身の心を知る必要がある。

〔注釈〕三つの場合のいずれも、先ず自分自身を知ることが必要であると説いている。「汝自身を知れ」（ソクラテス）。百朝集二十一に採られている。

人を待つは三度《みたび》自ら反す。世に處する兩如何ん。

〔大意〕人を待遇するには、必ず三度自ら本心を省みる必要がある。世に対処するにも再度省みる必要がある。
〔注釈〕人を待つ…他人を待遇する。もてなす。世に處す…世の中に対処する。世事を処置する。

富貴の人を待つは、禮有るに難からず、而して體有るに難し。貧賤の人を待つは、恩有るに難からず、而して禮有るに難し。

〔大意〕富貴の人を待遇する場合には、礼儀を施すことは、難しくないけれども、体面を維持することは難しい。貧賤の人を待遇する場合には、恩恵を施すことは難しくないけれども、礼儀を以てするのは難しい。
〔注釈〕禮有る…礼儀を整える。礼節を以てする。體有る…体面を保つ。

愁人《しゅうじん》に對しては樂むこと勿《なか》れ。哭人《こくじん》に對しては笑《わら》ふこと勿れ。失意《しっい》の人に對しては矜《ほこ》ること勿れ。

〔大意〕憂愁している人に対しては楽しんではならない。哭泣する人に対しては笑ってはならない。失意の人に対しては自慢してはならない。
〔注釈〕愁人…憂愁している人。哭人…哭泣する人。矜る…おごりたかぶる。

人の背語《はいご》を見ては、耳を傾《かたむ》けて竊《ひそ》かに聴《き》くこと勿《なか》れ。人の私《し》室《しつ》に入りては、目《め》を側《そばだ》てて旁観《ぼうかん》すること勿れ。人の案頭《あんとう》に到《いた》りては、手に信《まか》せて亂翻《らんほん》すること勿れ。

〔大意〕人がうしろ向きに話すのを見ては、決して耳を傾けて盗み聴きをしてはならない。人の私室に入った時は、決して目を側だてて、あちこちを見廻してはならない。人の机の側に往った時には、決して手にまかせて机上の物を拡げて見てはならない。
〔注釈〕背語…後ろ向きに話す語。目を側《そばだ》てて旁観す…目を側《そばだ》てて見廻す。人の案頭…他人の机の側。手に信《まか》せて亂翻する…手当たり次第に物を広げて見る。

人無きの室を蹈まず。事有るの門に入らず。物を蔵するの所に処らず。

〔大意〕人の居ない部屋には入ってはならない。事有る家の門内に入ってはならない。物を所蔵する所に居てはならない。これはただ嫌疑を避けるだけではなく、禍を招くことを避けるための用心である。

〔注釈〕蹈まず…踏み込まない。物を蔵す…物品を所蔵する。

俗語《ぞくご》は市《し》に近《ちか》く、纖語《せんご》は娼《しょう》に近く、諢語《ごんご》は憂に近し。

〔大意〕卑俗の言葉は市井に近く、纖好の言葉は娼婦に近く、諢語、つまり戯れの言葉は、憂愁に近い。士君子たる者が、これらの言葉に注意しないでいると、威信を失うだけでなく、幸福を迎え入れることが難しくなってしまう。

〔注釈〕俗語…卑俗の言語。纖語…たおやかな言語。嫋やかな言葉。諢語…戯れの言葉。

君子の議論を聞くは、苦茗《くめい》を啜《すす》るが如し、森嚴《しんげん》の後、甘芳《かんほう》頰《きょう》に溢《あふ》る。小人の諂笑《てんしょう》を聞くは、餹霜《とうそう》を嚼《か》むが如し、爽美の後、寒冱《かんご》胸に凝る。

〔大意〕君子の議論を聞くのは、恰《あたか》も苦味の茶を啜る時のようである。初めその味の厳しさを感ずるけれども、その後には、甘く香ばしい味や香りが、両頰に溢れるように感ずるものである。小人が媚《こ》び諂《へつら》って笑うのを聞くのは、まるで砂糖を食べた時のようである。初めその甘味を感じるが、後には、堅い飴の霜のような気が胸中に凝るように感ずるものである。

〔注釈〕苦茗…苦味と渋味の茶。森嚴…おごそかなさま。諂笑…へつらいの笑い。おせじ笑い。諂諛の笑い。餹霜…餹は堅い飴。霜は冷たいもののたとえ。寒冱…冱寒と同意。非常に寒いこと。万物がこおりつく寒さ。

凡そ外《そと》に勝《か》たるる者は、皆内《うち》足《た》らず。凡そ邪《じゃ》に奪《うば》はるる者は、皆正《せい》足《た》らず。

〔大意〕だいたい外気に勝たれてしまうのは、皆、内気が不足するからにほかならない。だいたい邪気に奪われてしまうのは、皆、正気が不足するからにほかならない。
〔注釈〕「凡そ外の勝つ所となる者」「凡そ邪の奪ふ所となる者」とも訓読できる漢文。この項では、一応、受動態で読んでおいた。百朝集二十一に採られている。

天に存《そん》する者は、我に於て與《あず》かること無きなり。窮通得喪《きゅうつうとくそう》、吾之に聴《き》かんのみ。我に存する者は、人に於て與かること無きなり。毀譽是非《きよぜひ》、吾之を置《お》かんのみ。

〔大意〕天に所属する事柄は、自分が関与できることではない。それゆえ窮達や得失の類は、皆自分は天に聴き天の為すままに任せるのみである。自分自身に関する事柄は、他人がこれに関与し、あれこれ言うことではない。それゆえ他の毀誉や是非の論議の類は、皆自分は気にかけず棄て去るのみである。
〔注釈〕天に存する者…天の役割に属する事柄。之に聴く…その声を聴いてその為すままに委任する。我に存する者…自分の責任に所属する事柄。之を置く…これを棄て置く。

小人は君子の過《あやまち》を聞くことを樂《たのし》み、君子は小人の惡を聞くことを恥づ。

〔大意〕小人は、ともすれば君子の過失あることを聞くのを楽しみ、君子は、小人の過悪を聞くことを恥じる。

〔注釈〕心を存する所が厚い君子とそれが薄い小人の対比によって人品がよく区別できることを説いている。

人の善を慕《した》ふ者は、其の善なる所以《ゆえん》を問《と》ふこと勿《なか》れ、恐《おそ》らくは擬議《ぎぎ》の念生《ねんしょう》じて、效法《こうほう》の念微《ねんび》ならん。人の窮《きゅう》を濟《すく》ふ者は、其の窮《きゅう》する所以《ゆえん》を問ふこと勿《なか》れ、恐らくは憎惡《ぞうお》の心生じて、惻隱《そくいん》の心泯《ほろ》びん。

〔大意〕人の善を慕う者は、その善なる所以、つまり理由を問うてはならない。その善なる理由を問うと、恐らくあれこれと比較する念慮が起こってしまって、その善を見習う気持ちが減少してしまうだろう。他人の困窮を救う者は、その窮する所以、理由を問わない方がよい。それを問うと、恐らくはそれを悪む気持ちが起こってしまって惻隠つまり同情の心が消滅してしまうだろう。

〔注釈〕所以…理由、わけ。擬議…ぐずぐずためらう。あやぶみためらう。效法…習いのっとる。惻隠…あわれみいたむ。人の不幸などをあわれみいたむ。泯ぶ…ほろびる。「泯滅」する。

時窮《とききゅう》し勢蹙《ちぢま》るの人は、當《まさ》に其の初心《しょしん》を原《たず》ぬべし。功成《こうな》り名立《なた》つの士は、當に其の末路《まつろ》を観るべし。

〔大意〕時勢に困窮して勢いがちぢまってしまった人は、その盛時の初心に立ち返ってみることがよい。功成り名遂げた人物は、その末路、老後の行く末に思いを致してみることがよい。

〔注釈〕時窮す…時勢に困窮する。時代が行きづまる、の両義に解釈できるが、ここでは前者をとっている。後半の文章は、老子の言葉、「功成《こうな》り名遂《なと》げて身退《みしりぞ》くは天《てん》の道《みち》なり」を下敷きにしているように思われる。

蹤歴亂《あとれきらん》多ければ、定《さだ》めて已《や》むことを得ざるの私《わたくし》有り。言支《げんし》離《り》に到《いた》るは、纔《わずか》に是《こ》れ奈何《いかん》ともすべきこと無きの處《ところ》。

〈大意〉蹤跡つまり行跡が多く乱れているのは、たいていやむことのできない私心が有ったからにほかならない。言葉が支離滅裂で取り留めがないのは、とりもなおさず、これはどうにもならない処にほかならない。

〈注釈〉蹤…蹤跡。あしあと。歴亂…乱れる。行動のあと。支離…分散する。ばらばらにする。

恵《めぐみ》は大に在《あ》らず、厄《やく》に當《あた》るに在り。怨《うらみ》は多きに在らず、心を傷《いた》ましむるに在り。

〈大意〉恩恵は、大きな恩恵を受けることよりも、災厄に当面した際に受けた恩恵を深く感ずるものである。怨恨は、数多《あまた》の怨恨を抱くことよりも、寧《むし》ろ心を傷めている際に抱く怨恨を深く感じるものである。
〔注釈〕恩恵も怨恨も、その大きさや多さよりも、どのような状況に在るかに依ると説いている。

小嫌《しょうけん》を以て至戚《しせき》を疏《うと》んずること毋《なか》れ。新怨《しんえん》を以て舊恩《きゅうおん》を忘《わす》るること毋れ。

〔大意〕小さな怨み嫌う気持ちのために最も大切な親戚をうとんじてはならない。新しい怨恨のために旧くからの恩恵を忘れてはならない。
〔注釈〕小嫌…些細な嫌忌。至戚…最も大切な親戚。舊恩…昔の恩恵。旧くからの恩。

兩悔《りょうかい》は釋《と》けざるの怨《うらみ》無し。兩求《きゅう》は合はざるの交《まじわ》りなし。兩怒《ど》は成《な》らざるの禍《わざわい》なし。

〔大意〕双方共に悔いれば、互いに解けない怨みなどはない。双方共に相手に求めれば、合わない交わりなどはない。双方共に怒れば、成らない禍などはない。つまりすべて禍となってしまう。

〔注釈〕兩悔…双方共に悔いること。兩求…双方共に求めること。兩怒…双方共に怒ること。

古の名望《めいぼう》は、相近づけば則ち相得《あいう》、今の名望は、相近づけば則ち相妒《あいねた》む。

〔大意〕昔の名望ある者は、互いに近づけば、すぐに互いに仲良くなった。今の名望ある者は、互いに近づけば、すぐに互いに妒《ねた》み合ってしまう。

〔注釈〕古と今と対比して、古を良しとする尚古思想に基づく。

○齊　家　類

勤倹《けんけん》は家を治むるの本なり。和順《わじゅん》は家を齊《ととの》ふるの本なり。謹慎《きんしん》は家を保《たも》つの本なり。詩書《ししょ》は家を起《おこ》すの本なり。忠孝《ちゅうこう》は家を傳ふるの本なり。

〔大意〕勤勉と倹約とは、一家を治める本である。和合と柔順とは、一家を斉える本である。謹慎して物事を疎略にしないよう努めることは家計を保つ本である。詩経や書経の教訓は、家を興起する本である。忠義と孝行とは、一家を存続させる本である。

〔注釈〕謹慎…つつしみ深いこと。ここでは、物事を粗末にしないつつしみに解した。

詩書…詩経と書経で、五経を代表している。

天下に是《ぜ》ならざる底《てい》の父母無し。世間《せけん》に最も得難《えがた》き者は兄弟なり。

〔大意〕天下に、心の善くない父母などはいない。世間に最も得がたい者は兄弟である。

〔注釈〕底の…的と通じ、～的を～底のようにいう。

父母の心を以て心と為せば、天下に友《ゆう》ならざるの兄弟無し。祖宗《そそう》の心を以て心と為さば、天下に和《わ》せざるの族人《ぞくじん》無し。天地の心を以て心と為さば、天下に愛せざるの民物《みんぶつ》無し。

〔大意〕父母が子を愛する心を以て自分の心となせば、天下に友愛でない兄弟など無いであろう。祖宗の子孫を思う心を以て自分の心となせば、天下に和合しない族人など無いであろう。天地が万物を愛する心を以て自分の心となせば、天下に相愛さない人民や動物など無いであろう。

〔注釈〕祖宗…祖先。族人…一門の人。民物…人民と生き物か。

人君天地の心を以て心と為し、人子父母の心を以て心と為さば、天下一ならざるの心無し。臣工朝廷の事を以て事と為し、奴僕家主の事を以て事と為さば、天下一ならざるの事無し。

〔大意〕人君たる者が、天地が万物を愛育する心を以て自分の心とし、子たる者が父母の子を愛する心を以て自分の心とするならば、天下に一体とならない心などは無いであろう。臣民が朝廷の事、つまり公の事柄を以て自分たちの事柄と思い、奴僕が主人の事、つまり家長の役割を以て自分の事、役割とするならば、天下に一致しない事柄など無いであろう。

〔注釈〕天地の心…天地が万物を愛しむ生成化育する心。天地の営為。臣工…家臣と士農工商の民であろう。臣は官僚、工は士農工商を代表する者と解釈した。朝廷の事…朝廷、つまり天下公共の事柄。

孝《こう》は労《ろう》を辭《じ》すること莫《なか》れ、眼《まなこ》を轉《てん》ずれば便《すなわ》ち人の父母たり。

善は報《ほう》を望《のぞ》むこと毋《なか》れ、頭《こうべ》を回《めぐ》らせば但《た》だ爾《なんじ》の兒孫《しそん》を看《み》ん。

〔大意〕孝を尽くすには、労力をやめてしまったりことわったりしてはならない。眼を転じてみれば、自分もまた子の父母となって、子の孝を受ける立場に立つことになるのではないか。善を行うときは、報謝を望んではならない。頭を回らせば、自分の兒孫もまた他人の恩恵を蒙むることになるではないか。

〔注釈〕眼を轉ずる…観点を変える。頭を回せば…後をふりむけば。

子の孝は、婦を率《ひき》いて以て孝を爲すに如《し》かず。婦は能《よ》く親を養ふ者なり。公姑一孝婦を得ば、一孝子を得るよりも勝れり。婦の孝は、孫を導きて以て孝を爲すに如かず。孫は能く親を娯《たのし》ましむる者なり。祖父一孝孫を得ば、又一輩の孝子を増すなり。

〔大意〕子たる者の孝は、自分の妻と一緒に孝道を尽くすのには及ばない。妻というのは、よく親に孝養を尽くすものだからである。それゆえに舅姑、つまりしゅうとやしゅうとめとすれば、一人の孝行な嫁を得れば、あたかも一人の孝行な子を得たよりも勝るような気持ちになるのである。嫁の孝は、孫を導いて共に孝道を尽くすに及ばない。孫というものは、祖父母を楽しませるものだからである。それゆえ、祖父母は、一人の孝行な孫を得れば、あたかも一組の孝行な子を増したような気持ちになるのである。

〔注釈〕婦は、夫よりすれば妻、親よりすれば子の妻、つまり嫁、舅姑よりすれば、嫁ということに解される。

父母の爲さんと欲する所の者は、我之を繼述《けいじゅつ》す。父母の念《おもい》を重《かさ》ぬる所の者は、我之を親厚《しんこう》す。

〔大意〕父母が生前に為そうと欲した所のものは、子として自分が引き継いでそのことを明らかに述べ行うべきであり、父母が生前に念いをかけた所のものは、子として自分も親しんで尊重していきたい。

〔注釈〕繼述す…前人のあとを継いでそのことを明らかに述べ行う。継承祖述。

婚《こん》して財《ざい》を論ずれば、究《きわ》まるや夫婦の道《みち》喪《ほろ》ぶ。葬《ほうむ》りて福を述《もと》むれば、究まるや父子の恩《おん》絶《た》ゆ。

〈大意〉結婚に際して両家の財産を論じていては、本来の夫婦の道の在るべき姿が見失われてしまう。親の葬儀に際して遺産を求めていては、父子の恩愛が絶たれることになってしまう。

〈注釈〉夫婦の道…五倫の一つに「夫婦有レ別」とあり、夫と婦とは、それぞれ定まった職分があり、そのきまりを守らなければならない。父子の恩…五倫の第一に「父子有レ親」とあり、親は子をいつくしみ、子は親を愛し孝を尽くすと説く（孟子・勝文公上）。

君子に終身《しゅうしん》の喪《も》有り、忌日《きにち》是れなり。君子に百世の養ひ有り、邱墓《きゅうぼ》是れなり。

〈大意〉君子には、終身つとめなければならない喪がある。親の命日こそがそれである。君子には、百世にわたって尽くさなければならない供養がある。親の墳墓こそがそれである。

〔注釈〕忌日…親の命日。死者の命日。百世の養ひ…百代なすべき供養。邱墓…墳墓。

兄弟は一塊肉《かいにく》、婦人は是れ刀錐《とうすい》。兄弟は一釜羹《ふよう》、婦人は是れ塩梅《あんばい》。

〔大意〕兄弟は、一塊、つまり一かたまりの肉のようなものであり、婦人、つまり兄弟の妻たちは、刀や錐のようなものである。それゆえ、肉は刀錐の削割に任せなければならない。

兄弟は、一釜の吸い物、つまりあつもののようなものである。婦人は、その味加減をするものなので、吸い物は、料理方の調理に任せなければならない。

〔注釈〕一釜羹…一つの釜のあつもの、吸い物。塩梅…あんばいと読み慣らわして、塩と酢から転じて料理の味を調和すること。味加減。

兄弟和《わ》すれば、其の中自ら樂《たの》し。子孫賢《かしこ》ければ、此の外何をか求《もと》めん。

〈大意〉兄弟が互いに和合すれば、その中は自ら楽しくなる。子孫が賢明であれば、このほか何も願望することがあろうか。ありはしない。

〈注釈〉和の古いルビは皆「くわ」となっている。kwa のKとWの発音の口の形が同一なので、「わ」が残ったのである。

心術《しんじゅつ》は罪《つみ》を天地に得べからず。言行《げんこう》は好様《こうよう》を留《とど》めて兒孫《じそん》に與《あた》ふるを要す。

〈大意〉人の心の持ち方は、天地自然にそむいて罰せられるようなことがあってはならない。言行は、善い型を遺して子孫に与えるようにすることが必要である。

〈注釈〉罪を天地に得る…天地自然の法則に違反して罰せられること。好様を留む…善い様式、形態を遺すこと。

現在《げんざい》の福は、祖宗《そそう》より積《つ》める者なり。惜《お》しまざるべからず。将來《しょうらい》の福は、子孫に貽《のこ》す者なり、培《つちか》はざるべからず。現在の福は燈《とう》を點《てん》ずるが如く、隨《したが》ひて點ずれば則ち隨ひて竭《つ》く。将來の福は油《あぶら》を添《そ》ふるが如く、愈々《いよいよ》添《そ》ふれば愈々明らかなり。

〈大意〉現在の福は、わが先祖が積み重ねてくれたものだから、大切にして惜しまなければならない。将来の福は、わが子孫に遺し伝えるものだから、よくこれを培養しなければならない。現在の福は、燈をともすようなもので、続けてともしていけば、次第に尽き果ててしまう。将来の福は、燈に油を加えるように、加えれば加えるほど明るくなっていく。

〈注釈〉祖宗…祖先。古来「惜福の訓戒」が在る。貽す…遺し伝える。子孫に贈る。

祖宗《そそう》の澤《たく》を問ふ、吾が享《う》くる者是れなり、當《まさ》に積累《せきるい》の難《かた》きを念《おも》ふべし。子孫の福《ふく》を問ふ、吾が貽《のこ》す者是れなり。傾覆《けいふく》の易《やす》きを思ふを要す。

〔大意〕先祖の徳沢を問う、わが身の享受しているものが、それにほかならない。われわれは、その累積がいかに困難であったかに思いを致さなければならない。子孫の幸福を問う。わが身が貽し贈るものが、それにほかならない。われわれは、それが、甚だ傾覆、つまり傾き覆り易いかを考えなければならない。

〔注釈〕祖宗の澤…祖先の徳沢、恩沢。積累の難き…積み重ねることの困難。貽す…遺贈する。傾覆の易き…ひっくりかえり易い。

前世《ぜんせ》の因《いん》、今受者《いまじゅしゃ》を生ぜるを知らんことを要す。是れ吾謂《い》ふ、昨日以前、爾の祖爾の父は、皆前世なり。後世の因、今作者を生ずるを知らんことを要す。是れ吾謂ふ、今日以後、爾の子爾の孫は、皆後世なり。

〔大意〕何故に前世の因縁を以て、今この祖先の恵沢を受けるものを生じたかを知ろうとすることが必要である。自分は考える。昨日以前、汝の祖汝の父であった者は、皆汝の前世にほかならなかったのである。何故に後世の因縁を以て、今この子孫の幸福を作るものを生じたかを知ろうとすることが必要である。自分は考える。今日以後、汝の子汝の孫となる者は、皆汝の後世となるべき者にほかならないのである。

〔注釈〕前世の因…前世の因縁。

祖宗《そそう》の富貴は、詩書《ししょ》の中より來たる。子孫富貴を享《う》くれば、則ち詩書を棄《す》つ。祖宗の家業《かぎょう》は、勤儉《きんけん》の中より來る。子孫家業を享《う》くれば、則ち勤儉を忘《わす》る。

〔大意〕祖先の富貴は、皆詩経や書経などの古典の教戒を学んだことに由来している。それなのに一旦その富貴を享受するとその古典の教戒を棄ててしまう。祖先の家業財産は、皆勤勉や倹約などの努力に由来している。それなのに一旦その家業財産を享受するとその勤勉の努力を忘れ去ってしまう。

〔注釈〕由来する所を棄て忘れることによって子孫が貧賤となり衰微することを戒め

ている。

近き處感動《かんどう》すること能《あた》はずんば、未だ能く遠きに及ぶ者有らず。小なる處調理《ちょうり》すること能はずんば、未だ能く大を治むる者有らず。親《した》しき者聯屬《れんぞく》すること能はずんば、未だ能く疏《うとき》を格《きた》す者有らず。一家の生理全備《せいりぜんび》すること能はずんば、未だ能く百姓《せい》を安養《あんよう》する者有らず。一家の子弟規矩《していきく》に率《したが》はずんば、未だ能く他人《たにん》を教誨《きょうかい》する者有らず。

〔大意〕近い処ですら感動させることができないのでは、到底、遠い処にまで及び得ることはあり得ない。小さな処ですら調理することができないのでは、到底、大きな処を治め得ることは有り得ない。親しい者ですら連携することができないのでは、到底、疏遠な者を来たし得ることはあり得ない。一家の生活する方途ですら全備することができないのでは、到底、広く万民を安養し得ることは有り得ない。一家の子弟ですら従わせることができないのでは、到底、他人を教育し得ることは有り得ない。

〔注釈〕調理…ととのえおさめること。聯屬…連携すること。規矩…きまり、またてほん。

至樂《しらく》は書《しょ》を讀むに如《し》くは無し。至要《しよう》は子を敎《おし》ふるに如《し》くは莫《な》し。

〔大意〕最高の楽しみは読書に勝るものはない。重も大切なことは子を教えることに勝るものはない。

〔注釈〕至樂…楽しみの至極。至要…必要の至極。

子弟の才有るは、其の愛を制《せい》して、其の誨《おしえ》を弛《ゆる》ふること毋《なか》れ、故に以て驕敗《きょうはい》せず。子弟の不肖《ふしょう》なるは、其の誨《おしえ》を嚴《げん》にして、其の愛を薄《うす》くすること毋れ、故に以て怨離《えんり》せず。

〔大意〕子弟の才気有る者は、その愛情を抑制してその教誨をゆるめてはならない。

そうすれば、その子弟は、驕傲、つまりおごりたかぶって失敗することはないであろう。

子弟の不肖にして愚かな者は、その教誨を嚴格にして、その愛情を薄くしてはならない。そうすれば、怨恨して離れ背くことはないであろう。

〔注釈〕驕敗…驕傲、驕慢による失敗。文の後半は、孟子・離婁章句の「子を易へて之を教ふ」の趣旨を述べている。

雨澤潤に過ぐるは、萬物の災なり。恩崇禮に過ぐるは、臣妾の災なり。情愛義に過ぐるは、子孫の災なり。

〔大意〕雨水が潤沢に過ぎることは、（果ては洪水となり）万物にとって禍となってしまう。恩義が礼に過ぎることは、僕婢にとって禍となってしまう。情愛が義つまり適宜の程度に過ぎることは、子孫にとっての禍となってしまう。

〔注釈〕過ぎたるは猶及ばざるが如し（論語・先進篇）の趣旨か。

安祥恭敬《あんしょうきょうけい》は、是れ小児を教ふる第一の法なり。公正厳明《こうせいげん》は、是れ家長《かちょう》と做《な》る第一の法なり。

〈大意〉安祥、つまり心を落ち着けて事をつまびらかにすることと恭敬とは、小児を教養するための第一の方法といえる。公正と厳明とは、一家の長となるための第一の法にほかならない。

〈注釈〉安祥…心を落ち着かせて、事を詳細にすること。

人の一心、先《ま》づ主宰《しゅさい》無くんば、如何ぞ整理《せいり》して一身《いっしん》の正當《せいとう》を得ん。人の一身、先づ規矩《きく》無くんば、如何ぞ調劑《ちょうざい》して一家の肅穆《しゅくぼく》を得ん。

〈大意〉人の心は、先ず第一に主宰、つまり物事をすべてつかさどるものが無くては、どのようにして、心を整理してその人一身の正当さを得られようか、得られはしない。人の一身は、先ず第一に規範となるものが無くては、どのようにして調剤して、その一家のつつしみうやまい合う和合を得られようか、得られはしない。
〔注釈〕一心…こころ。心を一つに集中すること。主宰…上に立って物事をすべてつかさどること、またその人。一身…人のからだ。その人のすべて。規矩…コンパスと物指し。きまり、てほん。調劑…ととのえる。ほどよくする。劑もととのえる意。肅穆…うやまいつつしむ。

性情上の偏私を融得するは、便《すなわ》ち是れ大學問なり。家庭中の嫌隙《けんげき》を消得するは、便ち是れ大經綸なり。

〔大意〕性情上の偏りを融得するのは即ちこれ一身上の大学問にほかならない。家庭の中の仲違いを打ち消すのは、即ちこれ一家内の大經綸にほかならない。
〔注釈〕偏私…偏り。嫌隙…仲が悪いこと仲たがい。

朋友交遊《ほうゆうこうゆう》の失《しつ》に遇《あ》へば、宜《よろ》しく剴切《かいせつ》なるべし。宜しく游移《ゆうい》なるべからず。家庭骨肉《かていこつにく》之變《へん》に處《しょ》するは、宜《よろ》しく委曲《いきょく》なるべし、宜しく激烈《げきれつ》なるべからず。

〔大意〕朋友が交遊の失意に遇った際には、ぴったり当てはまるように事のよろしきにかなうようにいたわらなければならない。打ち棄てて置いてはならない。家庭内の骨肉、つまり親子兄弟の変異に対処するには、すみずみまですべてことこまかに処置しなければならない。激烈、つまり手荒く処置してはならない。

〔注釈〕剴切…急所に当たる。ぴったり当てはまる。事のよろしきにかなう。委曲…くわしくこまかなこと。すみずみまですべて。

未だ和氣《わき》萃《あつ》まりて家吉昌《きっしょう》せざる者有らず。未だ戾氣《れいき》結《むす》びて家衰敗《すいはい》せざる者有らず。

〔大意〕柔和の気が一家に集まっていて、しかもその家が繁昌しなかった例はあるまい。乖戻の気が一家に凝り結んでいて、しかもその家が衰微しなかった例はあるまい。

〔注釈〕和氣…なごやか（おだやか）な気分。萃まる…あつまる（聚）。あつめる。吉昌…めでたくさかんなさま。乖戾…そむきもとる。たがう。衰敗…衰えやぶれる。

閨門《けいもん》の内《うち》、戯言《ぎげん》を出さずんば、則ち刑于《けいう》の化行《かおこな》はる。房帷《ぼうい》の中、戯笑《ぎしょう》を聞かずんば、則ち相敬《そうけい》の風著《ふうあら》はる。

〔大意〕閨門の内に於いて、戯言を出さないようであれば、妻子兄弟に至るまでの教化がよく行われていることが判明する。房帷、つまり夫婦の寝室の中で戯笑の声を聞かぬようならば夫婦の相互に敬する風が著れていることが判明する。

〔注釈〕刑于の化…妻子兄弟に至るまでの教化。詩経・大雅思齊篇に「寡妻に刑あらしめ、兄弟于《に》至り、以て家邦を御《おさ》む」とある。房帷は、部屋の幕にて、夫婦の居る室という意。

人の嫡室に於けるや、宜しく其の子を蔽ふの過を防ぐべし。人の繼室に於けるや、宜しく其の子を誣《し》ふるの過を防ぐべし。

〔大意〕人は、本妻に対しては、とかく其の子を蔽い庇《かば》う過失をしないように防がねばならない。またその後妻に対しては、とかくその子を誣いる。つまり無いことを有るように言う過失が無いように防がなければならない。
〔注釈〕嫡室…正妻、嫡妻。繼室…後妻。誣ふ…欺く、無いことを有るように言う。

僕は能ありと雖も、内事に與からしむべからず。妻は賢なりと雖も、外事に與からしむべからず。

〔大意〕家僕は、たとえ才能が有る者であっても、家庭内の事柄に関与させてはならない。妻は、たとえ賢明であっても、外事、つまり社会的政治的事柄には関与させてはならない。
〔注釈〕僕…家僕、下僕、しもべ。與かる…関与する。

奴僕《ぬぼく》の罪《つみ》を我に得る者は尚ほ恕《なじょ》すべし。罪を人に得る者は恕すべからず。子孫の罪を人に得る者は尚ほ恕すべし。罪を天に得る者は恕すべからず。

〔大意〕奴僕が、主人である自分に対して罪を犯した場合は、まだ宥恕することができるが、他人に対して罪を犯した場合は宥恕することはできない。子孫が他人に対して罪を犯した場合は、宥恕されるかも知れないが、天に対して罪を犯してしまっては、宥恕されることは叶わない。

〔注釈〕罪を～に得る…～に対して罪を犯す。恕す…宥恕する。大目に見る。

奴の不祥《ふしょう》は、主人の謗語《ぼうご》を傳ふるより大なるは莫《な》し。士の不祥は、僕婢《ぼくひ》の譖言《しんげん》を行《おこな》ふより大なるは莫し。

〔大意〕奴僕の不吉なことは、主人の悪口を伝えることより大なるものはない。士の不吉なことは、僕婢の讒言を信じて行うことより大なるものはない。

〔注釈〕不祥…不吉。よくない、めでたくないこと。謗語…謗言。悪口。譖言…うそをいって訴える言葉。讒言。

家を治めて嚴《げん》なれば、家乃《すなわ》ち和す。鄉《きょう》に居て恕《じょ》なれば、鄉乃ち睦《ぼく》す。

〔大意〕家を治めて厳なれば、その家は必ず和合するであろう。郷里に居て恕（思いやりの心）を守っていれば、その郷里は必ず親睦し合うであろう。

〔注釈〕嚴…厳格。厳正。乃…すなわち、助字、しかるのち。とりもなおさず～である。恕…おもいやり。いつくしみ。

家を治むるは、寛《かん》を忌《い》みて、尤《もっと》も嚴《げん》を忌む。家に居《い》ては、奢《しゃ》を忌みて、尤も嗇《しょく》を忌む。

〔大意〕一家を治めるには、寛大であってはならない。しかし厳に過ぎるのが最もいけない。家の生活で奢侈を忌避するが、吝嗇、つまりものおしみすることは最もいけない。

〔注釈〕忌む…にくむ、きらう。尤も…最も、甚だ。嗇…吝嗇。

正經人《せいけいじん》の交接《こうせつ》する無くんば、其の人必ず是れ奸邪《かんじゃ》なり。窮親友《きゅうしんゆう》の往來《おうらい》する無くんば、其の家必然勢利《ひつぜんせいり》なり。

〔大意〕正経人、つまり正しくまじめな人物の交際するものが無いとすれば、その人は、必ず奸邪の心有る人である。窮親友、つまり貧乏な親友が相往来しないとすれば、その家は、必ず勢利、つまり権勢と利益を専ら追い求める家である。

〔注釈〕正經人…正しくまじめな人物。奸邪…姦邪。よこしま。不正。窮親友…貧乏な親友。勢利…権勢と利益。

日光天に照《てら》し、羣物皆作《ぐんぶつみなさく》す。人は物《もの》よりも靈《れい》なり。寐《い》ねて覺《さ》めず、是《こ》れを天起《てんお》きて人起《ひとお》きずと謂《い》ふ。必ず天神に譴《とが》めらる。君上朝に臨み臣下高臥するが如し。失誤罰責を兎れず。夜漏《やろう》三更《さんこう》、羣物皆息す。人は物よりも靈なり。烟酒に沈溺す。是れを地眠りて人眠らずと謂ふ。必ず地示《ちじ》に訶《か》せらる。家主睡らんと欲して、僕婢喧閙《けんとう》するが如し。休めずんば定めて鞭笞《べんち》に遭はん。

〔大意〕日光が天に輝いて、万物おのおの皆起きて動作している。然るに、人は万物の霊長でありながら、なお眠って目覚めないとしたら、これこそ天起きて人起きずといわれる。必ずや天神に譴責される。譬えていえば、人君が朝廷に臨んでいるのに、人臣が、なお枕を高くして臥眠して、その失誤や罰責を免れないようなものである。夜漏三更、つまり真夜中になって万物が皆寝息している。然るに、人は万物の霊長でありながら、なお喫咽飲酒に沈溺して寝息しないとしたら、これこそ地眠りて人眠らずといわれる。譬えていえば、主人が眠りたいと思っているのに、僕婢がなお喧噪し、遂に鞭笞、つまりこらしめに鞭打たれるに至るようなものである。

〔注釈〕人は物よりも霊なり…人は万物の霊長であるとの示唆。高臥…高眠。夜漏…夜の時間。三更…五更の第三の時刻。午前零時前後。沈溺…悪習などにふけりおぼれる。地示…地祇、示は祇と同じ。喧閙…やかましく騒がしい。鞭笞…いましめむちうつ。『百朝集』二十四に採られている。

楼下《ろうか》は宜《よろ》しく神を供《きょう》すべからず。楼上の穢褻《かいせつ》を慮《おもんぱ》かる。屋後は必ず須らく戸を開くべし。屋前の火災を防ぐ。

〈大意〉二階建ての建物の下の階には、神を祀り置いてはならない。なぜなら、階上の穢褻、つまりけがれを憂慮するからである。家の後は、必ず戸を開けておくとよい。なぜなら、家の前の火災のある時に備えてである。

〈注釈〉楼は二階建ての建物。楼下は、その下の階、穢褻…けがれ、けがらわしいこと。

○従政類

眼前の百姓は即ち兒孫《じそん》、謂ふこと莫《なか》れ百姓欺《あざむ》く可《べ》しと、且《しばら》く兒孫に地歩《ちほ》を留下《りゅうか》せよ。堂上《どうじょう》の一官は父母と稱《しょう》す。漫に道《い》ふ一官好《よ》く做《な》せと、還些《またさ》の父母の恩情《おんじょう》を盡《つく》せ。

〔大意〕上にある者からいえば、眼前にある百姓は、子孫のような者にほかならない。だから上にある者は、決して百姓は欺くことができるなどとはいうべきではなく、しばらくは、子孫たる百姓にその地歩を譲らなければならない。下にある百姓は、堂上にある官吏を、ただ漫然と父母と称して、父母らしく政事を行ってもらいたいという。だから、父母と仰がれる官吏は、またいささか父母らしい恩情を尽くさなくてはならないのである。

〔注釈〕為政者から見て、百姓（人民）は父母における子孫のような存在であるとし、百姓から為政に当たる官吏は、子孫における父母のような存在であると譬えて、為政者の戒めとしている。この「従政類」の篇には、専ら為政者の戒めとなることが集められている。

善く黎庶《れいしょ》の情を體《たい》する、此れを民の父母と謂《い》ふ。廣く陰隲《いんしつ》の事を行ひ、以て能《よ》く我が子孫を保す。

〔大意〕よく一般人民の心情をわが事として推察する為政者を人民の父母という。広く陰徳の政治を施して、その徳望によってわが子孫を保護することができる。

〔注釈〕黎庶…多くの人民。體する…体認する。十分理解して身につける。陰隲…天がひそかに人民を安んじ定めること。天がひそかに人類の行為を見て禍福を下すこと。

封父祖《ほうふそ》に贈《おく》るは、得易《えやす》きなり。人をして父祖を唾罵《だば》せしむること無きは、得難きなり。恩《おん》子孫を蔭《いん》するは、得易きなり。我をして子孫を毒害《どくがい》せしむること無きは、得難きなり。

〔大意〕封爵を受けて自分の父祖に贈呈することは容易であるが、他人が、自分の父祖をきらって悪口をいうことがないようにするのは、難しい。恩恵を以て自分の子孫を庇護することは容易であるが、自分自身で自分の子孫に害毒を与えないようにすることは、難しい。

〔注釈〕封…封爵。唾罵…つばを吐きかけてののしる。ひどくきらって悪口をいう。蔭する…たすける。庇護する。

己《おのれ》を潔《いさぎよ》くする方《まさ》に能《よ》く己を失はず。民を愛する重《おも》んずる所は民を親《した》しむに在り。

〔大意〕自分の心や行為を修めて清く正しくすることこそ、自分自身を見失わないことにほかならない。人民を愛するに当たって最も重視すべきことは、人民に親しむことにほかならない。

〔注釈〕己を潔くする…自分の心や行為を修めて清く正しくする。方に…ちょうどそのとき。

朝廷《ちょうてい》法《ほう》を立つる、厳《げん》ならざるべからず。有司《ゆうし》法を行ふ、恕《じょ》ならざるべからず。

〔大意〕朝廷が法を立てるには、厳格でなければならない。官僚がその法を施行する場合には、仁恕でなくてはならない。

〔注釈〕有司…官僚。役人。恕…おもいやり。仁恕。

厳《げん》以て役《えき》を馭《ぎょ》し、而して寛《かん》以て民を恤《めぐ》む。善を揚ぐるに亟《すみやか》にして、而して奸《かん》を去るに勇なり。催科《さいか》に緩《かん》にして、而して撫《ぶ》字《じ》に勤《つと》む。

〔大意〕厳格に役人を制御し、寛恕の心で人民をいつくしまなければならない。善行は急いで賞揚し、奸悪な者を勇敢に除去しなければならない。催科、つまり税などの催促をゆるやかにして人民を撫恤《ぶじゅつ》することに努めなければならない。

〈注釈〉役を馭す…役人を制御する。官僚を統率する。民を恤む…人民を撫恤する。亟か…すみやか。早い。催科…科役を催促する。税などの催促。

催科《さいか》擾《みだ》れず、催科中撫字《ぶじ》す。刑罰《けいばつ》差《たが》はず、刑罰中教化《きょうか》す。

〈大意〉科役、つまり税などの催促は乱れることなく、税などの催促に当たってもあわれみいつくしむ心を忘れない。刑罰は厳正に行うが、刑罰に当たっても教化の心がけを忘れない。

〈注釈〉行政に当たって、人民を撫恤、つまりいつくしみ、あわれむ心情や教化する心懸けが必要であると教えている。

刑罰《けいばつ》當《まさ》に寛《かん》なるべき處《ところ》は卽《すなわ》ち寛にす。草木《そうもく》も亦上天《じょうてん》の生命《せいめい》なり。財用《ざいよう》省《はぶ》くべき時は便ち省く、絲毫も皆下民の脂膏なり。

〈大意〉刑罰は、当然、寛大にしうる場合に、寛大にすべきである。草木のようなものも、天地の生命として思いやる気持ちを以てである。財用は省ける所は省かねばならない。たとえわずかな物でも、皆人民の汗と膏をしぼった物にほかならないからである。

〔注釈〕財用…資財、資財の使用。絲毫…きわめて少ないこと。脂膏…苦労して得た収益の意。

家に居て婦女們《ふじょら》の愛憐《あいれん》を為せば、朋友《ほうゆう》必ず怒色《どしょく》多し。官と做《な》って衙門人《がもんじん》の歓喜《かんき》を為せば、百姓定《さだ》めて怨聲《えんせい》有り。

〔大意〕家庭に在って、婦女等を愛憐、つまり可愛がると、朋友に必ず忿怒の表情が多くなる。官吏となって役所の役人を喜ばせると、人民からは必ず怨恨の声が放たれるものだ。

〔注釈〕婦女們…婦女等。們は、ともがら、どもの意。衙門人…役人、役所の官僚。

官必ずしも尊顯《そんけん》ならず、君親《くんしん》に負《そむ》くこと無きに期す。道必ずしも博《ひろ》く施《ほどこ》さず。要《よう》は民物《みんぶつ》に裨《おぎな》ひ有るに在り。

〔大意〕官は必ずしも尊顕となることを貴ばない。畢竟、君と親とに背かないことを期すべきである。道は必ずしも博く施すことを善としない。要は、人民に裨益あることに在るのだ。

〔注釈〕尊顕…たっとく地位が高い官職。裨ひ有る…裨益、つまり有益であること。おぎない益すること。

禄《ろく》は豈《あ》に多きを須《もち》ひんや、防《ふせ》ぐこと満つれば則《すなわ》ち退く。年は暮るるを待たず、疾《やまい》有れば便ち辭《じ》す。

〔大意〕俸禄は、多く受ける必要はない。ただ身を衛るに充分であれば、それで退任すればよい。年齢は老いるのを待たず、身に疾病が生ずれば、それで辞任すればよい。

〔注釈〕防ぐこと満つれば…生活を防衛するに充分であれば。

天私《ひそ》かに一人を富《と》まずに非ず、託《たく》するに衆貧者《しゅうひんじゃ》の命を以てす。

天私《ひそ》かに一人を貴《たっと》くするに非ず、託するに衆賤者《しゅうせんじゃ》の身を以てす。

〔大意〕天は、ひそかに一人の身を富まそうとしたのではない。この人物に託して衆貧者の命を救済させようとしたのである。
　天は、ひそかに一人の身を貴くしたのではない、この人物に託して衆賤者の身を援助させようとしたのである。

〔注釈〕託するに～を以てす…この人物に～を依託する。

世に在ること一日ならば、一日の好人《こうじん》做《な》るを要す。官と為《な》ること一日ならば、一日の好事《こうじ》を行はんことを要す。

〔大意〕世に在ること一日ならば、即ち一日だけの好人物となろうと心掛けよ。官と為ること一日ならば、即ち一日だけの好政事を行おうと心掛けよ。

〔注釈〕一日一日を充実させる心構えを説く、その積み重ねが偉大な成果に連なる。

貧賤の人は櫛風沐雨《しっぷうもくう》、萬苦千辛《ばんくせんしん》し、自家《じか》の血汗《けっかん》、自家消受《しょうじゅ》す。天の鑒察《かんさつ》猶ほ恕《じょ》す。富貴の人は衣税食租《いぜいしょくそ》、擔爵受祿《たんしゃくじゅろく》し、萬《ばん》民《みん》の血汗《けっかん》、一人消受《しょうじゅ》す、天の督責《とくせき》更に嚴《げん》なり。

〔大意〕貧賤の人は、風に髪を櫛けずり雨で体を洗うように千辛万苦しているのに、自分自身の血と汗の成果を自身で消費している。それゆえ天の鑑察は、猶これを恕す。つまり大目に見るのである。富貴の人は、税を取り租を徴して、重爵を担い、重禄を受けて万民より搾り取った血と汗の成果を、自分一人で消費しているのである。天が、督責、つまり忠実に職務を果たすよう監督することが一層厳重なのはそのためにほかならない。

〔注釈〕櫛風沐雨《しっぷうもくう》…風で髪をくしけずり、雨で体を洗う。鑒察…よく善悪を見定めること。恕す…おもいやる。いつくしみあわれむ。おおめに見る。寛恕。衣税食租…税租を衣食に当てる。督責…忠実に職務を果たすよう監督する。

平日誠《せい》以《もっ》て民を治めて、民之を信《しん》ずるときは、則ち凡そ民に事有れば應《おう》ぜざること無し。平日誠以て天に事《つか》へて、天之を信ずるときは、則ち凡そ天に禱《いの》ること有れば應ぜざること無し。

〔大意〕平生誠意を以て人民を治めて、しかも人民がそれを信じている時は、すべて人民に問題が生ずれば、いかなる問題でも、人民がこれに対応しないことはない。平生誠意を以て天に事《つか》えて、しかも天がそれを信じている時は、すべて天に祈禱して願い求めることが有れば、天はこれに応験しないことはない。

〔注釈〕天に禱る…天神に事を告げてさいわいを願い求める。

平民肯《あえ》て徳を種《う》ゑ恵《え》を施《ほどこ》さば、便《すなわ》ち是れ無位底《むいてい》の卿相《けいしょう》なり。士夫《しふ》徒《いたずら》に権を貪《むさぼ》り寵《ちょう》を希はば、竟《つい》に有爵底《ゆうしゃくてい》の乞児《きつじ》と成らん。

〔大意〕平民であっても、心から徳を広め行い世に恵みを施す者は、とりもなおさず、爵位なき卿相ともいうべき人物にほかならない。

士大夫であっても、いたずらに権勢を貪り寵愛を願う者は、終いには爵位ある物乞い児ともいうべきにすぎない。

〔注釈〕徳を種ゑる…徳を広め行う。広く徳行がある。無位底…底は、的と通じ、無位のという意。卿相…天子・諸侯を助けて政治を行う高位の臣。乞兒…物乞い児。

功無くして食すは、雀鼠《じゃくそ》是れのみ。害を肆《ほしいまま》にして食すは、虎狼《ころう》是れのみ。

〔大意〕功労無くして禄を食《は》めば、雀や鼠と異ならない。害毒を、ほしいままにして禄を食めば、虎や狼と同じである。

〔注釈〕食す…食禄する。扶持を受ける。

清《せい》に矜《ほこ》りて濁《だく》に傲《おご》ること毋《なか》れ。大を愼《つつし》みて小を忽《ゆるがせ》にすること毋れ。始めを勤《つと》めて終りを怠《おこた》ること毋れ。

〔大意〕自分が清廉であることにほこりたかぶって、他人の汚濁をあなどり軽んずることがあってはならない。重大な事柄は慎重に対処し、軽小な事柄は粗忽に扱うことがあってはならない。事の始めは勤めはげんで、終わりは怠ることがあってはならない。

〔注釈〕矜る…ほこる。ほこりたかぶる。傲る…おごる。軽んずる。忽にする…粗忽に扱う。

勤能く拙を補ひ、倹以て廉を養ふ。

〔大意〕勤勉であれば、自分の才能の拙劣さを補うことができる。倹約であれば、自分の心の廉潔を養うことができる。

〔注釈〕廉…清廉。廉潔。

官に居て廉《れん》、人以て百姓福を受くと為す、予《よ》は以て福を子孫に錫《たま》ふ者浅《あさ》からずと為すなり。曾《かつ》て己《おのれ》を約《やく》し民を裕《ゆたか》にする者有るを見る、後代昌大《しょうだい》ならずや。官に居て濁《だく》、人以て百姓害を受くと爲す、予は以て害を子孫に貽《のこ》す者淺からずと爲すなり。曾《かつ》て衆《しゅう》を瘠《や》せしめ家を肥す者有るを見る、歴世久長《れきせいきゅうちょう》なるを得んや。

〔大意〕官界に在って清廉であれば、人々は必ず喜んで、人民が幸福を受けるものだと評価するであろう。自分は、それだけでなく、このような人物であれば、必ず子孫に厚く福禄を遺贈するものであると考える。

顧みれば、自分の生活は質素に倹約して、人民を富ませた人物の子孫は、必ず大いに繁栄しなかった例《ためし》は無い。

逆に、官界に在って貪濁であれば、人々は必ず怒って、人民が害毒を蒙るものだと考えるであろう。自分は、それだけでなく、このような人物であれば、必ず子孫に深く弊害を遺すものであると憂慮する。

顧みれば、多くの人民を貧しくしながら、自分の家のみ富裕にした人物の家系が、永続した例は無い。

〔注釈〕廉…清廉、廉潔。百姓…一般人民。錫ふ…錫は賜の意であろう。約す…倹約する。昌大…昌盛。隆昌。昌は盛の意。濁…貪濁。汚濁。貽す…贈る。遺す。衆を瘠せしめ家を肥す…人民を貧しくして自家を富ます。歴世…代々。歴代。

林皐安樂懶散《りんこうあんらくらいさん》の心を以て官と做《な》らば、未《いま》だ荒怠《こうたい》せざる者有らず。家に在りて生を治め產を營《いとな》むの心を以て官と做《な》らば、未《いま》だ貪鄙ならざる者有らず。

〔大意〕森林や沼沢のある田舎に住んで、安楽に暮らし、怠けおこたるような心構えで官吏となったとしたら、その職務を怠らなかった例はあるまい。自分の家で自計を営み仕事をするような心構えで官吏となったとしたら、どうしても貪鄙、つまり貪欲でいやしい在り方にならなかった例はあるまい。

〔注釈〕林皐…林や沢のある田舎。皐は皋の俗字。懶散…懶惰で散漫。荒怠…仕事を放り出してなまけおこたること。貪鄙…貪欲で鄙俗。

念念《ねんねん》之を君長《くんちょう》に用ふれば、則ち吉士《きつし》と為《な》る。念念之を套數に用ふれば、則ち俗吏と為る。念念之を身家に用ふれば、則ち賊臣と為る。

〈大意〉一念一念、これを君主や上官のために用いれば、良臣にほかならない。一念一念、皆これを計数、利益のために用いれば、俗吏にほかならない。一念一念、皆これを自分の家の損得勘定のために用いれば、君国にとって不忠の臣にほかならない。

〈注釈〉念念…一念一念。君長…君主や上官。套數…計数。賊臣…不忠の臣。逆臣。

古の仕に従ふ者は人を養ひ、今の仕に従ふ者は己を養ふ。

〈大意〉古昔の仕官、つまり官職に就いている者は、人を養うことに努めたが、今日の仕官は、自分を養うことに努めている。

〈注釈〉東洋思想には、尚古思想が基調となっており、古には、理想が、今には、現実が措定される。この条項と次の条項とは、共にその典型といえる。

古の官に居るや、下民《かみん》の身上《しんじょう》に在りて工夫《くふう》を做《な》す。今の官に居るや、上官《じょうかん》の眼底《がんてい》に在りて工夫を做す。

〔大意〕古昔の官職に居る者は、庶民の身の上に思慮をめぐらした。今日の官職に居る者は、上官の眼中、つまり見解に合わせて思慮をめぐらしている。

〔注釈〕下民…庶民、民衆。身上…身の上。境遇。工夫を做す…思慮をめぐらす。手段を考える。

家に在る者は、官方に能く分《ぶん》を守る有るを知らず。官に在る者は、家方《まさ》に能く分を盡《つ》くす有るを知らず。

〔大意〕家に居る者は、官に於いて能く分を守っているということを知らないものである。官に居る者は、家に於いて能く分を尽くしているということを知らないものである。

〔注釈〕分を守る…職分を守る。分を盡くす…義務、本分を尽くす。

君子は官に當《あた》り職に任じて、難易《なんい》を計らずして、志人を濟《すく》ふに在り。故に動《やや》もすれば輒《すなわ》ち功を成す。小人は祿《ろく》を苟《いやし》くもし私を營《いとな》み、只《た》だ便安《べんあん》に任《まか》して、意、己《おのれ》を利するに在り。故に動もすれば多く事を敗《やぶ》る。

〔大意〕君子は、官に当たり職に任じては、事の難易を計ることなくして、その志は、もっぱら人民を済うことに在る。それゆえに、ややもすれば、忽《たちま》ち功を成すのである。小人は、禄をぬすみ、私を営んで、ただ便利で安易に任せて、その意は、もっぱら自分を利するに在る。それゆえ、ややもすれば多く事を失敗するのである。

〔注釈〕官に當り職に任ず…官職を担当する。人を濟ふ…人民を助け救う。濟民、つまり人民を教化し、生活を豊かにしてやること。「経世済民」は、東洋の政治の目的を意味した。動もすれば…ともすれば。輒ち…そのたびごとに、たやすく。祿を苟くもす…奉禄をなおざりにする。

職業は是れ當然底《とうぜんてい》、毎日他《た》の盡《つ》きざるを做《な》す。認めて假《か》を作《な》すを要すること莫《なか》れ。權勢は是れ偶然底《ぐうぜんてい》、日有りて他主《たしゅ》に還《かへ》す者、認めて眞《しん》を作《な》すを要すること莫《なか》れ。

〔大意〕職業は、人として当然為すべきものであって、毎日、その尽きない仕事を為すことであるから、これを仮のものと認識してはならない。権勢は、偶然に得るに過ぎないものであって、いつかは、それを与えた主に返却すべきものであるから、これを真のものと認識してはならない。

〔注釈〕當然底…當然的と同意。底は、的と通じ、~的を~底のようにいう。偶然底の場合も同じ。認めて~と作す…~であると認識する意の表現。日有りて…いつの日かは、いつかは。

一切《さい》の人悪《あく》を爲すは、猶《なお》言ふべきなり。惟《た》だ讀書の人は悪を爲すべからず。讀書の人悪を爲さば、更に教化《きょうか》の人無し。一切の人法《ほう》を犯《おか》すは、猶言《なお》ふべきなり。惟《た》だ官と做《な》る人は法を犯すべからず。官と做る人法を犯さば、更に禁治《きんじ》の人無し。

〔大意〕一般の人が悪い事をした場合は、なお弁解の余地があろうが、ただ読書人は悪事をしてはならない。読書人が悪事をしていたのでは、一般の人の悪事を教化できる人がいなくなってしまうからである。一般の人が法を犯した場合は、なお弁解の余地があろうが、ただ官吏は決して法を犯してはならない。官吏が法を犯していたのでは、一般の人が法を犯した場合に、これを禁じ治める人がいなくなってしまうからである。

〔注釈〕一般の人を教化する立場の読書人と違法を禁治する立場の官吏には、一般よりも厳格に求められる所があると説く。

士大夫人《したいふひと》を濟《すく》ひ物を利するは、宜しくその實に居るべし、宜しく其の名に居るべからず、其の名に居るときは、則ち徳損《とくそん》ず。士大夫國《くに》を憂《うれ》へ民を爲《おさ》むるには、當《まさ》に其の心有るべし、

當に其の語有るべからず、其の語有れば、則ち毀《そし》り來《きた》る。

〔大意〕士大夫が人民を救済し物資を増すに当たっては、実質をともなっていなければならない。名目のみではならない。もし空しく名目のみがあったのでは、その徳望を失ってしまう。

士大夫が国政を憂慮し人民を統治するに当たっては、心情がともなっていなければならない。もし徒《いたずら》に言葉のみであったのでは、誹毀、つまり非難と不名誉とが交々《こもごも》起こってしまう。

〔注釈〕士大夫…官職に就いている人。読書人。名ではなく実が、語では心が必要と説いている。

處女の自ら愛する者を以て身を愛し、嚴父の子を教ふる者を以て士に教ふ。

〔大意〕自分自身を愛するのは、処女が自身を愛するようにしなければならない。士人を教化するには、厳父がわが子を教訓するようにしなければならない。

〔注釈〕他人事としてではなく、我が事として事に当たることを説いている。

法を執《と》ること山の如く、身を守ること玉の如く、民を愛すること子の如く。蠹《と》を去ること讎《あだ》の如し。

〔大意〕法を守り執行することは、泰然たる山のようにしなければならない。自身を守ることは宝玉のように大切にしなければならない。人民を愛護することは、わが子を保護するようにしなければならない。蠹《と》、つまり物事をそこない破るものを取り去ることは、仇讎《きゅうしゅう》を追い払うようにしなければならない。

〔注釈〕蠹…きくいむし、転じて物事をそこない破るものの意。讎…讎仇。讎敵。

一無辜《むこ》を陥《おとしい》るるは、刀を操《と》りて人を殺す者と何ぞ別たん。一大憝《だいたい》を釋《ゆる》すは、虎を縱《はな》ち人を傷《きずつ》くる者と殊《こと》なること無し。

〔大意〕一人の罪の無い者を罪に陥れるのは、ちょうど刀を執って人を殺すのと分けられない。一人の大悪人を許すのは、虎を放って人を傷付ける者と異ならない。

〈注釈〉無辜…罪が無い者（事）。大憝…大悪人。

針芒《しんぼう》手を刺《さ》し、茨棘《しきょく》足を傷《きずつ》くれば、擧體痛楚《きょたいつうそ》す。刑慘《けいさん》は此《これ》に百倍《ばい》す。喜怒《きど》を以て之を施《ほどこ》す可《べ》けんや。虎豹《こひょう》前に在り、坑《こう》阱《せい》後に在り、百般呼號《ぱんこごう》す、獄犴《ごくかん》は何ぞ此《これ》に異《こと》ならん。無辜《むこ》をして之に坐《ざ》せしむ可けんや。

〈大意〉針や穀物の毛先が手を刺し、いばらの棘《とげ》が足を傷付ければ、体中が痛みを感ずるであろう。けれども刑罰の惨害は、これを百倍する。自分の喜怒で以て刑罰を施すことができようか。虎や豹が前に居り、穴や落とし穴が後に在れば、さまざまな苦しみから泣き叫ぶだろう。牢獄の事は、これと異ならない。罪無き人に罪を受けさせることができようか。

〈注釈〉針芒…針や芒《のぎ》のような先のとがったもの。茨棘…いばらのとげ。獄犴…牢獄。朝廷にあるのを獄というのに対して村里にあるのを犴という。

官至尊《しそん》と雖も、決して人の生命《せいめい》を以て己《おのれ》の喜怒《きど》を佐《たす》く可《べ》からず。官至卑《しひ》と雖も、決して己の名節《めいせつ》を以て人の喜怒を佐《たす》く可からず。

〔大意〕官位が極めて高貴であっても、決して妄りに人の生命を自由にして、おのれの喜怒を助けてはならない。官位が極めて低く卑しくとても、決して妄りに、おのれの名誉節操を曲げて、人の喜怒を助けてはならない。

〔注釈〕人の生命と名節の大切さを説く対句。

断《だん》を聴《き》くの官は、成心《せいしん》必ず有る可からず。事に任ずるの官は、成算《せいさん》必ず無かる可からず。

〔大意〕訴訟を裁断する官吏は、必ず成心、つまり予め是非の心を定めることがあってはならない。公平を欠くからである。事務に任ずる官吏は、胸中に成算が無くてはならない。成算、つまり事をなしとげる見込みがなくては、事は多く失敗するからである。
〔注釈〕成心…あらかじめ是非を心に定めてしまうこと。成算…あらかじめの見込み、見通し。

緊要《きんよう》に關《かん》すること無きの票は、概《おおむ》ね標判《ひょうばん》せざれば則ち吏胥《りしょ》權《けん》無し。相交渉《あいこうしょう》せざるの人は、概ね往來《おうらい》せざれば則ち關防自ら密なり。

〔大意〕最も大切なことに関しない切手手形の類には、目印を付け判別することでも無いと、小役人には、少しも権威がなくなってしまう。関わり合いの無い人が、相往来することが無ければ、関門はおのずから厳密になるであろう。
〔注釈〕緊要…最も大切なこと。標判…目印を付けて判定する。吏胥…小役人。下級の役人。關防…関所の防り。

無辜《むこ》の牽累《けんるい》は堪《た》へ難し、緊要《きんよう》に非ずんば、祇《た》だ須《すべか》らく兩造《りょうぞう》對《たい》質《しつ》して、多少《たしょう》の身家《しんか》を保全《ほぜん》すべし。疑案《ぎあん》の轉移《てんい》は甚だ大なり、確據《かくきょ》なくんば、便《すなわ》ち當《まさ》に末減《まつげん》して寛《かん》に從ひ、幾人の性命《せいめい》を休《きゅう》養《よう》すべし。

〔大意〕無罪の者のかかわりあいは、誠に堪え難いものである。最も大切なことでない案件の場合には、ただ原告と被告の両者を向かい合わせて裁きを行い、いくぶん両者の身分の保全の余地を残してやるのがよい。疑案を取り換え取り換えすることは、甚だ容易ならぬことであるから、確証が無い限りは、その罪を軽減して幾人かの性命を休養させることを考慮してやるのがよい。

〔注釈〕牽累…かかわりあい。まきぞえの災難。兩造…裁判の原告と被告。對質…対決。法廷で原告と被告とを向かい合わせて行うさばき。確據…確実な証拠。末減…軽減。性命…生命。

呆子《ほうし》の患《うれい》は、浪子《ろうし》よりも深し、其の終に智《ち》に轉《てん》ずること無きを以てなり。昏官《こんかん》の害は、貪官《たんかん》よりも甚だし、其狼籍《ろうぜき》人に及《およ》ぶを以てなり。

〔大意〕知的障害児に対する親の心配は、軽浅で考えの無い子へのそれよりも深い。なぜなら終いには智の状態に改善しうる可能性が無いからである、昏愚の官吏の弊害は、貪汚の官吏よりも甚だしい。なぜならその乱暴に法を行うことの被害が人民に及ぶからである。

〔注釈〕呆子…知的障害児。浪子…軽浅で意見がない子。昏官…暗愚の官吏。貪官…貪汚の官吏。狼籍…無法な行い。

官肯《あえ》て意を著《つ》くること一分にして、民十分の惠を受く。上能《かみよ》く苦《く》を喫《きっ》すること一點《てん》にして、民萬點の恩に沾《うるお》ふ。

〔大意〕官吏が意を用い工夫することは一分であっても、人民の受ける恩恵は十分である。上に在る者の苦労が、ほんのわずかであっても、人民の受ける恩恵は、万般に及ぶのである。

〔注釈〕意を著く…工夫する。意を用いる。苦を喫する…苦労する。一點…すこし。わずか。萬點…万般の意か。

禮繁《れいはん》なれば則ち行ひ難く、卒《つい》に廢閣《はいかく》の書を成《な》す。法繁《はん》なれば則ち犯《おか》し易く、益々決裂《けつれつ》の罪を甚だしくす。

〔大意〕礼は、繁多に過ぎれば行われ難いので、終いには廃棚の上に束ねられて、棚ざらしの書物になってしまうだろう。法は、繁多に過ぎれば犯され易くなり、一層、やぶれかぶれの犯罪が多くなってしまうだろう。

〔注釈〕廢閣の書…廃墟となった殿閣の書架に束ねられて読まれなくなった書類の意か。決裂の罪…自暴自棄の犯罪の意か。

善《よ》く人心を啓迪《けいてき》する者は、當《まさ》に其の明なりとする所に因《よ》りて

漸く之を通《つう》ずべし。強《しい》て閉《と》づる所を開くこと毋《なか》れ。善く風俗を移易《いえき》する者は、當《まさ》に其の易《やさ》しとする所に因りて漸く之を反《はん》すべし、強《しい》て其の難《かた》しとする所を矯《た》むること毋《なか》れ。

〔大意〕善く人心を教え導く者は、その人が明らかであるとする所から始めて、次第に全体に開通していくのがよい。その人が閉ざしている所を無理に開こうとしてはならない。

善く世の風俗を移し易《か》える者は、世人が安易であると考える所から始めて、次第に全体を移し易えていくのがよい。世人が困難であると考える所を無理に移し易えようとしてはならない。

〔注釈〕啓迪…啓発する。教え導く。風俗…世の中のならわし。風習。移易…移し易える。風俗を移し易えて世の中をよくする。「移風易俗」（孝経）の意。

甚だしく民に不便《ふべん》なるに非ずんば、且《か》つ妄《みだり》に更《あらた》むること莫《なか》れ。

大に民に益有るに非ずんば、切に輕々《かるがる》しく擧《きょ》すること莫《なか》れ。

〔大意〕人民にとって甚だしく不便であるのでなければ、そのうえ妄りには、旧事を変更してはならない。人民にとっておおいに有益であるのでなければ、かるがるしく新規に事を挙行してはならない。

〔注釈〕守旧保守の尚古思想の発想であろうか。軽挙妄動の戒めか。

情は通ず可きこと有れば、舊《も》と有る者に於て、過《す》ぎて裁抑《さいよく》して以て寡恩《かおん》の怨《うらみ》を生ずること莫《なか》れ。事は已《や》むこと得るに在れば、舊《も》と無き者に於て、妄《みだり》に增設《ぞうせつ》して多事の門を開くこと莫れ。

〔大意〕情況に共通するところがあれば、旧来から有るものを抑制し過ぎて恩恵を減少する怨みを生じてはならない。事情からみて止められるものなのに、みだりに新規に増設して、多事の門を開いてはならない。けれども、勿論改めなければならない事、興さなければならないことについては、情況事勢が許すならば、拘《こだわ》るべきではない。
〔注釈〕前項と同じ趣旨と見ることができる。

前人《ぜんじん》為《た》る者は、譽《ほまれ》を干《もと》め情を矯《た》め、一切《いっさい》常《つね》とす可からざるの法を立てて、以て後人《こうじん》を難《なん》ずること無かれ。後人《こうじん》為《た》る者は、以て能《のう》を矜《ほこ》り迹《あと》を露《あら》はし、一朝《ちょう》即ち改革《かいかく》するの政を為して、以て前人を苦《くる》しむること無かれ。

〔大意〕先輩たる者は、名誉心から、人情を曲げて、一切恒常とすべきでない法を立てて、その結果、後輩の者を苦しめることがあってはならない。後輩たる者は、才能をほこり功績をあらわし、一朝直ちに改革するような政を行って先輩の者を苦しめることがあってはならない。
〔注釈〕前人…先輩。先進の人。情を矯む…人情を曲げる。後人…後輩。後進の人。能を矜り迹を露はす…能力をほこって行跡を残す。

事當《まさ》に因《よ》るべきに在れば、後人《こうじん》の爲めに故《ゆえ》無きの端《たん》を開かざれ。事當《まさ》に革《あらた》むべきに在れば、後人をして救《すく》はれざるの禍を長《ちょう》ぜしむること毋れ。

〔大意〕事柄が旧来のままにして宜しい場合には、後進の人のために、いわれ無き端緒を開いてはならない。事柄がまさに改めるべき場合には、後進の人が救われないよう禍患を増長させてはならない。

〔注釈〕因る…これまでのしきたりに従う。端…端緒。事端。

利の一身に在るは謀《はか》ること勿《なか》れ、利の天下に在る者は之を謀れ。利の一時に在るは謀ること勿れ、利の萬世に在る者は之を謀れ。

〔大意〕利益が自分一身のみに関することは謀ってはならない、利益が広く天下に関わることは、必ずこれを謀らなければならない。利益が一時のみのものは謀ってはならない。利益が永く万世に亘るものは必ずこれを謀らなければならない。
〔注釈〕謀る…考えをめぐらす。計略をめぐらす。

嬰兒《えいじ》の態《たい》を為すこと莫《なか》れ、而して大人の器《き》有り。一身の謀《はかりごと》を為すこと莫れ、而して天下の志有り。終身の計を為すこと莫れ、而して後世の慮《おもんぱかり》有り。

〔大意〕乳幼児の状態を脱却して初めて、大人の器量が現れてくる。自分一身のみの謀《はかりごと》を超越して初めて、天下の志が現出する。自分一身のみの計を超越して初めて、永く後世までの配慮が可能となる。
〔注釈〕嬰兒…生まれたばかりの乳飲み児。みどり児。「大人の器」「天下の志」「後世の慮」の前提が説かれている。

三代以前の見識を用ひて、之を迂に失せず。三代以後の家數《かすう》に就《つ》きて、俗に隣《りん》せず。

〔大意〕三代以前の見識、つまり古聖代の見識を現代に応用しながらも、迂遠に過ぎて失敗するようなこともなく、三代以後の人柄、人品に即応しながらも、低俗に近づいてしまうことがない。そのような生き方ができれば、変通自在で、人後に落ちないで済むであろう。

〔注釈〕三代…夏、殷、周三代。古の聖代とされた。迂に失する…迂遠に過ぎる。世間の事情に暗く愚かに過ぎる。家數…人柄。人品。俗に隣す…低俗に近づく。卑俗になってしまう。

大智の邦《くに》を興《おこ》すは、衆思《しゅうし》を集むるに過ぎず。大愚の國を誤るは、只《ただ》好《この》みて自ら用ふるが爲めなり。

〔大意〕大智者が国家を興隆するのは、民衆の思う所を集め採用しているに過ぎない。大愚人が国家を過誤するのは、もっぱら好んで自分の考えを用いるからである。

〔注釈〕大智…賢人。聖賢。衆思…民衆の思い、願い。

吾《わ》が爵《しゃく》益益《ますます》高ければ、吾が志益益下る。吾が官益益大なれば、吾が心益益小なり。吾が祿益益厚ければ、吾が施し益益博し。

〔大意〕わが爵位が高くなればなる程、わが心志はそれだけ逆に低くするよう心がけよう。わが官職が大きくなればなる程、わが心思はそれだけ逆に小さくするよう心がけよう。わが俸禄が重くなればなる程、わが布施、つまり民に施す所がそれだけ拡充するよう心がけよう。

〔注釈〕稔《みの》る程頭を垂れる稲穂かなの心がけを説いている。

民を安んずる者は何ぞ、民に求め無《な》ければ、則ち民安し。吏を察《さっ》する者は何ぞ、吏に求め無ければ、則ち吏察なり。

〔大意〕民を安んずる、つまり人民を安堵させるには、如何にすべきか、その基本は、人民に対して要求する所が無ければ、人民は自然に安堵するということであろう。下吏の本音は何かと推察するには、如何にすべきか、その基本は、下吏に対して要求する所が無ければ、必ず推察されるであろう。

〔注釈〕対句として解すれば、右のように推察される。いかがか。

公法を假りて以て私仇に報ずべからず。公法を假りて以て私徳に報ずべからず。

〔大意〕公法にかこつけて（仮託して）私仇（私的な仇怨）に報復（仕返し）をしてはならない。公法にかこつけて私徳（私的な恩恵）に恩返しをしてはならない。

〔注釈〕公法を假る…公法にかこつける。私徳…私的な恩恵。

天徳は只だ是れ箇の無我、王道は只だ是れ箇の愛人。

〔大意〕天徳、つまり天地が万物を生成化育する広大なはたらきは、他ならぬ無我の境地に等しいといえる。王道、つまり道徳によって人民の幸福を図って天下を治めるやり方は、他ならぬ愛人つまり、人民を愛するの境地に等しいといえる。

〔注釈〕無我…心が公平無私のこと。無心。

惟だ主有れば、則ち天地萬物は我に自《よ》りて立つ。必ず私無ければ、斯れ上下四旁咸其《みなその》の平を得。

〔大意〕ただ主宰する者が有れば、天地万物は、それぞれ自分自身で確立することができる。必ず無私であり得れば、この上下四方がすべて公平となりうる。

〔注釈〕自我にして立つ…自立する。咸其の平を得…すべて公平であり得る。

治道の要は、人を知るに在り、君徳の要は、仁を體するに在り、臣を御するの要は、誠を推すに在り、人を用ふるの要は、言を擇ぶに在り、財を理するの要は、經制に在り、用を足すの要は、歛を薄くするに在り。寇を除くの要は、民を安んずるに在り。

〔大意〕政治の道の要諦は、人の在り方や優れた人物を知ることに在る。君主たる者の徳望の要諦は、自ら仁愛を体現することに在る。臣下を統御していく要諦は、誠意を推し進めていくことに在る。人を使用していくことの要諦は、人に対して言う言葉を選択することに在る。財政を整える要諦は、節制を続けていくことに在る。費用を充足する要諦は、贈与を薄くすることに在る。寇敵《こうてき》を排除する要諦は、日頃から人民を安定させていることに在る。

〔注釈〕物事の要諦となるものを各般に至って説いている。

未だ兵を用ひざる時は、全て虚心にして人を用ひんことを要す。既に兵を用ひて戦をなす時に至れば、全然實心にして人を活用せんことを要す。

〔大意〕まだ兵を用いていない時には、すべて心を虚しくして人を用いる必要がある。既に兵を用いた時には、心を充実させて人を活かしていくことが必要である。

〔注釈〕未だ兵を用ひざる時…平和な時。既に兵を用ひて戦をなす時…戦時、戦中。

平時と戦時における統治者の心構えを対比して説いている。

天下一日も君なかる可からず、故に夷齊《いせい》は、湯武《とうぶ》を非として臣道を明かにするなり。然らずんば、則ち亂臣踵《きびす》を接して君たるに難し。天下一日も民なかる可からず、故に孔孟は、湯武を是として君道を明かにするなり、然らずば、則ち暴君踵を接して民たるに難し。

〔大意〕天下は一日たりとも君主が存在しなくてはならない。それゆえ伯夷叔斉は、殷の湯王や周の武王たり得ない。これがいわば明臣の道にほかならない。さもなければ、たちまち乱臣が踵《きびす》を接するように次々と現れて、君主の立場が困難になってしまう。

天下は一日たりとも、人民が存在しなくてはならない。それゆえ孔子や孟子は湯王や武王と同じなのだ。これがいわば明君の道にほかならない。さもなければ、たちまち暴君が踵を接するように次々に現れて、人民の生活が困難になってしまう。

〔注釈〕夷齊…伯夷・叔斉の兄弟をいう。湯武…殷の湯王と周の武王。共に人民の希望によって時の天子を伐ち、天子の位についた。孔孟…孔子と孟子。共に帝王の道を説いた。

廟堂の上、正氣を養ふを以て先と爲す。海宇の內、元氣を養ふを以て本と爲す。

〔大意〕朝廷に在っては、正気を養うことが優先する。国内に在っては元気を養うことが根本である。

〔注釈〕朝廷で賢人君子が使われれば、正気が伸び、百姓人民が治められれば、人民の元気が強固となる。これこそ万世帝王が天下を保つ要道なりと注に見える。

人身の重んずる所の者は元氣なり。國家の重んずる所の者は人才なり。

〔大意〕人身上最も重視すべき者は、元気なことであり、国家に於いて最も重視すべき者は、人才にほかならない。

〔注釈〕前項と呼応して、賢人君子が人才、人民の元気は両項同じである。

○恵　吉　類

聖人は福を斂《おさ》め、君子は祥《しょう》を考ふ。

〔大意〕聖人は幸福を望み、君子は吉祥を考える。

〔注釈〕斂は、望む意と与える意あり、両意共に通じる。

徳を作せば日に休し、善を為せば最も樂しむ。

〔大意〕道徳を実践すれば、日々幸福であり、善行を実践すれば、最も楽しむことができる。

〔注釈〕日に休す…毎日、幸福である。

巻を開けば益有り、善を作せば祥を降《くだ》す。

〔大意〕書物を開いて読めば、有益であり、善行を積めば、祥瑞の気を降すことができる。

〔注釈〕祥を降す…天の祥瑞の気を降す。

崇徳《しゅうとく》は山に效ひ、藏器は海を學ぶ。

〔大意〕有徳者を尊敬すること山に効《なら》い、器量を内に蔵すること海に学ぶ。

〔注釈〕崇徳…有徳者を尊崇する。藏器…器量を内に蔵する。

羣居《ぐんきょ》口を守り、獨坐心を防ぐ。

〔大意〕集まり住んで居る時は、発言を慎み、独り端坐している時には、わが心を守り防ぐ。

〔注釈〕羣居…集まり住む。群がっている。

足ることを知れば常に樂み、能く忍べば自ら安し。

〔大意〕満足することを知れば、心は常に楽しみ、よく忍耐すれば、心は自ら安堵する。

〔注釈〕足ることを知る…満足することを知る。能く忍ぶ…よく忍耐する。

窮達命有り、吉凶人に由る。

〔大意〕困窮と栄達とは天命が有ってそれに基づき、吉祥、さいわいと凶事、わざわいとは、人の行為に由っている。

〔注釈〕窮達…困窮と栄達。命有り…天命がありそれに基づく。吉凶…さいわいとわざわい。人に由る…人の行為に依拠する。

鏡《かがみ》を以て自ら照せば形容《けいよう》を見る。心を以て自ら照せば吉凶《きっきょう》を見る。

〔大意〕鏡を用いて自分を照らし映せば、顔かたちの姿を見ることができる。心を用いて自分を照らし映せば、未来の吉運・凶運が自然に明らかにしうるであろう。
〔注釈〕形容…顔かたち。容貌。状態。

善は至寶《しほう》爲《た》り、一生之を用ひて盡きず。心は良田《りょうでん》と作《な》す、百世之を耕して餘り有り。

〔大意〕善は、最上の宝である。生涯これを用いても尽きることはない。心は良田のようなものである。百世これを耕しても、なお余りがある。
〔注釈〕至寶…この上なく貴重な宝。最上の宝。百世…百代。万世。非常に長い年月。永久。餘り有り…豊かで余分に有ること。残余があること。

世事三分を讓《ゆず》れば、天空しく地闊《ちひろ》し。心田《しんでん》一點《てん》を培《ばい》すれば、子種《う》ゑ孫收《おさ》む。

〔大意〕世の中の物事は、皆自分の物としないで、その三分を他に譲り与えれば、天の広大な、地の果てしないような余裕を生ずることができよう。心の田地は、その一部分を培養するだけでも、子が種植し孫が収穫する利益を得ることができよう。

〔注釈〕天空しく地闊し…いわゆる互文の表現法で、天地空闊の意。子種ゑ孫収むも同様、子孫種収の意。

児孫《じそん》を好くせんと要せば、須《すべか》らく方寸中《ほうすんちゅう》一歩を放寛《ほうかん》すべし。家業を成さんと欲せば、宜しく凡事上《ぼんじじょう》一分を吃虧《きっき》すべし。

〔大意〕わが子孫を好くしようと欲したならば、心の中に、一歩をくつろげるように計らなければならない。わが家業を成そうと欲したならば、すべての物事について一分を欠損するように計らなければならない。

〔注釈〕放寛す…ゆるやかなままにする。くつろげる。凡事上…あらゆる事柄について。吃虧…欠け落ちるようにする。ブレーキやハンドルに、わずかの「遊び」が必要なことの譬喩か。

福を留めて兒孫《じそん》に與《あた》ふ、未だ必ずしも盡《ことごと》く黄金白鏹《おうごんはくきょう》ならず。心を種《う》ゑて產業と爲す、由來皆美宅良田《ゆらいみなびたくりょうでん》なり。

〔大意〕福禄を残留して子孫に贈与するのは、必ずしも尽く金銭ばかりとは限らない。自分の精神のこもった産業を遺せば、はじめから皆、美宅良田となるのである。

〔注釈〕福を留む…福禄を遺す。白鏹…白銭。銀貨か。心を種ゑる…精神を植え込む。産業…生業、なりわい。

一點《てん》の天理の心を存すれば、必ずしも後に效《こう》あるを責《もと》めずとも、子孫之に頼《よ》る。幾句《いくく》の陰隲《いんしつ》の話《わ》を說けば、縱《たと》ひ未だ盡く人に施さずとも、鬼神之を鑒《かん》す。

〔大意〕わずかでも天理にかなう心を存すれば、必ずしも後に効果あることを期さなくても、子孫は必ずそれによって福利を受けることになろう。わずかの言葉であっても陰徳の話を説けば、たとえ一般に施さないとしても鬼神は明らかに照覧してくださっている。

〔注釈〕一點の…すこしの、わずかの。陰隲…陰徳。鑒す…照覧す。照鑑す。

讀書に非ずんば、聖賢の域に入ること能はず。積徳に非ずんば、聰慧の兒を生ずること能はず。

〔大意〕聖賢の書物を読むことなしには、聖賢の境域に入ることはできない。道徳の生き方を積み累《かさ》ねることなしには、聡《かしこ》く慧《さと》い子孫が生出することはできない。

〔注釈〕讀書…聖経賢伝の書籍を読むこと。積徳…仁徳を積み重ねること。またその仁徳。聰慧…聡も慧もさとくかしこい意。才智のすぐれていること。

多く陰徳を積めば、諸福自ら至る。是れ決を天に取るなり。力を農事に盡くせば、加倍収成す、是れ決を地に取るなり。善く子孫に教ふれば、後嗣昌大なり。是れ決を人に取るなり。

〔大意〕多く陰徳を積めば、諸々《もろもろ》の福利が自然に集まって来るであろう。これは判決を天から受けることにほかならない。農業の仕事に尽力すれば、収穫は増加倍増するであろう。これは、判決を大地から受けることにほかならない。善く子孫に教育をほどこせば、後継ぎの家系は繁栄するであろう。これは、判決を人の在り方から受けることにほかならない。

〔注釈〕決を天に取る…天の判決を受ける。天の決定を得る意か。以下、天地人三才に配している。昌大…盛大。さかえる。

事事元氣を培《ばい》すれば、其の人必ず壽なり。念念《ねんねん》本心を存すれば、其の後必ず昌《さか》ふ。

〔大意〕毎事元気、つまり心身の活動の根本の気力を培養すれば、その人は、必ず長寿を保つことができる。毎念本心、つまり人間が生まれつき持っている真心、良心を存養すれば、その子孫は、必ず栄え盛んになることができる。

〔注釈〕培す…つちかう。培養する。本心を存す…人間が生まれつき持っている真心。良心を存養する。昌ふ…繁昌する。繁栄する。

一念欺《あざむ》く可しと謂ふこと勿《なか》れ、須《すべから》く天地鬼神の鑒察《かんさつ》有るを知る可し。一言軽んず可しと謂ふこと勿れ、須く前後左右の竊《せっ》聴《ちょう》有るを知る可し。一事忽《ゆるがせ》にす可しと謂ふこと勿れ、須く身家性命の關係有るを知る可し。一時逞《たくま》しうす可しと謂ふこと勿れ、子孫禍福の報應有るを知る可し。

〔大意〕一念ほどならば欺くことができるなどと言ってはならない。ぜひとも、天地鬼神のみそなわされることあるを知る必要がある。

一言ぐらいならば軽んずることができるなどと言ってはならない。ぜひとも、前後左右にひそかに聴いている者があることを知る必要がある。

一事ぐらいゆるがせにしてもよいなどと言ってはならない。ぜひとも、身家性命の関係があることを知る必要がある。

一時ほどならば、思うままにすることができるなどと言ってはならない。ぜひとも、子孫に禍福の報応があることを知る必要がある。

〔注釈〕須く〜可し…ぜひとも〜の必要がある。鑒察…よく善悪を見定めること。照覧。身家性命…身性家命の意か。報應…むくい。応報。

人心一念《ねん》の邪《じゃ》にして、鬼其の中に在り、因りて之を欺侮《きぶ》し、之を播弄《はろう》し、晝《ひる》は形像《けいぞう》に見《あら》はれ、夜は夢魂《むこん》に見《あら》はれ、必ず其の禍を釀《かも》して後已《や》む。故に邪心《じゃしん》は卽ち是れ鬼、鬼と鬼と相應《あいおう》ず、又何ぞ怪《あや》しまんや。人心一念の正にして、神其の中に在り、因りて之を鑒察し、之を呵護し、上は父母に至り、下は兒孫に至るまで、必ず其の福を致して後已む。故に正心は卽ち是れ神、神と神と相親しむ、又何ぞ疑はんや。

〔大意〕人の心は、一念邪であれば、鬼がその中に宿って、因って其の心を欺き侮り、ふるい弄《もてあそ》びて、昼間は形の上に現れ、夜に、夢の中に現れ、必ずその禍を醸して後に止む、ゆえに邪心は即ちこれ鬼である。鬼と鬼と相応ずるために、その禍を醸成することは、どうして怪しむことがあろうか。

人の心は、一念正しければ、神が即ちその中に宿り、因ってその心を見そなわして、叱ったり護ったりして、上は父母から下に子孫にまで、必ずその福を致して後に止む。ゆえに正心は神にほかならない。神と神と相親しむためにその福を致すことは、どうして疑うことができようか。

〔注釈〕鬼…ここでは悪鬼。人に害を与えるもの。禍を醸す…禍を醸成する。神…ここでは天神。鑒察する…照覧する。呵護する…叱ったり護ったりする。呵は叱る意。

終日善言を説くは、一件《けん》を做了《さりょう》するに如《し》かず。終身善事を行ふは、須《すべか》らく一件を錯了《さくりょう》するを防《ふせ》ぐべし。

〔大意〕終日徒に善言を説くのは、一善事を実践するには及ばない、終身善事を行っていくには、ぜひとも一事を誤ることを防ぐことが必要である。

〔注釈〕做了…為し終える。錯了…錯誤する。

物力は艱難なり。喫飯穿衣《きっぱんせんい》を知らんことを要するは、談《だん》何ぞ

容易《ようい》ならん。光陰《こういん》は迅速《じんそく》なり、即ち書を讀み善を行はしむるは、能く幾多がある。

〈大意〉富裕となるのは甚だ艱難である。この世の中で飯を食らい衣を着る道を知ろうとするのは、容易な話ではない。光陰の過ぎ去るのは、甚だ迅速である。この間に於いて、書を読み善を行わせることは、どれだけできよう。

〈注釈〉物力…富の力。物質的に富裕になる力。幾多…いかほど。どれほど。

隻字《せきじ》必ず惜《おし》むは、貴《き》の根《こん》なり。粒米《りゅうべい》必ず珍《ちん》とするは、富の源なり。片言《へんげん》必ず謹むは福の基《もとい》なり。微命《びめい》必ず護《ご》するは、壽の本なり。

〈大意〉片言隻句も必ず惜しむのは、高貴に至る根底である。一粒の米も必ず珍重するのは、富裕の源である。短い一言も必ず謹むのは、福を得る基礎である。微命、つまり小さな生命も必ず保護するのは、長寿を保つ本である。

〔注釈〕隻字…片言隻句。片言…短い一言。微命…微かな生命。

五穀を践《ふ》むことを作《な》さば、奇禍有るに非ずんば、必ず奇窮あらん。隻字を愛惜せよ、但に顯榮なるのみならず、亦當に壽を延すべし。

〔大意〕五穀を足で踏みつけるようなことをすれば、思いがけないわざわに会わないとすれば、必ず思いがけない貧窮に陥ろう。片言隻句でも愛し惜しむようにすれば、その身が顕栄となるのみならず、亦まさに長命をも保つことができよう。

〔注釈〕五穀を践む…天の恩恵である五穀を足で踏みつける。罰当たりな行為。

素《そ》を茹《くら》ふは、聖人の教に非ざるなり。生を好むは、則ち上天の意なり。

〔大意〕精進料理を食べるのは、聖人の教えではない。生物を活かす、つまり殺生しないことを好むのは、天意に添うことにほかならない。
〔注釈〕素を茹ふ…菜食する。肉食せず菜食する。素は精進料理。茹うは、菜食すること。生を好む…生かすことは、生物を殺さないこと。生物を殺さず活かすことを好む意。

仁厚刻薄は、是れ修短の關なり。謙抑盈満は、是れ禍福の關なり。勤儉奢惰は、是れ貧富の關なり。保養縱欲は、是れ人鬼の關なり。

〔大意〕情深く親切なことと残忍で薄情なこととは寿命の長短の分かれる関門である。謙遜で節制の生き方と盈満、つまりすべて満ち足りることを求める生き方とは、禍福の分かれる関門である。勤勉で倹素な生き方と奢侈と怠惰な生き方とは、貧富の分かれる関門である。健康を保ち養う生き方と欲望を欲しいままにする生き方とは、人間と鬼との分かれる関門である。
〔注釈〕修短…寿命の長いことと短いこと。修は脩で長い意。關…関所。分岐点。保養…健康を保ち養うこと。体を休めて丈夫にすること。

誠以て忠《ちゅう》なり。

造物《ぞうぶつ》の忌《い》む所は、日に刻《こく》日に巧《こう》なり。萬類相感ずれば、以て誠《せい》以て忠《ちゅう》なり。

〈大意〉造物者の忌み嫌う所のものは、その心が日々刻薄で狡猾なことである。万類、つまり、生きとし生けるものが相感ずるものは、その心が必ず、誠意あり忠実なることである。

〈注釈〉造物…造化。造物者。萬類…あらゆる生き物。生きとし生けるもの。

人と做《な》るに成心なくんば、便《すなわ》ち福氣を帯ぶ。事を做して結果あるは、亦是れ壽微なり。

〈大意〉人と為るに、成心、つまりあらかじめ持っている偏見が無ければ、とりもなおさず祥福の気を帯びることになるであろう。事を為して、それなりの結果があるのは、これ亦長寿を保つ微候である。

〔注釈〕成心…あらかじめ持っている偏見。

執拗《しつよう》なる者は福輕く、而して圓通《えんつう》の人は、其の福必ず厚し。
急躁《きゅうそう》なる者は壽夭《じゅよう》す、而して寛宏《かんこう》の士は、其の壽必ず長し。

〔大意〕片意地な者は、福禄を受けることが軽く、これに対して柔らかくこだわらず世渡りする人は、福禄を受けること必ず厚いものである。短気で騒がしい者は、寿命を保つことが短く、これに対して、心のひろやかなる者は、寿命を保つことが必ず長いものである。

〔注釈〕執拗…どこまでも自己の意志を通し事を行おうとすること、しつこいこと。
圓通…事理に通達する。

謙卦は六爻《こう》皆吉なり。恕字は修身行ふ可し。

〔大意〕周易（易経）の謙の卦は、謙の徳を説いて六つの爻とも皆、吉である。恕の文字は、相手の心を思い遣る、つまり仁愛の意味の文字なので、終身これを行うべきものである。

〔注釈〕恕字は修身行う可しは、論語・衛霊公篇の「一言にして以て終身之を行うべき者有りや」との子貢の問いに「其れ恕か。己の欲せざる所、人に施す勿かれ」との孔子の答えに基づけば、修身は終身でなければならない。とすれば、本文の修身は、終身の意味で用いられていると解される。

本色の人と作《な》り、根心の話を説き、近情の事を幹す。

〔大意〕（立派な）人物となるには、自分本来の在り方に忠実でなければならない。人と語るには、自分の真実の心に根ざした話を説かなければならない。物事を為すには、人情に近いことを為さなければならない。

〔注釈〕本色…本来の色。本来の在り方。根心…心に根ざす。心に基づく。近情…人情に近い。

一點の慈愛《じあい》は、但《た》だ是れ積徳の種子《しゅし》のみならず、亦是れ積福

の根苗《こんびょう》なり。試《こころ》みに看《み》よ那《なん》ぞ慈愛ならざる底《てい》の聖賢あらん。
一念の容忍《ようにん》は、但《た》だ是れ無量《むりょう》の徳器のみならず、亦是れ無量の福田なり。試みに看よ那《なん》ぞ容忍ならざる底の君子あらん。

〔大意〕少しばかりの慈愛であっても、単に徳を積む種子であるだけでなく、更に福を積む根とも苗ともなるものである。試みに看てみて欲しい。慈愛の心の無いような聖賢があるだろうか（あるはずがない）。わずかばかりの容忍、つまり人を許容し自分は忍耐することであっても、単に無量の徳器であるだけでなく、更に無量の福田となるものである、試みに看てみて欲しい。容忍の心の無いような君子など昔から無かったではないか。

〔注釈〕積徳の種子…徳望を積み重ねる種子。積福の根苗…幸福を積み重ねる根と苗。
容忍…他人には寛容で自分は忍耐すること。底は、的と同意。～のようなの意。

好悪《こうお》の良《りょう》は、夜氣に萠《きざ》す、之を靜《せい》に息《そく》するなり。惻隠《そくいん》の心は、乍見《さくけん》に發す、之を動《どう》に感ずるなり。

〔大意〕人の善を好み悪を憎む良心は、夜間にその萌芽を生ずる。これは虚静なことによってその心を生長するからである。惻隠の心、つまり、人のあわれみいたむ心は、瞬間にその事を見た時に発するものである。これは発動によってその心を感起したのである。

〔注釈〕夜氣…夜の空気。夜間。昼の雑念を去った清らかな心。惻隠の心…人の不幸などをあわれみいたむ心。仁の端の一つ。乍見《さくけん》…たちまち見る。突然見る。見た瞬間。

像《ぞう》を塑《そ》し神を棲《す》ます、盍《なん》ぞ歸りて親を奉ぜざる。院を造り僧を居《お》く、盍《なん》ぞ往きて貧を救《すく》はざる。

〔大意〕偶像を造って神を寓させるよりは、帰宅して親に孝行する方がよい。寺院を建てて僧侶に奉ずるよりも、往って世の貧民を救済する方がよい。

〔注釈〕像を塑し神を棲ます…偶像を造って神霊を宿させる。盍ぞ〜せざる…どうして〜しないのか、した方がよいの反語表現。

千金を費して勢豪《せいごう》に結納《けつのう》するは、孰《たれ》か半瓢《ひょう》の粟《ぞく》を傾けて、以て飢餓《きが》を濟《すく》ふに若《し》かん。千楹《えい》を構《かま》へて賓客《ひんかく》を招徠《しょうらい》するは、何ぞ數椽《すうえん》の茅《ぼう》を葺《ふ》きて、以て弧寒《こかん》を庇《おお》ふに如《し》かん。

〔大意〕大金を費やして、権勢ある人と交わりを結ぶよりも、半分の瓢器《ふくべ》に盛った穀物によって、世の中の飢餓に苦しむ者を救済してやる方がよい。千本の太い柱を組み立てて、賓客を招待するよりは、数本の椽《たるき》の茅屋《ぼうおく》を葺《ふ》いて、世の中の身寄りなく貧しい者を庇護する方がよい。

〔注釈〕結納…互いに心を通じて助けあうこと。半瓢の粟…半分の瓢に盛る穀物。わずかばかりの穀物の意。千楹…多くの太く丸い柱。數椽の茅を葺く…数本のたるきの茅屋《ぼうおく》の屋根を葺く。弧寒…身寄りなく貧しい者。

人の窮《きゅう》を憫《あわれ》み濟《すく》へば、分文升合《ぶんぶんしょうごう》と雖も、亦是れ福田《ふくでん》なり。人に善を與《ゆる》すことを樂しめば、即ち隻字片言《せきじへんげん》も、皆良藥《りょうやく》と爲《な》る。

〔大意〕人の困窮しているのを憐み救えば、たとえ僅かの銭や少しの穀物であっても、これまた一種の福田、つまり幸福をもたらす基となるものにほかならない。人に善を許すことを楽しめば、たとえ僅かばかりの言葉であっても、皆これ良薬となるものである。

〔注釈〕分文升合…少しの銭と僅かの穀物。福田…幸福をもたらす基となるもの。人に善を與すことを樂しむ…孟子・公孫丑篇に「言を人に取りて以て善と為すは、是れ人に善為るを與す者なり」とあるに拠っている。隻字片言…片言隻句に同意。ほんの短い言葉。

田園《でんえん》を賤占《せんせん》すれば、決して敗子を生ず。師傅《しふ》を尊崇すれば、定めて賢郎を産す。

〔大意〕田畠を安価で買収する者は、決まって家を滅ぼす子を生むであろう。師傅《しふ》を尊重して貴ぶ者は、必ずや賢明な子を産むであろう。

〔注釈〕賤占す…安買いする。敗子…家をやぶる子。やくざな不孝者。師傅…教え導きながら守り育てる役。もりやく。

平居には欲《よく》を寡《すくな》くして身を養ひ、大節《たいせつ》に臨みては、則ち生を捨て命を委《い》す。治家《ちか》には入るを量《はか》りて出づるを為し、好事《こうじ》を幹《かん》すれば則ち義に仗《よ》り財を輕んず。

〔大意〕平生は、欲を少なくして身を養う生き方をするけれども、大節あるに臨んだ場合には、わが生命を打ち棄てなくてはならない。家計を営むには、収入を計算して支出を制するようにするけれども、好事を行うに当たっては、大義に依って財産を軽視しなくてはならない。

〔注釈〕平居…ふだん。平常。大節…守るべき重要な事柄、国家の大事変。生を捨て命を委す…生命を捨てる。委も、捨てる意。

善く力を用ふる者は力に就き、善く勢を用ふる者は勢に就き、善く智を用ふる者は智に就き、善く財を用ふる者は財に就く。

〔大意〕よく力を使用する者は、力を成就し、よく権勢を使用する者は、権勢を成就し、よく智慧を使用する者は、智慧を成就し、よく財産を使用する者は、財産を成就する。

〔注釈〕脚注に、陳榕門云ふ。人生最も得難き者は、力也、勢也、智也、財也。此の四者、之を正に用ふれば、何の善か為すべからざらん。之を邪に用ふれば、何の悪か作すべからざらん。總じて人に在って善用するを要するのみ。四就の字、肯て此の四者を錯用せず、肯て此の四者を輕置せずの二意に有りと。就く…つく。つき従う。従来する、成すの意。ここでは成就する意に解した。

身世《しんせい》は険途《けんと》多し、急に須《すべか》らく安宅《あんたく》を尋ね求むべし。光陰《こういん》は過客《かかく》に同じ、切《せつ》に主翁《しゅおう》を汨没《こつぼつ》すること莫《なか》れ。

〔大意〕人の一生には、険阻な道路が多いものだ。だからすみやかに安楽な居処を尋ね求めなければならない。光陰、つまり歳月の流れは、旅人と同じで、去って返らない、切に主人翁たる自分自身が、沈み没してしまうことがないようにしなければならない。

〔注釈〕身世…自分の身と世の中。人の一生。急に…急速に。すみやかに。安宅…身と心の安らかな居場所、孟子・公孫丑上に「仁は心の安宅なり」と見える。尋ね求む…探し求める。汨没…沈み没する。

祖父の陰功《いんこう》を積むを忘るること莫《なか》れ。須らく文字権《けん》無く、全く陰隲《いんしつ》を憑《たの》むことを知るべし。最も生平心術を壊《やぶ》るを怕《おそ》る。畢竟主司《ひっきょうしゅし》眼《まなこ》有り、心田《しんでん》を見るが如し。

〔大意〕先祖の人が目に見えぬ功績を積み重ねたことを忘れてはならない。文字や言葉では役に立たず、すべて陰隲、つまり陰徳こそ依拠すべきものと知らなければならない。最も恐るべきことは、平生自身の心の持ち方を破壊してしまうことにほかならない。結局は、主司が見そなわす天には、明眼があって、人の心底を通す力があることを思わなければならない。

〔注釈〕陰功…隠れた功績。権無く…役に立たない。陰騭…陰徳。人に知られない善行。生平…平生。心術…心だて。心の持ち方。主司…宇宙人生を司る存在。

something great.

天下第一種の敬す可き人は、忠臣孝子なり。天下第一種の憐む可き人は、寡婦弧兒なり。

〔大意〕天下で第一等の尊敬すべき人物は、忠臣と孝子である。天下で等一等の憐憫《れんびん》すべき人物は寡婦、つまり夫を失った女性と弧児、つまり親を失った子供である。

〔注釈〕忠臣…国家主君に忠義を尽くす臣下。孝子…親に孝行を尽くす子供。国家社会を支える道徳として忠孝を最重視する考え。

孝子は百世の宗、仁人は天の命。

〔大意〕孝子は、百代の人の尊崇する所の者であり、仁人は、天下の人の性命とたのむ所の者である。

〔注釈〕宗…人の仰ぎ尊ぶ者。命…天から与えられた性質。生命。

形の正は、影の直きを求めずして影自ら直し。聲の平は、響の和を求めずして響自ら和す。徳の崇は、名の遠きを求めずして名自ら遠し。

〔大意〕形が正しければ、その影は直きを求めなくても、影は自然に直くなるものである。声が平らかであれば、その響きは和するを求めなくても、自然に和するものである。徳が崇高であれば、その名声が遠くまで達することを求めなくても、名声は自然に遠くまで達するものである。

〔注釈〕形影・声響・徳名共に相伴うものであることをいわゆる互文の表現法で説いている、つまり、形が正直であれば自然に影も正直であり、声が平和であれば響きも自然に平和であり、徳が高達であれば自然に名も高達するものであるの意。

陰徳有る者は、必ず陽報有り、隠行有る者は、必ず昭名有り。

〔大意〕人知れずひそかに恩徳を施す者は、必ず世に現れて果報が有るものであり、人知れずひそかに善行有る者は、必ず世に現れて名誉を得るものである。

〔注釈〕陰陽・隠昭を対比して、対句の表現法で説いている。

施して必ず報有る者は、天地の定理なり。仁人之を述べて以て人に勧む。施して報を望まざる者は、聖賢の盛心なり、君子之を存して以て世を済ふ。

〔大意〕恩徳を施せば、必ず応報があるというのが、天地の定まった理《ことわり》である。そのゆえに世の仁者は、この理を述べて人々に勧めるのである。恩徳を施しても応報を望まないのは、聖賢の盛大なる心にほかならない。そのゆえに世の君子は、この心を抱いて世の中の人々を救済するのである。

〔注釈〕定理…絶対の真理。盛心…立派な心。之を存す…本心を保持して失わず、生まれながらに持っている善なる性を養い育てること。孟子・尽心上に「其の心を存して、其の性を養ふ」とあるのに基づく。

面前的の理路は、放得《ほうとく》して寛《かん》にして、人をして不平の歎《たん》無からしむることを要す。身後的の惠澤は、流得して遠くして人をして不匱《ふき》の思有らしむることを要す。

〈大意〉目前の理窟は、緩やかに寛やかにして、人々に不平の歎声を漏らさせることのないようにすることが必要である。自身の没後の恵沢は、遠く伝わって、人々に空乏だと思わせないようにすることが必要である。

〈注釈〉不平の歎無からしむ…不公平だと不満の声を漏らすことのないようにする。

身後…死後。死んだのち。不匱の思い…空乏しない思い。匱は、とぼしい。むなしい意。空乏。

時時死す可きの心を存せざる可からず。歩歩生を求むるの事を行はざる可からず。

〔大意〕いつも、人は死ぬものであることを心に存し、いつも、人として生を求める事を行わなければならない。いつも、人は死ぬものである心を存すれば、身は軽くなって道念がおのずから生じてくるし、人として生を求める事を行えば、天与の性は善なので禍の源は生じてこない。

〔注釈〕死生を対置して、生き方を求める内容の対句。

悪事を作《な》すは、須《すべか》らく鬼神の知るを防《ふせ》ぐべし。好事を幹《かん》するは、旁人《ぼうじん》の笑ふを怕《おそ》るること莫《なか》れ。

〔大意〕悪事を行う場合は、鬼神が察知するのを防がなければならない。好事を行う場合は、周囲の人々に嘲笑されるのを恐れてはならない。

〔注釈〕好事を幹す…好事を中心となって行う。旁人…かたわらの人。他人。怕る…おそれる。

吾本は薄福の人、宜しく惜福《せきふく》の事を行ふべし。吾本は薄徳の人、宜しく積徳の事を行ふべし。

〔大意〕自分は本来薄福の存在なのだから、その僅かの福を惜しんで使い果たさない生き方をせねばならない。自分は本来薄徳の存在なのだから、必ず新たな徳を積み上げる努力をしていかなければならない。

〔注釈〕自分の薄福、薄徳という不足を自覚して、それを克服するための努力の覚悟を述べている。

薄福なる者は必ず刻薄なり、刻薄なれば則ち福愈愈薄し。厚福なる者は必ず寛厚なり、寛厚なれば則ち福益益厚し。

〔大意〕薄福な者は、必ず薄情で人に冷たいものである。薄情で人に冷たければその分更に薄福となってしまう。厚福な者は、必ず人に対して寛厚、つまり心が広く親切なものである。人に対して寛厚であればその分ますます厚福になっていくものである。

〔注釈〕刻薄…残忍で薄情なこと。冷酷。寛厚…心が広く親切なこと。

工夫有りて書を讀む、之を福と謂ふ。力量有りて人を濟《すく》ふ、之を福と謂ふ。著述有りて世に行はる、之を福と謂ふ。聰明《そうめい》渾厚《こんこう》の兒《じ》有りて、之を福と謂ふ。是非《ぜひ》耳に到ること無し、之を福と謂ふ。疾病《しっぺい》の身に纏《まと》ふ無し、之を福と謂ふ。兵凶荒歉《へいきょうこうけん》の歲無し、之を福と謂ふ。塵俗の心に攖《かか》るる無し、之を福と謂ふ。

〔大意〕暇な時間が有って読書ができるのは幸福《さいわい》である。力量が有って人々を救済できるのは幸福である。著述が有って世間に流行しているのはさいわいである。聡明で渾厚な子が有るのはさいわいである。是非の評判が聞こえてこないのはさいわいである。疾病が身にまうことがないのはさいわいである。俗塵に心を乱されないのはさいわいである。戦いや飢饉の年が無いのはさいわいである。

〔注釈〕工夫…時間。暇。渾厚…力があり重厚。是非耳に到る…是非の評判が聞こえて来る。心に攖る…心を乱す。心にからまる。荒歉…飢饉。

熱鬧場中《ねつどうじょうちゅう》從《よ》り、幾句《いくく》清冷《せいれい》の言語を出せば、便《すなわ》ち無限《むげん》の殺機《さっき》を掃除《そうじょ》す。寒微《かんび》路上《ろじょう》に向て、一點赤熱《てんせきねつ》の心腸《しんちょう》を用ふれば、自ら許多《きょた》の生意を培植《ばいしょく》す。

〈大意〉人が混雑してやかましい場所で、いくつかの清冷な言語を話せば、すぐにも無限の殺機を排い去ることができるであろう。貧窮した境遇に向かって、一点の赤熱な心を用いれば、自然に数多の生意を培い養うことができるであろう。

〈注釈〉熱鬧…人が混雑してやかましいこと。にぎやかな所。清冷…清らかですきとおっていること。殺機…人を殺す機械（からくり）。掃除…排い除く。寒微…貧窮、窮乏。赤熱…まっかに熱する。心腸…こころ。許多…数多（あまた）。培植…培《つちか》い植える。人材を養成する。

瑤樹瓊林《ようじゅけいりん》の中に入れば皆寶《たから》なり。謙徳仁心《けんとくじんしん》有る者は祥《しょう》たり。

〔大意〕瑤瓊、つまり美しい宝玉、紅玉の樹林の中に入っていけば皆宝物にほかならない。同様に謙徳仁心、つまり、謙譲高徳で仁心、思いやる心情の有る人物こそは、吉祥でないものはないものである。

〔注釈〕瑤樹瓊林は、瑤瓊樹林に同じ。瑤は瑶の旧字。美しい宝玉。瓊は紅赤の宝玉。謙徳…謙譲高徳。祥爲り…吉祥である。

經濟を談ずる外は、寧ろ藝術を談じて、以て用を給す可し。日用を談ずる外は、寧ろ山水を談じて、以て機を息す可し。心性を談ずる外は、寧ろ因果を談じて、以て善を勸む可し。

〔大意〕経済を談ずる以外には、いっそ芸術を談じて財用を充足すべきである。日用、つまり日毎に行うことを談ずる外には、いっそ山水の事を談じて心機を休ませるべきである。心性、つまり心と生まれつきの性質を談ずる外には、いっそ因果の事を談じて善事を勧めるべきである。
〔注釈〕用を給す…財用を足す。機を息す…心機を休息させる。心性…こころ。心と生まれつきの性質。

花を藝《う》うれば以て蝶《ちょう》を邀《むか》ふ可し。石を纍《かさ》ぬれば以て雲を邀ふ可し。松を栽《う》うれば以て風を邀ふ可し。柳を植えれば以て蟬《せみ》を邀ふ可し。水を貯《たくわ》うれば以て萍《へい》を邀ふ可し。臺を築《きず》けば以て月を邀ふ可し。蕉《しょう》を種《う》うれば以て雨を邀ふ可し。書を蔵すれば以て友を邀ふ可し。徳を積めば以て天を邀ふ可し。

〔大意〕花を植えれば、蝶を迎えることができる。石を積み上げれば、雲を迎えることができる。松を植えれば、風を迎えることができる。柳を植えれば、蟬を迎えることができる。水を貯えれば、萍《うきくさ》を迎えることができる。台を築けば、月を迎えることができる。芭蕉を植えれば、雨を迎えることができる。書物を蔵すれば、友を迎えることができる。徳を積めば、天意を迎えることができる。

〔注釈〕邀ふ…むかえる。待ちうける。相俟つ風情を補完させることを説く。
『百朝集』二十六に採られている。

徳を作《な》して日に休《きゅう》す、是れを福地《ふくち》と謂ふ。易《やす》きに居て命を俟《ま》つ、是れを洞天《どうてん》と謂ふ。

〔大意〕徳を行えば、心は日々に安息する、これを福地というのである、平易の道に安んじて天命を待ちうける、これを洞天、つまり天に連なるというのである。

〔注釈〕洞天福地…仙人の住み処。転じて天下の名山景勝をいう。

心地《しんち》の上、波濤《はとう》無くば、在《あ》るに隨《したが》って皆風恬《しずか》に浪靜《しずか》なり。性《せい》天《てん》の中、化育《かいく》有らば、處《ところ》に觸《ふ》れて魚躍《おど》り鳶飛《とびと》ぶを見ん。

〔大意〕心の上に波濤が騒ぐことが無ければ、どこに居ても皆、風静かに浪静かな境地である。天与の性の中に生成化育の営みが有れば、往く処皆、魚躍り鳶飛ぶ如く、事物おのおの処を得ないことは無いであろう。

〔注釈〕心地…心の中。在るに隨う…どこでも到る所。魚躍り鳶飛ぶ…詩経の大雅旱麓に「鳶飛ンデ戻《いたり》レ天ニ、魚躍ハル二于淵一ニ」と見えて、万物おのおのそのところを得ている、世の太平の姿を詠っている。

貧賤憂戚《ひんせんゆうせき》は、是れ我が分内《ぶんない》の事、當《まさ》に心を動かし性を忍び、靜《せい》以《もっ》て之を俟《ま》ち、更に一切の善を行ひ、以て之を斡轉《あってん》すべし。富貴福澤《ふうきふくたく》は、是れ我が分外の事、當に泰《たい》を保し盈《えい》を持し、愼《しん》以て之を守り、更に一切の福を造り、以て之を凝承《ぎょうしょう》すべし。

〔大意〕貧賤と憂患とは、自分の持ち前のことなので、心を動かし性を忍んで、静かにこれを待ち、更に一切の善事を行ってこれを斡旋し運転するようにせねばならない。富貴と福沢とは、自分の持ち前のことではないので、豊かさを保持し、満ちたるは依持し、慎んでこれを守り、更に一切の福を作って、その富貴福沢を集中して享受しなければならない。

〔注釈〕憂戚…憂患。戚もうれえる意。分内…つとめ、もちまえ。斡轉…斡旋運転。

分外…自分のつとめ、持ち前以外のこと。凝承…集中して継承する。

世網那《せいもうなん》ぞ能く跳《おど》り出でん、但《た》だ當《まさ》に性を忍び心を耐《た》へて、自ら義命に安んずべし。即ち網羅中《もうらちゅう》の安樂窩《あんらくか》なり。塵務《じんむ》豈に能く盡く捐《す》てん。惟《た》だ爐《ろ》を起し竈《かまど》を作りて、自ら糾纏《きゅうてん》を取らざれ、即ち火坑中の清涼散《せいりょうさん》なり。

〔大意〕世の中の網は、どうして跳り出ることができようか、（できない）。ただそこに在って、性を忍び、心を耐えて、自ら天命に安んじなければならない。これこそ網の中の安楽窩、つまり安楽なすみかともいえるものにほかならない。俗世間の務めは、どうして尽く捨て去ることができようか（できない）。ただその中に在って、爐を築き竈を造って、自らあざないからみあわせるようなことをしてはならない。これこそ火坑の中の清涼散ともいうべきものにほかならない。

〔注釈〕性を忍び心を耐へる…嗜欲の性を堅くこらえ心に忍耐する。糾纏…あざないからみあう。火坑…火の燃えている穴。焦熱地獄。清涼散…清く涼しい薬、すがすがしい気分にさせる事柄。

熱は除《のぞ》く可からず、而して熱《ねつ》の悩《なやみ》は除く可し、秋は清涼臺上に在り。窮は遣《や》る可からず、而して窮の愁は遣る可し、春は安樂窩中に生ず。

〔大意〕熱は除き去ることはできない。けれども熱を熱と感じなければ、熱の悩みは除き去ることができる。それはまるで秋風が清涼台上に起こるように感じることができる。貧窮は追い遣ることはできない。けれども貧窮を貧窮と思わなければ、貧窮の愁いは追い遣ることができる。それはまるで春風が安楽な住み家に生ずるように感じることができる。

〔注釈〕困窮して憂愁を憂愁とすれば、更に苦しいけれども、困窮に処して楽しみとしてしまえば、困窮を忘れることができることを説いている。

富貴貧賤は、總《すべ》て意に稱《かな》ひ難し、足《た》ることを知れば卽ち意に稱《かな》ふと爲す。山水花竹は、恒《つね》の主人無し、閒《かん》を得れば便《すなわ》ち是れ主人なり。

〔大意〕富貴も貧賤も、すべてわが意に称うことは難しい。けれども、満足することを知れば、共に意に称うことができる。山水も花竹も、常に定まった主人はいない。ただこれを玩賞する間暇を得れば、すなわち是れ主人となれる。

〔注釈〕稱う…かなう。適合する。足ることを知る…満足することを知る。分に安んじることを知る。（老子、三十三）知ルレ足ヲ者ハ富ム。閒を得る…間暇を得る。

足ることを要すれば何の時か足らん、足ることを知れば便ち足る。閒を求むれば閒を得ず、閒を偸めば卽ち閒なり。

〔大意〕満足することを要求していては、いつになったら満足できようか、（できない）。ただ満足することを知れば、すぐさま満足できるのだ。間暇を要求しようとすれば、かえって間暇は得られない。ただ間暇を盗めば、すぐさま間暇なのである。

〔注釈〕足ることも間も、他に求めることではなくて、自ら知り自ら得るものであることを説いている。

足ることを知れば常に足りて、終身辱《はず》かしめられず。止まることを知れば常に止まりて、終身、恥ならず。

〔大意〕足ることを知れば、常に足りて、終身、人に辱《はずかし》められることはない。止まることを知れば、常に止まって、終身、恥をかくことはない。

〔注釈〕老子の教え、「足ることを知る者は富めり」(三十三)、「足ることを知れば、辱しめられず」(四十四)、「止まるを知る者は、殆うからざる所以なり」(三十二)等を下敷きにしている。

急行緩行は、前程《ぜんてい》總《すべ》て許多《きょた》の路有り。逆取順取は、命中《めいちゅう》只だ這般《しゃはん》の財有り。

〔大意〕急いで行くにしても緩やかに行くにしても、行く末には、さまざまの道路が有る。逆に取るにしても順に取るにしても、運命の中には、このような財宝が有る。
〔注釈〕許多…数多。あまた。這般…この。これらの。人生には、さまざまの生き方があり、道理に従って福を得るのも、そむいて禍を得るのも、皆、自分から招くものだという戒めの意か。

理欲《りよく》交《こも》交争へば、肺腑《はいふ》成《なり》て呉越《ごえつ》と爲る。物我《ぶつが》一體なれば、参《さん》商《しょう》終に是れ弟兄なり。

〔大意〕天理の心と私欲の心とが互いに争うことになれば、体内に接し合った五臓六腑も、必ずや呉越のような仇敵同様になってしまうだろう。外の物と内の我とが、一体となっていれば、遠く離れた参星と商星も、終いには兄弟の間柄同様になりうるであろう。
〔注釈〕參商…星座の参星（西方の星）と商星（東方の星）。二星は遠く離れて同時に天に現れないことから、遠く離れて会う機会のないこと。

貨財を積むの心を以て學問を積み、功名を求むるの心を以て道德を求め、妻子を愛するの心を以て父母を愛し、爵位を保するの心を以て國家を保す。

〔大意〕貨財を蓄積する熱心な心で学問を積み上げ、功名を追い求める熱心な心で道徳を追求し、妻子を愛する深い心で父母を愛し、自分の爵位を保持する強い心で国家を保持して行きたいものである。
〔注釈〕学問も、道徳も、孝行も、愛国も、皆、自分自身の事柄として本気で取り組むことを説いている。

無益を作《な》すの費を移《うつ》して、以て有益を作《な》さば、則ち事擧《あ》がる。宴樂《えんがく》を樂むの時を移して、以て講習を樂まば、則ち智長し。異端を信ずるの意を移して、以て聖賢を信ずれば、則ち道明かなり。財色を好むの心を移して、以て仁義を好まば、則ち徳立つ。利害を計るの私を移して、以て是非を計らば、則ち義精なり。小人を養ふの祿を移して、以て君子を養はば、則ち國治まる。和戎《わじゅう》を輸《いた》すの貲《し》を移して、以て軍國に輸《いた》さば、則ち兵足《た》る。自家を保するの念を移して、以て百姓を保すれば、則ち民安し。

〔大意〕無益な浪費を止めて有益な事業に振り向ければ、事業は成功するであろう。宴会を楽しむ時間を学問の講習に楽しめば、智慧が増進するであろう。異端の教えを信ずる迷信を止めて、聖賢の教えを信奉すれば、道徳が明らかになるであろう。財貨と色欲とを好む心を以て仁義の道を好めば、人徳が確立するであろう。利害損得を計る私心を回して是非善悪を計れば、義理は精密になろう。小人を養ふ禄を廻して君子を養えば、国は治まるであろう。戎狄と和を講ずるための貲財を軍国に回せば、軍費は充足するであろう。自分の身と家とを保持する念慮を人民の保護に回せば、民政は安定するであろう。

〔注釈〕事擧がる…事業が成功する。財色…財貨と色欲。和戎を輸す貲…戎狄に和を乞う貲財。

大官底《たいかんてい》と做《な》るは、是れ一様《よう》の家數《かすう》なり。好人底《こうじんてい》と做るは、是れ一様の家數なり。

〔大意〕地位の高い官職に就くには、それにふさわしく高い人品が必要である。身分の高い貴顕の地位に在るには、またそれにふさわしく高い人品が必要である。

〔注釈〕～底……～的と同意。家數……一派。一家を成している技術。得意のわざ。大官、好人との対応なので人品としたが、いかがか。

潛居儘《せんきょまま》以て善を爲す可し、何ぞ必ずしも顯官《けんかん》のみならん、躬《み》孝弟を行ひ、志聖賢に在り、先哲《せんてつ》の格言を纂輯《さんしゅう》して、刊刻廣《かんこくこう》布《ふ》し、行《ゆく》行化《か》一時に行はれ、澤《たく》後世に流るるを見ば、事業の不朽なること、以て加ふること蔑《な》し。貧賤儘《まま》以て福を積む可し。何ぞ必ずしも富貴のみならん、平等《びょうどう》の心を存し、方便《ほうべん》の事を行ひ、前人の懿行《いこう》に效法《こうほう》して、俗を訓《おし》へ萬《よろず》に型《のっと》り、自然に誼《き》宗族に敦《あつ》く、徳郷鄰《きょうりん》に被《こうむ》らば、利濟《りさい》の無窮なること、孰《た》れか是より大ならん。

〔大意〕隠居の身であっても、十分に善事を行うことができる、どうして顕官の身分の者に限定してしまうことがあろうか、躬みずから孝悌の倫理を実践して、その志は聖賢にあって、努めて先哲の格言を編纂して、これを印刻し、これを弘布して、やがて教化が一時代に行われ、恩沢が後世にまで流布する状況を見れば、その事業が不朽で充分であり、更に加えることはないであろう。

貧賤の身であっても、十分に福録を積むことができる、どうして富貴の身分の者に限定してしまうことがあろうか。常に平等の心を存し、方便の事を行い、努めて先哲の善行に效って、世俗を訓え導き万象に則り、自然にその厚誼が、宗族の間に厚く、その徳望が郷鄰に広がったならば、その利益救済がきわまり無く、更にこれ以上のことはないであろう。

〔注釈〕潜居…世に隠れていること。隠居。澤…恩沢。懿行…立派な行為。效法…效にのっとる。

一時は人に勸むるに口を以てす。百世は人に勸むるに書を以てす。

〔大意〕同時代の人々に善を勧めるに当たっては、口頭の会話を用いるが、永く百代の人々に勧めるには、書籍を用いる必要がある。

〔注釈〕一時…同じ時代。百世…百代の永い期間。一時と百世、口を以てすと書を以てすの対句表現。

靜以て身を修め、儉以て德を養ひ、入りては則ち行を篤くし、出でては則ち賢を友とす。

〔大意〕平静を以てわが身を修め、倹素を以て自分の徳を養い、家にあっては篤行に努め、世に出ては賢者を友としなければならない。

〔注釈〕諸葛武侯「子を戒むる書」に「君子の行は、静以て身を修め、倹以て徳を養ふ」を見え、論語・学而篇には「弟子入りては則ち孝、出でては則ち弟…」とあり、この両者を下敷きにした文章であろう。

書を讀む者は賤《いや》しからず。田を守る者は飢《う》ゑず。徳を積む者は傾《かたむ》かず。交を擇《えら》ぶ者は敗れず。

〔大意〕書を読む者は、その身賤しからず。田を守り耕す者は、飢えることはない。徳を積み身を修める者は、わが身を滅ぼすことはない。交友を択ぶ者は、失敗することはない。

〔注釈〕（身を）傾ける…身を滅ぼす。傾き倒れる。

明鏡止水《めいきょうしすい》以て心を澄《す》ます。泰山喬嶽《たいざんきょうがく》以て身を立つ。青天白日以て事に應ず。霽月光風《せいげつこうふう》以て人を待つ。

〔大意〕明鏡止水の境地でわが心を澄まし、泰山喬嶽の姿勢でわが身を確立し、青天白日の心境で物事に対応し、霽月光風の風情で人を待遇せねばならない。

〈注釈〉明鏡止水…心に曇りがなく明らかなさまの形容。泰山喬嶽…山嶽のどっしりと確立する形容。青天白日…潔白で少しもうしろ暗い所がない形容。霽月光風…曇りのないさっぱりした心境の形容。

費を省《はぶ》きて貧を醫《いや》し、琴を彈じて躁《そう》を醫し、獨臥《どくが》して淫《いん》を醫し、緣《えん》に隨て愁《うれい》を醫し、書を讀みて俗を醫す。

〈大意〉費用を省略して貧苦を癒し、琴を弾奏して躁急な心を癒し、独り寝で淫欲を癒し、因縁にまかせて憂愁を癒し、書を読んで低俗と癒すよう努めねばならぬ。
〈注釈〉醫す…いやす。病気をなおす。すくう。テキストの解注に「これ即ち眞の國手なり」と見える。国手とは、医術などですぐれた手腕を持つ人。名医。
『百朝集』九に採られている。

鮮花《せんか》を以て美色を視《み》れば、則ち孽隙《げつげき》自ら消す。流水を以て絃歌を聽けば、則ち性靈《せいれい》何ぞ害せん。

〔大意〕鮮やかな花を視るような心を以て美女を見れば、悪い仲違いは、自然と消え去っていくはずである。水の流れを聴くような心を以て絃歌を聴けば、心の精気に何の害も受けることはないであろう。
〔注釈〕美色も佳音も、その見方聴き方次第であることを訓えている。

徳を養ふには、宜しく琴を操《そう》すべし。智を錬《ね》るには、宜しく棋《ご》を弾ずべし。情を遣《や》るには、宜しく詩を賦すべし。氣を輔《たす》くるには、宜しく酒を酌《く》むべし。事を解するには、宜しく史を讀むべし。意を得るには、宜しく書を臨《りん》すべし。静坐には、宜しく香《こう》を焚《た》くべし。睡《ねむり》を醒すには、宜しく茗《めい》を嚼《か》むべし。物を體《たい》するには、宜しく畫《え》を展《の》ぶべし。境に適《てき》するには、宜しく歌を按《あん》ずべし。候《こう》を閲《けみ》するには、宜しく花に灌《そそ》ぐべし。形を保するには、宜しく藥を錬《ね》るべし。隠心《いんしん》には、宜しく鶴を調《ちょう》すべし。弧況《こきょう》には、宜しく蛩《きょう》を聞くべし。渉趣には、宜しく魚を観るべし。機を忘るるには、宜しく雀《すずめ》を飼《か》ふべし。幽尋《ゆうじん》には、宜しく草を藉《し》くべし。淡味には、宜しく泉《いずみ》を掬《きく》すべし。獨立には、宜しく山を望むべし。閒吟《かんぎん》には、宜しく樹に倚《よ》るべし。清談には、宜しく燭《しょく》を翦《き》るべし。狂嘯《きょうしょう》には、宜しく臺に登るべし。逸興《いっきょう》には、宜しく投壺《とうこ》すべし。結想《けっそう》には、宜しく枕を欹《そばだ》つべし。縁《えん》を息《や》むるには、宜しく戸を閉ずべし。景を探るには、宜しく囊を攜《たずさ》ふべし。爽致《そうち》には、宜しく風に臨むべし。愁懐《しゅうかい》には、宜しく月に佇《たたず》むべし。遊《あそび》に倦《う》むには、宜しく雨を聽くべし。元悟《げんご》には、宜しく雪に對すべし。寒を辟《さ》くるには、宜しく日に映《えい》ずべし。累《るい》を空しくするには、宜しく雲を看るべし。道を談ずるには、宜しく友を訪ふべし。福を厚くするには、宜しく徳を積むべし。

〔大意〕徳を養うには、琴を奏《かな》でるのがよい。智を錬るには、碁を打つのがよい。情操を昂めるには、詩を作るのがよい。元気を輔強するには、酒を飲むのがよい。物事を理解するには、歴史を読むのがよい。わが心意にかなう時は、書を写すのがよい。静坐するには、香を焚《た》くのがよい。眠気を醒ますには、茶を喫《の》むのがよい。物の形を知るには、画を看るのがよい。境遇に適合するには、調子に合わせて歌うのがよい。時候を知るには、花を植えるのがよい。身体を保持するには、薬を錬り合わせるのがよい。心を潜め定めるには、鶴を飼い慣らすのがよい。孤独なときには、こおろぎを聞くのがよい。水を渉る趣あるには、魚を看るのがよい。世の機微を忘れるには、雀を飼うのがよい。奥深く山水を探り尋ねるには、草を敷いて坐るのがよい。淡味が欲しいときは、泉を手で飲むのがよい。ひとり立つには、山を望眺するのがよい。静かに吟ずるには、樹木に依りかかるのがよい。清談、つまり世俗離れした話の折には、燭をともし続けるのがよい。長嘯、つまり声を長くひいてうたうには、高台に登るのがよい。逸興、つまり世俗を離れた風流の趣には、投壺の戯びをするのがよい。物事を考えるときには、枕を高くするのがよい。俗縁を止めるには、門戸を閉ざすのがよい。山水の景観を尋ねる折には、袋を携えて行くのがよい。爽致、つまりさわやかな趣のあるときには、風に向かう方がよい。愁懐、つまり心配のあるときには、月に佇むのがよい。遊びあきたときには、雨の音を聴くのがよい。深く道を悟ったときには、雪に向き合うのがよい。寒気を避けるには、日光にあたるのがよい。身の憂いを無くするには、雲を眺めるのがよい。道を語るには、友を訪問するのがよい。福を厚くするには、身に徳を積むのがよい。

〔注釈〕茗を嚼む…茶を味わう。形を保す…身を保つ。身の安全を守る。機を忘る…世の中の機微を忘れる。幽尋…深く山水を探り尋ねること。投壺…矢を壺に投げ入れることを争い、勝者が敗者に酒を飲ませる。宴席の遊び。人生万般に亘る長文の格言である。

○悖凶類

※この篇は、悖徳凶禍を戒める内容を集めている。

富貴の家、肯《あえ》て寛に従はずんば、必ず横禍《おうか》に遭《あ》はん。聰明の人、肯て厚きを學ばずんば、必ず夭《よう》年を夭せん。

〔大意〕富貴の人が、事を為すに当たっては、寛の一字の心構え、つまり寛厚、寛大、寛容の気持ちで臨まないと、必ず不慮の禍、つまり思いがけない災難に遭遇するものである。聡明の人が、事を行うに当たっては、厚の一字、つまり厚意、厚情、厚徳の気持ちを学ばないと、短命となってしまうものだ。

〔注釈〕横禍…不慮の禍。思いがけない災難。夭年を夭す…天寿を全うせず夭逝する。

勢に倚《よ》りて人を欺《あざむ》けば、勢盡《つ》きて人に欺かる。財を恃《たの》みて人を侮《あなど》れば、財散じて人の侮を受く。

〔大意〕権勢をたのみにして人を欺いていると、権勢が消尽してしまった時になって、反って人に欺かれるようになるものである。

財産をたのみにして人を侮っていると、財産が消尽してしまった時になって、反って人に侮られるようになるものである。

〔注釈〕勢に倚り、財を恃んで事を為すことの戒めを説いている。

暗裏《あんり》に人を算する者は、是れ自家《じか》の兒孫を算的す。空中に謗《そし》りを造る者は、是れ本身の罪孽《ざいげつ》を造的す。

〔大意〕ひそかに人のことを数え立てていると、やがて反って自分の子や孫のことを人に数え立てられるようになるものである。架空に人を誹謗すれば、反って自身の罪や禍を造り出すようになってしまうものである。

〔注釈〕暗裏に…ひそかに人に知れず。こっそり。空中に…架空に。罪孽…罪や禍。

肥甘《ひかん》に飽《あ》き、輕煖《けいだん》を衣《き》て、節を知らざる者は、福を損《そん》ず。積《せき》聚《しゅう》を賡め、富貴に驕《おご》りて、止むことを知らざる者は身を殺す。

〔大意〕肥えた肉や美味の食物を食べ飽き、軽く暖い衣服を着て節度を知らないでいる者は、必ずその幸福が損なわれることになろう。財宝を積み累ね、富貴に驕って、止むことを知らない者は、終いにはその身を殺すことになろう。これこそ「天道は盈《えい》満《まん》を忌《い》む」理にほかならない。

〔注釈〕肥甘…肥えた肉や美味な食物。輕煖…軽くて暖かな衣類。積聚…つみかさねたくわえる。積蓄。老子四十四に「知レ止不レ殆」（とどまるをしれば、あやふからず）と見える。

文藝自ら多とするは、浮薄の心なり。富貴自ら雄とするは、卑陋の見なり。

〔大意〕文芸に勝っていると自分で思うのは、浮薄の心、つまり心が軽々しくてしっかりしていないことにほかならない。富貴であることを勝っていると自分で考えるのは、卑陋、つまり卑劣の見解にほかならない。
〔注釈〕多とする…まさっていると思う。浮薄…軽薄、心が軽々しくてしっかりしていないこと。軽佻浮薄。雄とする…まさる、すぐれると考える。卑陋…卑劣、下品。見…見方、考え。

位尊ければ身危し。財多ければ命殆《あやう》し。

〔大意〕爵位が尊貴であると、その身命は危く、財宝が多いと、その身命は殆《あや》ういものである。
〔注釈〕地位も財宝も、奪われ易いものであることを説いている。危も殆も、あやうい意。危殆《きたい》、非常にあやういことの成語もある。

機は、禍福の由りて伏する所、人、機に生ずれば、即ち機に死するなり。巧は、鬼神の最も忌む所、人、大巧有れば、必ず大拙有るなり。

〔大意〕機、つまり、はずみ、きっかけは、禍にも福にもなりうる契機がひそんでいる所であり、人は、そのはずみで生きることもあり、また死ぬこともあるものである。巧、つまり、たくみや、わざは、鬼神が最も忌み嫌う所であり、人は、大巧ある裏には、大拙があるものである。

〔注釈〕機…はずみ、きっかけ。契機。機先、機会に枢機などの機である。伏す…下にかくれている。まちぶせる。巧…たくみ、わざ。腕前。鬼神…天地創造の神。忌む…にくむ。きらう。

薄言を出し、薄事を倣し、薄心を存して、種種皆薄《しゅじゅみなはく》ならば、未だ災《さい》其の身に及ぶを免れず。陰謀を設け、陰私を積み、陰《いん》隲《しつ》を傷《そこな》ひて、事事皆陰ならば、自然に殃《わざわひ》後代に流れん。

〔大意〕軽薄な言葉を吐き、浅薄な行為をし、薄弱な意志を持ち、種々皆薄いようでは、災難がその身に及ぶのを免れることはできない。秘密のたくらみを設け、秘密の事柄を重ね、秘かな定めを傷《そこな》って、事々皆陰であっては、自然に禍殃《わざわい》が後の世代にも流れて行くだろう。

〈注釈〉薄…軽薄、浅薄、薄弱などの薄の意か。陰私…秘密の事柄。かくしごと、陰隲…秘かな目に見えない運命。ひそかな定め。

徳を人の知らざる所に積む、是を陰徳と謂ふ。陰徳の報は、陽徳に較ぶれば、倍倍《ますます》多し。悪を人の知らざる所に造る、是を陰悪と謂ふ。陰悪の報は、陽悪に較ぶれば惨を加ふ。

〈大意〉徳を、人の気付かない所に積むのを陰徳という。陰徳の報いは、陽徳に比べれば、その多いこと倍数となろう。悪を、人の気付かない所に造り成すのを陰悪という。陰悪の報は、陽悪に比べれば、その害は、一層悲惨であろう。

〈注釈〉陰徳…人に知られない徳行。陰悪…秘密の悪行。

家運は盛衰有り、久暫殊《きゅうざんこと》なりと雖も、消長《しょうちょう》の循環《じゅんかん》すること晝夜の如し。人謀《じんぼう》は巧拙を分ち、智愚各々《おのおの》別なれども、鬼神の彰癉《しょうたん》すること最も嚴明なり。

〔大意〕家の運命には、盛んなものと衰えるものとがあって、その久しいのと暫《しばら》くのと異なってはいても、消長の循環することは、ちょうど昼と夜とが循環するのと同じようである。

人の計謀には、巧妙なものと拙劣なるものとがあって、その智謀と愚謀とは、それぞれ別ではあっても、鬼神が善を表彰し、悪とこらしめることは、厳明である。

〔注釈〕消長…消えてゆくことと生長すること。盛衰。彰癉…彰すことと病むこと。

天堂無くば則ち已《や》む、有らば則ち君子登る。地獄無くば則ち已む、有らば則ち小人入る。

〔大意〕天堂、つまり天宮というものが、無いとすればそれまでの話、もし有るとすれば、そこに登るのは、必ず君子であろう。地獄というものが、無いとすればそれまでの話、もし有るとすれば、ここに陥るものは、必ず小人であろう。

〔注釈〕天堂、天宮は、仏教で説く極楽に相当する。

悪を爲して人の知るを畏るるは、悪中に轉念《てんねん》有るを冀《こいねが》ふ。善を爲して人の知るを欲すれば、善所は卽ち是れ悪根なり。

〔大意〕悪事をはたらいて、人に知られるのを畏れるのは、とりもなおさず、その悪の中にすでに善に転じようとする心を願っているのである。善行をして、人に知られようと欲するとすれば、その善所は、かえって悪根にほかならない。

〔注釈〕轉念…改心、心を転換する。

鬼神は之《こ》れ知ること無しと謂はば、應《まさ》に福を祈《いの》るべからず。鬼神は之れ知ること有りと謂はば、當に非を爲すべからず。

〔大意〕鬼神は知ることはないと思えば、福を祈ることはできない。けれども、もし鬼神は知ることがあると思えば、決して非行をしては、ならない。
〔注釈〕本書には、しばしば鬼神が出てくるが、概ね、目に見えぬ恐ろしい神霊の意味で用いられている。

勢悪《あく》を為す可くして為さず、即ち是れ善。力善《ぜん》を行ふ可くして行はず、即ち是れ悪。

〔大意〕自分の勢力を以てすれば、悪事をはたらくこともできるのに、そうしないことが、つまり善にほかならない。自分の勢力を以てすれば、善行もできるのに、そうしないことが、つまり悪にほかならない。
〔注釈〕勢と力とは互文と考え、二つとも勢力の語を当てた。

福に於て罪を作《な》す、其の罪輕きに非ず。苦みに於て福を作す、其の福最も大なり。

〔大意〕幸福であるのに罪を犯せば、その罪は決して軽いとされない。苦難の中でも福を行えば、その幸福は最も大きいものとなる。
〔注釈〕福中の罪と苦中の福と対比した対句。

善を行ふは、春園《しゅんえん》の草の如く、其の長ずるを見ざれども、日に増する所有り。悪を行ふは、磨刀《まとう》の磚《せん》の如く、其の消《しょう》するを見ざれども、日に損する所有り。

〔大意〕善事を行うのは、ちょうど春園の中の草のようである。その生長は目立たないけれども、日に日に増加する所がある。悪事を行うのは、ちょうど刀を磨く瓦のようである。その消磨は目立たないけれども、日に日に損耗する所がある。
〔注釈〕磚…かわら（瓦）。

善を爲して父母をして之を怒り、兄弟をして之を怨み、子孫をして之を羞《は》ぢ、宗族郷黨《そうぞくきょうとう》をして之を賤悪《せんお》せしむ、此の如くんば善を爲さずして可なり。善を爲せば則ち父母之を愛し、兄弟之を悅び、子孫之を榮とし、宗族鄉黨之を敬信す、何を苦んで善を爲さざる。惡を爲して、父母をして之を愛し、兄弟をして之を悅び、子孫をして之を榮とし、宗族鄉黨をして之を敬信せしむ、此の如んば惡を爲して可なり。惡を爲せば則ち父母之を怒り、兄弟之を怨み、子孫之を羞ぢ、宗族鄉黨之を賤惡す。何を苦んで惡を爲すや。

〔大意〕善事を行って、父母がそれを怒り、兄弟がそれを怨み、子孫がそれを恥じ、一族親戚や村里の人がそれを賤しみ憎むのであれば、人は、善事を行わなくてもよい。けれども、善事を行えば、父母がそれを愛し、兄弟がそれを喜び、子孫がそれを名誉とし、一族親戚や村里の人がそれを敬い信ずるとしたなら、何を苦しんで善事を行わないのか。悪事を行って、父母がそれを愛し、兄弟がそれを喜び、子孫がそれを名誉とし、一族親戚や村里の人がそれを敬い信じたとすれば、人は、悪事を行ってもよい。けれども、悪事を行えば、父母がそれを怒り、兄弟がそれを恨み、子孫がそれを恥じ、一族親戚や村里の人がそれを賤しみ憎むとしたならば、何を苦しんで悪事を行うのか。
〔注釈〕父母、兄弟、子孫及び宗族郷黨と共に善・悪に対処すべしと説く。

善を爲すの人は、獨り其の宗族親戚之を愛し、朋友郷黨之を敬するのみに非ず、鬼神と雖ども亦陰に之を相《たす》く。惡を爲すの人は、獨り其の宗族親戚之に叛《そむ》き、朋友郷黨之を怨むのみに非ず、鬼神と雖ども亦陰に之を殛《きょく》す。

〔大意〕善事を行う人は、ただその一族親戚がこれを愛し、朋友や村里の人が之を敬うのみでなく、鬼神であっても亦、陰ながらこれを援助してくださるだろう。悪事を行う人は、ただその一族親戚がこれに叛き、朋友や村里の人がこれを怨むのみではなく、鬼神であっても亦、陰ながらこれを誅殺されるであろう（ひそかに）。
〔注釈〕之を相く…これを援助する。之を殛す…誅殺する。罰し殺す。

一善を爲して此の心快愜《かいきょう》すれば、必ずしも自ら言はざれども、而《しか》も鄕黨之を稱譽《しょうよ》し、君子之を敬禮し、鬼神之を福祚《ふくそ》し、身《しん》後《ご》之を傳誦《でんしょう》す。一悪を爲して此の心愧怍《きさ》すれば、掩護《えんご》せんと欲すと雖も、而も鄕黨之を傳笑《でんしょう》し、王法之を刑辱《けいじょく》し、鬼神之に災禍《さいか》し、身後之を指説《しせつ》す。

〔大意〕一つの善事を行って、わが心に快く満ち足りれば、たとえ自分から言わなくても、村里の人々は、これを称めたたえ、君子は、これを敬い尊び、鬼神はこれに幸福を与え、死後も永くその名を伝え誦《とな》えるであろう。

一つの悪事を行って、わが心に恥ずかしく思えば、たとえこれを掩い隠そうと願っても、村里の人々は、これを伝え笑い、国法がこれを罰し、死後も永く人々に指さし語り続けられるであろう。

〔注釈〕快愜…こころよく満ち足りる。稱譽す…ほめたたえる。福祚す…さいわいする幸福を与える。身後…死後。傳誦す…言い伝えて語る。愧怍…はじること。怍もはじる意。掩護…おおい守る、かばう。

一命の士、苟《いやしく》も心を物を愛するに存すれば、人に於て必ず濟《すく》ふ所有らん。無用の人、苟も心を己《おのれ》を利するに存すれば、人に於て必ず害する所有らん。

〔大意〕一命を受けて士となっている者が、もし心を愛物に存すれば、人に対して、必ず救済する所があるはずである。無用の人が、もし心を利己に存すれば、人に対して、必ず損害をあたえる所があるはずである。

〔注釈〕苟も…仮にも、もし。

膏梁《こうりょう》家に積みて、人の糠覈《こうけつ》を剝削《はくさく》すれば、終には必ず自ら其の膏梁を亡《うしな》はん。文繡《ぶんしゅう》室に充ちて人の敝裘《へいきゅう》を攘取《じょうしゅ》すれば、終には必ず自ら其の文繡を喪《うしな》はん。

〔大意〕膏粱、つまり脂ののった肉や味のよい飯、美食を家に積み蓄えているのに、なお満ち足りないで、人の糠や実種まで剝削、つまり奪い取る者は、終いには必ず、自らその家に積み蓄えた膏粱を失うことになってしまうだろう。文繡、つまり美しい模様のぬいとりある着物が部屋に充ちているのに、なお満ち足りないで、人の破れた皮衣まで奪い取る者は、終いには自らその室に充ちた文繡を失うことになってしまうだろう。

〔注釈〕膏粱…脂ののった豊かな肉と旨い飯。美食。糠覈《けつ》…ぬかや実種。剝削…奪い取る。文繡…美しい模様のぬいとりのある布。敝裘…ぼろぼろの皮衣。攘取…奪い取る。

天下無窮《むきゅう》の大好事は、皆利を輕んずるの一念に由る。利一たび輕んずれば、則ち事事悉く天理に屬す、聖と爲り賢と爲るは、此《これ》より基《き》を進む。天下無窮の不消事《ふしょうじ》は、皆利を重んずるの一念に由る、利一たび重んずれば、則ち念念皆人心に違《たが》ふ、盗《とう》と爲り蹠《せき》と爲るは、此れ從り直に入るなり。

〔大意〕天下の限り無い大好事は、みな利を軽んずる一念より起こるものである。利は、一たび軽んずれば、毎事悉く天理に合致する。それゆえ聖賢となるには、ここから基礎を進展させるのである。

天下の限り無き不肖事、つまり、愚かな事は、皆利を重んずる一念より起こるものである。利は一たび重んずれば、毎念恐らく人心に違ってしまう。それゆえ、盗蹠、つまり大盗賊となるのは、ここから一直線である。

〔注釈〕無窮…きわまりない。はてしない。大好事…大善事。天理…天賦の本性。正しい道理をそなえている人の本性。不肖事…愚かなこと。盗蹠（跖）…古代の伝説的な大盗賊の名。


清にして人の知らんことを欲するは、人情の常なり。今吾貪りて人の知らんことを欲する者有るを見る、其の頤《おとがい》を朶《だ》し、其の涎《せん》を垂れ、惟《ただ》人の誤り視て靈龜《れいき》と爲して其の欲に飽かざるを恐るるなり。善にして自ら伐《ほこ》らざるは、盛徳の事なり。

今吾自ら其の悪に伐る者有るを見る、其の牙《きば》を張り、其の爪《つめ》を露《あら》はし、惟《ただ》人の猛虎《もうこ》為るを識らずして其の威を畏《おそ》れざるを恐るるなり。

〔大意〕清廉であると世の人に知られたいと思うのは、人情の常であるといえる。しかるに一方、今日われわれは、貪欲であると世の人に知られたいと思う者が有ることも見かける。そのあごを動かし、涎《よだれ》を流して、ひたすら世の人が誤解して霊亀、神亀と見做してしまって、その貪欲が果てしなくなってしまうのを恐れるのである。

善事を行っても、自分からは誇らないことは、盛徳の事といえる。しかるに一方、今日われわれは、自らその悪行を誇る者が有ることを見かける。その牙を張り、爪を露《あらわ》にしているのに、ただ世の人が、猛虎であることを知らず、その威力を畏れないことを恐れるのである。

〔注釈〕似て非なる物を鑑別することの難しさを説く箴言か。

奢を以て福有りと爲し、殺を以て祿有りと爲し、淫を以て緣有りと爲し、詐を以て謀有りと爲し、貪を以て爲す有りと爲し、吝を以て守有りと爲し、爭を以て氣有りと爲し、嗔を以て威有りと爲し、賭を以て技有りと爲し、訟を以て才有りと爲す。

〈大意〉奢侈を幸福と見做し、殺生を天禄と見做し、淫欲を因縁と見做し、詐欺を謀略と見做し、貪欲を有為、つまり才能有りと見做し、吝嗇を倹約と見做し、争心を気力有りと見做し、嗔恚を威力有りと見做し、賭博を技巧と見做し、訴訟を才気有りと見做してしまう。

〈注釈〉前条と同じく、似て非なる物を鑑別することの難しさを説く。百朝集では、この条から六項を抄出して、「六錯」と名付けている。世間の俗情に往々顛倒錯解され易いことの多いことを戒めているのである。

館《かん》を謀ることは鼠《ねずみ》の如く、館を得れば虎の如く、主人を鄙《いやし》みて弟子を薄《うす》うする者は、塾師《じゅくし》の恥《はじ》無きなり。藥を賣ることは仙の如く、藥を用ふることは顚《てん》の如く、人命を賊《そこな》ひて天數に諉《い》する者は、醫師の恥《はじ》無きなり。地を覓《もと》むることは瞽の如く、地を談ずることは舞《まい》の如く、異傳《いでん》を矜《ほこ》りて同道を誘《そし》る者は、地師の恥無きなり。

〔大意〕学館、つまり学塾の館舎を建てようと謀る時には、まるで鼠のごとく、既に学館を建て得てしまうと、まるで虎のごとく、そうして主人を賤視し、弟子を薄遇する者は、つまり是は、塾の教師の恥を知らない者といえる。薬を売ろうとする時には、まるで仙人の如く、薬を用いて医療に当たる時には、まるで顚狂のごとく、そうして人命を害して、責任を天運に委任、つまりゆだねてしまう者は、恥知らずの医師にほかならない。土地を索し求めている時には、まるで瞽、つまり盲人のごとく、土地を談ずる時には、舞う者の如く、そうして異説を誇りとなして、同道の者を誹謗する者は、つまりこれ地師、つまり墓所を占う者の恥知らずの者にほかならない。

〔注釈〕天數に諉す…自然のなりゆきにかこつける。地師…墓所を占う業者。三者共に師と称しながらその技量無き者を恥無きなり、つまり恥知らずと非難している。

信ず可からざるの師は、私情を以て之を薦むること勿れ。人をして託するに子弟を以てせしむ。私情を以て之を薦むること勿れ。信ず可からざるの醫は、人をして託するに生命を以てせしむ。信ず可からざるの堪輿《かんよ》は、私情を以て之を薦むること勿れ。人をして託するに先骸を以てせしむ。信ず可からざるの女子は、私情を以て之を媒すること勿れ。人をして託するに宗嗣《そうし》を以てせしむ。

〔大意〕信頼できない師匠は、私情をもって推薦してはならない。なぜなら、人の子弟を委託するものだからである。信頼できない医師は、私情をもって推薦してはならない。なぜなら、人の生命を委託するものだからである。信頼できない堪輿家《かんよか》、つまり風水を占う業者は私情をもって推薦してはならない。なぜなら人の死骸を委託するものだからである。信頼できない女子は、私情をもって媒妁《ばいしゃく》してはならない。なぜなら、人の継嗣を委託するものだからである。

〔注釈〕堪輿…天地、天地の神の意。堪輿家は、人を葬る土地の吉凶を占う人。先骸…死骸。先は死んだ者を意味する。宗嗣…継嗣、あととり。相続人。

傲《おごり》を肆《ほしいまま》にする者は、侮《あなどり》を納《い》れ、過《あやまち》を諱《い》む者は、悪を長じ、利を貪《むさぼ》る者は、己《おのれ》を害し、慾を縦《ほしいまま》にする者は、生を戕《そこな》ふ。

〔大意〕欲しいままに他人を侮る者は、他人の侮りを受けるようになり、過失を諱みかくす者は、過失を増すようになり、私利を貪る者は、自分の身を害するようになり、欲望を欲しいままにする者は、自分の生命を損なうようになってしまう。

〔注釈〕傲…おごり。傲慢。戕う…痛める。殺す。

魚餌《えさ》を呑《の》み、蛾火《がひ》を撲《う》つは、未《すで》だ得ずして先づ其の身を喪《うしな》ふ。猩醴《せいれい》に酔ひ、蚊《か》血に飽くは、已に得て随ってその軀《み》を亡《うしな》ふ。

鵜魚を食ひ、蜂蜜《みつ》を釀《かも》すは、得と雖も其の利を享《う》けず。

〔大意〕魚が餌を呑み込んで釣られ、蛾が灯火に飛び込むのは、目的を達せられない前にわが身を失う。猩々が甘い酒に酔い、蚊が血を吸い飽きるのは、目的は達したけれども、その結果その軀を失う。鵜が魚を呑み込み、蜂が蜜を醸成するのは、目的は達したものの、その利益を得ることはできない。

〔注釈〕猩…猩々、想像上の獣。醴…甘い酒。鵜も蜜蜂も人間に奉仕するのみ。

慾除《よくのぞ》かざるは、蛾の燈を撲《う》つに似たり。身を焚《や》きて乃ち止む。貪《むさぼ》りて了《りょう》せざるは、猩《しょう》の酒を嗜むが如し。血に鞕《むちう》ちて方《まさ》に休《や》む。

〔大意〕慾心を除去しないのは、ちょうど、蛾が灯火に飛び込んで、その身を焼いて、初めて止むようなものである。貪欲が止まないのは、ちょうど猩々が酒を嗜み、血に鞕って、初めて休むようなものである。

〔注釈〕慾も貪りも、自分自身を犠牲にするまで休止しないものだと説いている。

明星朗月、何の處か翺翔《こうしょう》す可からざらん、而して飛蛾は獨り燈焰《ようぜい》に趨《おもむ》く。嘉卉《かき》清泉《せいせん》、何物か飲啄《たく》す可からざらん、而して蠅蚋《ようぜい》争ひて腥羶《せいせん》を嗜《たしな》む。

〔大意〕明星も明月も、明るい処はあって、その何処にでも飛翔してはならない処は無いのに、あの飛蛾は、独り燈火のみに趨《おもむ》き集まるのである。嘉い草木も、清泉も、美味の飲食物があって、飲食してはならない物はないのに、あの蠅や蚊は、争ってなまぐさい肉を嗜好するのである。

〔注釈〕翺翔…飛びまわる。空高く飛ぶ。翺は、羽根を上下に動かして飛ぶ。翔は、羽根を張ったまま動かさずに飛ぶ。嘉卉…良い草木。卉は草の総称。腥羶…なまぐさい肉。

飛蛾《ひが》は明火に死す、故に奇智有る者は、必ず奇殃《きおう》有り。游魚は芳綸《ほういん》に死す、故に美嗜《びし》有る者は、必ず美毒《びどく》有り。

〔大意〕飛び廻る蛾は、明るい火に飛び込んで死ぬ。そのように奇智有る者は、必ず奇禍を得るものである。遊泳する魚は、釣り糸にかかって死ぬ。そのように美味有る者は、必ず美毒を持っているものである。

〔注釈〕奇殃…思いがけないわざわい。殃…わざわい（禍）。殃禍の成語有り。災難の意。

夏畦《かけい》の労労《ろうろう》として、秋毫《しゅうごう》も補《おぎな》ひ無きを慢す。冬烘《とうこう》の貿貿《ぼうぼう》として、春夢《しゅんむ》の方《まさ》に回《かえ》るを笑ふ。

〔大意〕夏の暑い日に田のあぜの手入れをするように疲れ果てても、少しの補塡されない者を軽んじ、冬の寒い中で火に暖まり、目がかすんで、まるで春の夢が醒めたようになるのを笑う。世の利に迷い欲を縦にする者は、皆このようではないか。

〔注釈〕夏畦…夏の暑い日に田のあぜの手入れをする。転じて辛苦して労働すること。

慢す…軽んずる、あなどる。勞勞…疲れたさま。冬烘…寒い冬に火をもやし暖める。
貿貿…目の明らかでないさま。道理に明らかでないさま。

吉人《きつじん》は世に處《しょ》すること平和なるに論無く、即ち夢寐神魂《むびしんこん》、生意に非ざるは無し。凶人《きょうじん》は但《ただ》に事を作すこと乖戻《かいれい》なるのみならず、即ち聲音笑貌《せいおんしょうぼう》、渾《すべ》て是れ殺機《さっき》なり。

〔大意〕吉人は、処世のあり方が平和であることは勿論、その夢寐の間も、神魂も、みな生意を含んでいる。凶人は、事を為して理に背くのみならず、その声音も、笑貌も、みな殺機がある。

〔注釈〕吉人…吉士、よい人。立派な人。夢寐…寝ている間。凶人…凶漢。わるい人。悪者。乖戻…そむきもとる。たがう。殺機…殺気か。機は、からくり、しかけ、きっかけ等の意あり。

仁人は心地寛舒《しんちかんじょ》にして、事事寛舒の氣象有り、故に福集りて慶長し。鄙夫《ひふ》は胸懐苛刻《きょうかいかこく》にして、事事苛刻を以て能《のう》と爲す、故に祿薄《ろくうす》くして澤短《たくみじか》し。

〔大意〕仁徳の有る立派な人は、心の中が広くゆるやかで、何事にも、のびのびした心だてがあり、それゆえその身には、幸福が集まり、慶幸が長続きする。愚かで鄙《いや》しい人は、胸の思いが残酷であって、何事にも、きびしくむごいことを能有りとしており、それゆえその身には、恩禄が薄く、恵沢を受けることが短くなる。

〔注釈〕仁人…仁者。仁徳のある立派な人。寛舒…ひろくゆるやか。ひろくのびのびとしている。氣質。慶…幸福。よろこび、鄙夫…おろかでいやしい人。胸懐…胸の思い。心の思い。苛刻…きびしく、むごい。

一箇の己《おのれ》を公にし人を公にする心を充《み》たせば、便ち是れ呉越《ごえつ》一家なり。一箇の自ら私し自ら利する心に任《まか》せば、便ち是れ父子仇讎《きゅうしゅう》なり。

〔大意〕自分自身も他の人も皆、公明正大にする、この心を充足すれば、仇敵どうしだった呉と越も、遂には一家のようになることができる。

自分の私利を求めるこの心にまかせていれば、父子どうしが仇讎のようになってしまうだろう。

〔注釈〕公にする…公平、公正にする。呉越…長年、仇敵どうしとして対立していた。

仇讎…あだ、かたき。仇敵。

理は心を以て用と為す、心欲《よく》に死すれば、則ち理滅す、根株《こんしゅ》斬《き》りて木亦壊《やぶ》るが如きなり。心は理を以て本と為す、理欲に害せらるれば、則ち心亡ぶ。水泉竭きて河亦乾くが如きなり。

〔大意〕道理は、心によって作用する。その心がもしも欲のために死んでしまえば、道理は忽ち滅亡してしまうだろう。それはちょうど、根底を断ち切ってしまうと木も亦枯れてしまうようなものである。心は道理を根本としている。その道理が欲のために害せられてしまえば、心は直ちに亡ぶであろう。それはちょうど、水源が尽き果ててしまうと、河も亦乾あがってしまうようなものである。

〔注釈〕理…道理、条理。用…働き、作用。根株…根柢。株は、根と接する部分。壊る…やぶれる、こわれる。

魚は水と相合して、離る可からざるなり。水を離るれば則ち魚槁る、形は氣と相合して、離る可からざるなり。氣を離るれば則ち形壊《やぶ》る。心は理と相合して、離る可からざるなり、理を離るれば則ち心死す。

〔大意〕魚は、水と相互に一緒でなければならず、離れ別かれることはできない。もし水を離れてしまえば、魚は忽ち死んでしまおう。形は、氣と相互に一緒でなければならず、もし気を離れてしまえば、形は直ちに壊れてしまうであろう。心は、理と相互に一緒でなければならず、もし理を離れてしまえば、心は速やかに死んでしまうだろう。

〔注釈〕槁る…木が枯れる、枯槁《ここう》。形…かたち。形態。氣…元気。宇宙の万物を生成する質料。壊る…やぶれる、こわれる。


天理は是れ清虚の物なり、清虚なれば則ち靈なり、靈なれば則ち活す。人欲は是れ渣滓《さし》の物なり、渣滓なれば則ち蠢《しゅん》す、蠢なれば則ち死す。


〔大意〕正しい道理をそなえている人の本性は、清虚、つまり我欲や我執がなく心がさっぱりしている。清虚であれば、霊妙なはたらきがある。霊妙であれば、常に活動する。

人欲は渣滓、つまりかすのような物である。渣滓であれば、道理をわきまえない。蠢動するのみである。蠢動すれば死滅する。

〔注釈〕天理…天賦の本性。正しい道理をそなえている人の本性。清虚…我欲や我執がなく心がさっぱりしていること。靈…霊妙、不思議ではかり知れない。渣滓…かすとおり。くず、ごみ。蠢す…うごめく、蠢動する。道理をわきまえていない。

嗜慾《しよく》を以て身を殺すこと毋《なか》れ。貨財《かざい》を以て子孫を殺すこと毋れ。政事を以て百姓を殺すこと毋れ。學術を以て天下後世を殺すこと毋れ。

〔大意〕嗜欲、つまりむさぼり好む心を以て、その身を殺してはならない。貸財、つまり貨幣と財物を以て自分の子孫を損なうことをしてはならない。政事を以て人民を殺してはならない。学問と技術を以て天下後世に弊害をもたらしてはならない。

〔注釈〕嗜慾…むさぼり好む心。特に好む心。貨財…貨幣と財物。金目の物。學術…学問と技術。学芸。

去來《きょらい》の勢を執《と》りて權を爲すこと毋《なか》れ。得喪《とくそう》の位を固くして寵《ちょう》を爲すこと毋れ。聚散《しゅうさん》の財を恃《たの》みて利と爲すこと毋れ。離合《りごう》の形を認《したた》めて我を爲すこと毋れ。

〈大意〉行き去ったり、来たりする形勢を把握して権勢を形成してはならない。獲得したり喪失したりする地位を固守して寵遇を受けてはならない。聚集したり散佚したりする財貨に依拠して利益を獲得してはならない。離れ去ったり集まり合ったりする形勢を認識して、我私と見做してはならない。

〈注釈〉去來の勢…行き去ることと来たり集まる権勢。得喪の位…獲得したり喪失したりする地位。聚散の財…集得したり喪失したりする財質。離合の形…離散したり集合したりする形勢。

世味的の滋益を貪了《たんりょう》すれば、必ず性分的の損を招く。人事的の便宜を討了《とうりょう》すれば、必ず天道的の虧《き》を吃《きっ》す。

〈大意〉世間の利益を貪ろうとすれば、必ず性分の損を招くだろう。人事の便宜を求めようとすれば、必ず天道の損をするだろう。

〈注釈〉性分…生まれつきもっている性質。討了…求め尽くす。虧…かける。欠け落ちる。

言語に精工なるも、行事に於て毫《ごう》も相干《あいかん》せず。皮毛《ひもう》を照管《しょうかん》するも、性靈と何の關渉《かんしょう》か有らん。

〔大意〕言語がどんなに精密巧妙であっても、実際に事を実行するに当たっては、少しも関係無いことである。表に着る毛皮の着物を選択しても、精神の内面とは、何の関連も無いことである。

〔注釈〕精巧…精密で巧妙なこと。すぐれてたくみなこと。行事…行った事柄。事実。毫…秋になって極く細くなった獣の毛。秋毫。干す…かかわる。関係する。干渉する。照管…調べ選ぶ。性靈…精神。生まれつきの心。關渉…関係すること。干渉。

荊棘野《けいきょく》に滿ちて嘉禾《かか》を収《おさ》めんことを望む者は愚なり。私念《しねん》胸に滿ちて、福應《ふくおう》を求めんと欲する者は悖《もと》れり。

〔大意〕野茨が田野に満ちはびこっているのに、良い穀物を収穫しようと望む者は、愚かである。同様、私心が胸に満ちあふれているのに、幸福の応報を求める者は、道理にもとること甚だしい。

〔注釈〕悖る…もとる。間違っている。道理に逆らう。

莊敬《そうけい》なれば但《た》だ日に強きのみに非ざるなり、心を凝《こ》らし氣を靜かにして、分陰寸晷《ぶんいんすんき》も倍倍《ます》自ら舒長《じょちょう》するを覺《おぼ》ゆ。安肆《あんし》なれば但だ日に偸するのみに非ざるなり、意縱《ほしい》ままに神馳《は》せ、累《るい》月經年《げっけいねん》と雖も、亦形迅駛《じんし》す。

〔大意〕おごそかにつつしみ深く身を処せば、ただ日々に健強であるのみならず、心を凝らし気を静かにして、一分の光陰も一寸の日影も、ますます自ら心のびやかに感じるであろう。

我が儘に身を処せば、ただ日々になおざりになるのみならず、心意は放縦、つまりほしいままに、精神は走り去って、日を累ね年を経《へ》ても、その身体も速く走り去ってしまうだろう。

〔注釈〕荘敬…おごそかでつつしみ深い。荘重恭敬。重々しく恭々しいこと。心を凝らす…精神が集中する。分陰寸晷…ほんのわずかの時間。晷は日影、日の光。舒長…舒暢。心がのびのびする。安肆…我が儘に身を持すること。偸…なおざりにする。累月經年…月を累ね、年を経る。迅駛…馬を速く走らせる。

自家《じか》の過悪《かあく》は、自家省《せい》せよ、禍敗《かはい》の時を待て省《せい》するは已《すで》に遅《おそ》し。自家の病痛《へいつう》は、自家醫《い》せよ、死亡の時を待て醫するは已に晩《おそ》し。

〔大意〕自分の過悪は、自分で反省して改め直せ、禍敗の時を待って反省するのは、すでに遅い。自分の疾病は、自分自身で療《い》やせ、死亡の時を待って治療しても、すでに遅い。

〔注釈〕自家…自分、自分自身。過悪…あやまち。欠点。禍敗…わざわいと失敗。わざわい。病痛…病いと痛み。醫す…いやす。痛気をなおす。

多事は讀書の第一病爲《へいた》り。多慾は養生の第一病爲り。多言は涉世の第一病爲り。多智は立心の第一病爲り。多費は作家の第一病爲り。

〔大意〕事が多く多忙なのは、読書の上の第一病である。欲が多いのは、養生の上の第一病である。口数が多いのは、世を渉る上の第一病である。智識が多いのは、心志を立てる上の第一病である。出費が多いのは、財産をつくる上の第一病である。

〔注釈〕多事…仕事が多い。することが多くて忙しい。第一病…一番の悩み。一番の弊害。養生…生命を養う。健康に注意すること。多言…口が多い。多弁。作家…家を治める。財産をつくる。

今の人を用ふるは、只去處《ただきょしょ》無きを怕《おそ》れ、其の病根《へいこん》の來處《らいしょ》在るを知らず。今の財を理《り》するは、只來處《らいしょ》無きを怕《おそ》れ、其の病根の去處に在るを知らず。

〔大意〕今の世で人を使用する者は、ただ使用した後の行く先のことを心配するけれども、問題点はその人の経歴にあることを知らない。今の世で財政を処理する者は、ただその財源の無いことを心配するけれども、問題点はその財政の使われ方にあることを知らない。

〔注釈〕去處…将来の行く先。結果。病根…病気のもと、悪習・悪弊の根源。來處…由来するところ。來歴・経歴。原因。

貧は羞《は》づるに足らず、羞《は》づ可きは是れ貧にして志無きなり。賤は悪むに足らず、悪む可きは是れ賤にして能《のう》無きなり。老は歎ずるに足らず、歎ず可きは是れ老いて成ること無きなり。死は悲しむに足らず、悲しむ可きは是れ死して補《おぎな》ひ無きなり。

〔大意〕貧しいことは、羞じるに当たらない。羞じなければならないのは、貧しくて志操が無いことにほかならない。身分が低いことは、憎むに当たらない。憎まなければばならないのは、身分が低くて技能が無いことにほかならない。老いることは歎くに当たらない。歎かなければならないのは、老いて何等の成果も持たないことにほかならない。死ぬことは、悲しむに当たらない。悲しまなければならないのは、死後、世に役立つ成果と名声を残せなかったことにほかならない。

〔注釈〕補ひ無し…補益することがない。「百朝集」(二十八)は、「四不足戒」と題してこの条を戴せ、「愚かなること我等の如き者を、怠惰なること我等の如き者を、實に點頭奪起させる語である」と付記している。

事全美《ぜんび》の處に到れば、我を怨《うら》むる者も、指摘《してき》の端を開き難し、行至汚《しお》の處に到れば、我を愛する者も、掩護《えんご》の法を施すこと莫し。

〔大意〕事蹟が完璧の域に達していれば、平生自分を怨んでいる者でも、誤りなどと指摘する端緒に取りかかり難いものである。品行、行跡が至極汚濁であれば、平生自分を愛している者でも、かばい守る方途を施し難いものである。

〔注釈〕全美…至汚に到ってしまうと、指摘も掩護も為し得ないと説いている。

衣垢《あか》つきて湔《そそ》がず、器缺《か》けて補はずんば、人に對して猶《なお》慚《は》づる色有り。行垢《あか》つきて湔《そそ》がず、德缺《か》けて補はずんば、天に對して豈に愧《は》づる心無からんや。

〔大意〕衣服に垢がついても洗わず、器物が破損して補修しないことでも、やはり人に対して慚じる様子が見える。況してや行跡が垢で汚れても洗わず、人徳が欠けていても補塡しないとすれば、天に対して愧じる心が無いことなど有り得ようか。

〔注釈〕湔ぐ…洗う。慚づる色…恥じる様子。慚も愧も共に恥じる意。愧づる心…恥じる気持ち。

人の欣賞《きんしょう》に供し、風月に儕《ともな》ひ烟花に於てす、是れを褻天《せってん》と曰ふ。我が機鋒《きほう》を逞《たくま》しうし、詩書を借りて以て戯謔《ぎぎゃく》す、是れを侮聖《ぶせい》と名づく。

〔大意〕人の欣び賞めることを提供しようとして、或いは風月を伴とし、或いは霞と花を弄ぶ者があるが、このようなのを名付ければ、天を褻《けが》すというのである。自分の機鋒を逞しくしようとして、詩経や書経を引用してたわむれおどける者があるが、このようなのを名付ければ、聖賢を侮るというのである。

〔注釈〕欣賞…よろこびほめる。欣喜賞玩。烟花…霞と花。かすみたなびき花が咲く。また、その景色。機鋒…鋭い舌鋒。議論の鋭さ。戯謔…たわむれる。おどける。

罪は褻天《せってん》より大なるは莫《な》し。悪は無恥《むち》より大なるは莫し。過《あやまち》は多言より大なるは莫し。

〔大意〕罪は、天を褻《けが》すより大なるものはない。悪は、恥を知らないより大なるはない。過ちは、言葉が多いより大なるはない。

〔注釈〕褻天…天を汚す。天をあなどる。

言語の悪は、造誣《ぞうふ》より大なるは莫《な》し。行事の悪は、苛刻より大なるは莫し。心術の悪は、深険より大なるは莫し。

〔大意〕言語の上の悪は、造誣、つまり無実の事を言い立ててそしることより大なるはない。行事の上の悪は、残酷より大なるはない。心術の上の悪は、奸険より大なるはない。

〔注釈〕造誣…讒誣《ざんぶ》、つまり無事の事を言い立ててそしる。深険…奸険、つまりよこしまなこと。

人の善を談ずるは、膏沐《こうぼく》より沢《たく》なり。人の悪を暴《ぼう》するは、戈《か》矛《ぼう》より痛《いた》し。

〔大意〕人の善事を語るのは、肥肉の美味や沐浴よりも潤沢である。人の悪事を暴露するのは、弋や矛よりも惨痛である。

〔注釈〕膏沐…肥肉や沐浴。弋矛…ほこ。矛は、枝のないほこ。

厄《やく》に當《あた》るの施《ほどこし》は、時雨よりも甘し。心を傷《そこな》ふの語は、陰冰《いんひょう》よりも毒なり。

〔大意〕災厄ある時に施しを受けるのは、時雨、適時に降る雨よりも甘美に感じるものである。心を傷う言葉は、陰冰、つまり冬の氷よりも痛切なものである。

〔注釈〕時雨…ほどよい時に降る雨。甘し…うまい、美味である。陰冰…冬の氷。

陰巌積雨《いんがんせきう》の險奇《けんき》は、以て文を爲《つく》るの境を想《おも》ふ可く、心境《しんきょう》を設け爲す可からず。華林映日《かりんえいじつ》の綺麗は、以て文を爲《つく》るの情を假《か》る可く、依りて世情と爲す可からず。

〔大意〕陰巌積雨、つまり険しい岩山に雨が降りしきる険奇なさまは、それを見て文章を書くことはできるが、心を治める境地とすることはできない。美しい華と林が日光に照り映える美しさは、借りて文章に書き情緒とすることはできるが、世を渉る心情とすることはできない。

〔注釈〕陰巖…けわしい、いわお。險奇…けわしい奇観。華林…美しい花と美しい林。綺麗…あやがあって美しい。うるわしい。假る…借りる、依る。

巣父《そうほ》耳を洗《あら》ひて以て高《たか》きを鳴《なら》す、予《よ》は以て耳其《そ》れ竇《とう》すと爲すなり。其の言已に心《むね》に入れり、當《まさ》に心《むね》を剖《さ》きて之を滌《そそ》ぐべし。陳仲出で哇《は》きて以て潔を示す、予は以て哇《わ》は其れ滓《し》と爲すなり、其の味已《すで》に腸《はらわた》に入れり、當に腸を刲《さ》きて之を滌《そそ》ぐべし。

〔大意〕伝説上の高潔の士巣父は、堯《ぎょう》帝が天下を譲りたいという話を聞いて、耳がけがれたとして耳を流れに洗って、その心の高潔さを世に宣伝したという。自分が考えてみると、巣父の耳は、ただ堯帝の声を通す孔《あな》にすぎない、とすれば堯の言葉は、巣父の心に入っているはずである。とすれば巣父の高潔さは、当然心を剖いてこれを洗い滌ぐべきではないか。

また世に伝わる於陵の陳仲子という者は、知らずに食べてしまった鵝鳥《がちょう》の肉を、それを知らされて吐き出して心の潔癖さを示したという。自分が考えてみると、陳仲子が吐き出したものは、汁の滓にすぎない。もし、鵝鳥の肉の味が、その腸に入っていたとすれば、当然、陳仲子の潔癖さからすれば、その腸を刲《さ》いてこれを洗浄すべきではないか。

〔注釈〕巣父の事は、「列仙傳」に出ており、陳仲子の事は、『孟子』滕文公章句下に見える。竇す…声を通すあなと考える。刲く…割く、切りさく。滃ぐ…洗う。すすぐ。哇く…吐く。滌ぐ…洗う。濟《なす》ぐ。

緇黄《しこう》の本宗《ほんそう》に背《そむ》くを詆《そし》る、或は衿帯《きんたい》聖賢の名教を壊《やぶ》る。青紫《せいし》の故友《こゆう》を忘るるを詈《ののし》る、乃ち衡茅《こうぼう》骨肉の天倫を傷《きずつ》く。

〔大意〕仏教の僧侶や道教の道士がとかく本宗たる儒教を誹謗しがちなものであるが、或いは、本宗の書生などにも、とかく聖賢の名教を破る者がいる。青や紫の印綬を帯びた高位高官であっても、とかく旧知の友を忘れたのを詈るけれども、世の隠者の中にも、往々父子の天倫を傷う者があるものだ。人は深く反省を要する所である。

〔注釈〕緇黄…仏教の僧侶や道教の道士。僧侶は墨染めの衣を着、道士は黄色の冠をかぶった。本宗…中国の本家本元の儒教、聖賢の教え。衿帯…衿と帯。山川に囲まれた要害の地。つまり、ここだけは大丈夫と思われる牙城。名教…名分に関する教え。人倫の教え。儒教の別名となった。青紫…古の高位高官のこと。漢代、公侯には紫。九卿には青の印綬を帯びさせた故事に基づく。衡茅…冠木門と茅葺《かやぶ》きの屋根。粗末な住居。隠者の住居。

炎涼《えんりょう》の態《たい》は、富貴貧賤よりも甚し。嫉妒《しっと》の心は、骨肉外人よりも甚し。

〔大意〕人情が厚いか薄いかの状態を考察してみると、富貴の人は、かえって貧賤の人よりも甚だしいものである。嫉妒の心、つまり相手のしあわせをねたみうらむ心は、骨肉を分けた親族の方が、かえって甚だしいものである。

〔注釈〕炎涼…暑いことと涼しいこと。人生の栄枯盛衰の意。また人情のあついことうすいことの譬え。骨肉…肉親。つまり親子、兄弟。外人…他人。

兄弟財《ざい》を争ふ、父の遺《のこ》せる盡《つ》きずんば止まず。妻妾寵《ちょう》を争ふ、

夫《おっと》の命死せずんば休《や》まず。

〔大意〕兄弟が互いに財産を争い合う時には、父の遺した財産が尽き果てなければ止まないものである。妻妾が共に寵愛を争い合う時には、夫の命が終わらなければ止まないものである。

〔注釈〕財や寵を争う心は果てしない。

連城《れんじょう》を受けて死に代るは、貪者《とんじゃ》も為さず、然らば利に死する者は、何ぞ連城を須《もち》ひん。傾國《けいこく》を擕《たずさ》へて以て殂《そ》を告ぐるは、淫者《いんじゃ》も敢《あえ》てせず、然らば色に死する者は、何ぞ傾國を須《もち》ひん。

〔大意〕連城の壁ほどの宝玉を入手しても、死罪になるとすれば、貪欲の者でもしないであろう。とすれば利に殉ずる者は、必ずしも連城の壁を入手する必要はないことになろう。

傾国の美女を得ても、死罪になるとすれば淫欲の者でもしないであろう。とすれば女色に殉ずる者は、必ずしも傾国の美女を得る必要はないことになろう。

〔注釈〕連城…史記・廉頗藺相如伝に見える連城の璧という宝玉。秦の昭王が十五城と交換しようとしてこの名がある。

病危《びょうき》の烏獲《うかく》は、童子と雖も、梃《てい》を制して撻《う》つ可し。臭腐《しゅうふ》の王嬙《おうしょう》は、惟《た》だ狐狸《こり》のみ穴を鑚《き》りて相窺《あいうかが》ふ。

〔大意〕古の豪傑烏獲も、病で危篤になってしまえば、童児でも、棒で打つことができる。美妃の王嬙も、臭腐となってしまえば、わずかに狐狸のみ穴を明けて相窺うに過ぎなくなってしまう。

〔注釈〕烏獲…古の大力の勇士の名。王嬙…漢の美人王昭君のこと。

聖人は時を悲しみ俗を憫《あわれ》む。賢人は世を痛《いた》み俗を疾《にく》む。衆人は世に混《こん》じ俗を遂《お》ふ。小人は常を敗り俗を亂る。

〔大意〕聖人は、時勢を悲しみ、風俗を憫《あわれ》むものである。賢人は、世俗を痛《いた》み疾《にく》むものである。衆人は、世俗に混じ遂うものである。小人は世の常を破り風俗を乱すものである。

〔注釈〕陳榕門の注に、「先有㆓一段悲憫痛疾之心胸㆒、而後有㆓一番移㆑風易㆑俗之事業㆒」と見える。

讀書は身上の用爲り。而して人以て紙上の用と爲す。官と做《な》るは乃ち福を造るの地なり。而して人以て福を享《う》くるの地と爲す。壯年は正に學を勤《つと》むるの日なり。而して人以て安を養ふの日と爲す。科第《かてい》は本と消退《しょうたい》の根《こん》なり。而して人以て長進《ちょうしん》の根と爲す。

〔大意〕読書は、自分自身に役立てるためのものであるのに、世人は、とかく書物の上で役立てるものと見做している。仕官するのは、民の福祉を増進するためであるのに、世人は往々官人が福禄を享受する立場と見做している。壮年こそは、正に学に勤むべき年齢であるのに、世人は、とかくこの年齢を以て安逸を養う年齢と見做している。科第、つまり試験で優劣を決めることは、劣者を退かせる根底とするためであるのに、世人は、往々、これを以て昇進の根底と見做している。
〔注釈〕身上の用…自分自身に役立つこと。科第…試験で優劣を決めること。消退…退かせること。長進…昇進。

盛は衰の始なり。福は禍の基なり。

〔大意〕盛んなことは、衰える始めにほかならない。福は、禍の基にほかならない。
〔注釈〕盛者必衰、禍福は纆《あざな》える縄の如しの意。

福は禍無きより大なるは莫《な》し。禍は福を邀《むか》ふるより大なるは莫し。

〔大意〕さいわいは、わざわいが無いことより大なるはない。わざわいは、さいわいを迎え招くより大なるはない。
〔注釈〕邀ふ…迎え招く。

〈著者略歴〉

荒井桂（あらい・かつら）
昭和10年埼玉県生まれ。33年、東京教育大学文学部東洋史学専攻を卒業。以来40年間、埼玉県で高校教育・教育行政に従事。平成5年から10年まで埼玉県教育長を務める。在任中、国の教育課程審議会委員ならびに経済審議会特別委員等を歴任。16年6月より公益財団法人郷学研修所・安岡正篤記念館副理事長兼所長。安岡教学を次世代に伝える活動に従事。著書に『安岡正篤「光明蔵」を読む』『山鹿素行「中朝事実」を読む』『「小學」を読む』『「資治通鑑」の名言に学ぶ』(いずれも致知出版社)などがある。

「格言聯壁《かくげんれんぺき》」を読む

平成三十年十月二十五日第一刷発行

著者　荒井　桂
発行者　藤尾秀昭
発行所　致知出版社
〒150-0001東京都渋谷区神宮前四の二十四の九
TEL（〇三）三七九六―二一一一
印刷　㈱ディグ　製本　難波製本

ISBN978-4-8009-1190-2 C0095
ホームページ　https://www.chichi.co.jp
Eメール　books@chichi.co.jp